Die vergaberechtliche Selbstreinigung
und Schadenswiedergutmachung
im Lichte der Vergaberechtsnovelle 2016

Europäische Hochschulschriften Recht

European University Studies in Law

Publications Universitaires Européennes de Droit

Band/Volume 6185

Johannes Werschmann

Die vergaberechtliche Selbstreinigung und Schadenswiedergutmachung im Lichte der Vergaberechtsnovelle 2016

Compliance-Management-Systeme zum Nachweis der Integrität

PETER LANG

Bibliografische Information der Deutschen Nationalbibliothek
Die Deutsche Nationalbibliothek verzeichnet diese Publikation in der Deutschen Nationalbibliografie; detaillierte bibliografische Daten sind im Internet über http://dnb.d-nb.de abrufbar.

Zugl.: Köln, Univ., Diss., 2020

Gedruckt auf alterungsbeständigem, säurefreiem Papier.
Druck und Bindung: CPI books GmbH, Leck

D 38
ISSN 0531-7312
ISBN 978-3-631-82330-9 (Print)
E-ISBN 978-3-631-83157-1 (E-PDF)
E-ISBN 978-3-631-83158-8 (EPUB)
E-ISBN 978-3-631-83159-5 (MOBI)
DOI 10.3726/b17377

Diese Publikation wurde begutachtet.

www.peterlang.com

Meinen Eltern

Danksagung

Die vorliegende Dissertation wurde im Winter 2018 der Rechtswissenschaftlichen Fakultät der Universität zu Köln zur Begutachtung vorgelegt. Für die vielfältige Unterstützung während der herausfordernden, aber auch zugleich lehrreichen und in fachlicher und persönlicher Hinsicht bereichernden Phase meiner Promotion bin ich sehr dankbar.

Mein ganz besonderer Dank gilt Frau Prof. Dr. Dr. h.c. Barbara Dauner-Lieb (Universität zu Köln) für die Betreuung dieser Arbeit, die freundliche Hilfe und den bereichernden und konstruktiven fachlichen Austausch. Dass sie das Dissertationsthema an der Schnittstelle zwischen dem Vergaberecht und dem Gesellschaftsrecht mitgetragen hat, habe ich stets als Ermutigung und Motivation empfunden.

Frau Prof. Dr. Barbara Grunewald (Universität zu Köln) danke ich vielmals für die zügige Fertigstellung des Zweitgutachtens.

Ebenso geht mein besonderer Dank an meine Familie und meine Freunde für die stets bedingungslose persönliche und fachliche Unterstützung und hilfreiche Kritik, nicht zuletzt bei der Korrektur des Manuskripts.

Mein außerordentlicher Dank gilt Deborah Huth, für ihre verständnisvolle Unterstützung und kritische Betrachtung, ihre differenzierten Anmerkungen sowie die mit ihr geführten juristischen Diskussionen, welche mir viel Kraft und Mut bei der Anfertigung dieser Dissertation gegeben haben.

Danken möchte ich ferner Rechtsanwalt Nicolai-Philipe Harbecke, LL.M. für die stetige Fürsprache, Kritik und fachliche Diskussion.

Von Herzen danke ich auch meinen Geschwistern, Matthias und Franziska, die alle Höhen und Tiefen dieser Promotion verständnisvoll begleitet und mich auch bei meinen teils unkonventionellen Ideen und Lebenswegen stets unterstützt haben.

Die bedingungslose Unterstützung und Liebe meiner Eltern begleiten mich bereits mein ganzes Leben. Ohne diese, über jeden Zweifel erhabene Gewissheit, hätte ich meinen bisherigen Lebensweg nicht gehen können. Ihnen ist diese Dissertation gewidmet.

Inhaltsverzeichnis

A. Einleitung

Jährlich vergibt die öffentliche Hand in Deutschland Aufträge in Höhe eines dreistelligen Milliardenbetrages an private Unternehmen.[1] Gleichzeitig liegen die vom Bundeskartellamt wegen verbotener Kartellabsprachen verhängten Geldbußen auf einem Rekordniveau. Allein im Jahr 2015 betrug die Höhe der Bußgelder rund 208 Millionen Euro. Im Jahr 2016 überstiegen die Bußgelder schätzungsweise einen Betrag von rund 125 Millionen Euro.[2] Im Jahr 2018 waren es bereits 376 Millionen Euro.[3] Bereits das Auftragsvolumen aber natürlich auch die Höhe der verhängten Sanktionen unterstreichen die Bedeutung der Materie, mit der sich Politik und Verwaltung im Kontext der öffentlichen Auftragsvergabe zu beschäftigen haben. Der Sache nach geht es um Rechtsverstöße von Unternehmen im öffentlichen Bereich und insbesondere bei der Bewerbung um öffentliche Aufträge auf der einen Seite und das Bestreben des öffentlichen Auftraggebers, gerade nur den gesetzestreuen und geeigneten Unternehmen die Erfüllung eines öffentlichen Auftrags zuteilwerden zu lassen auf der anderen Seite.

Im Sinne einer verantwortungsvollen Verwendung öffentlicher Mittel besteht naturgemäß ein Bedürfnis des öffentlichen Auftraggebers daran, seine Geschäftsbeziehungen lediglich zu gesetzestreuen und leistungsfähigen Vertragspartnern zu unterhalten. Gemäß § 122 Abs. 1 GWB werden öffentliche Aufträge daher an *„fachkundige und leistungsfähige Unternehmen vergeben, die nicht nach den §§ 123 oder 124 [GWB] [vom Vergabeverfahren] ausgeschlossen worden sind.“*. In Umsetzung des Art. 58 Abs. 1 RL 2014/24/EU greift § 122 Abs. 2 GWB n.F. die in der Richtlinie enthaltenen Kategorien der Eignung zur Definition

---

1 Vgl. auch Auskunft des Bundesministeriums für Wirtschaft und Energie, abrufbar unter https://www.bmwi.de/Redaktion/DE/Dossier/oeffentliche-auftraege-und-vergabe.html (letzter Abruf: 29.03.2020); vgl. auch: *Maibaum*, CB 2015, 104 (104), der in einen Betrag von 300 Mrd. € nennt.

2 Vgl. Tätigkeitsbericht des Bundeskartellamts 2015/2016, BT- Drs. 18/12760, VIII; vgl. auch den Jahresbericht des Bundeskartellamtes,2015, abrufbar unter: http://www.bundeskartellamt.de/SharedDocs/Publikation/DE/Jahresbericht/Jahresbericht_2015.pdf?__blob=publicationFile&v=2 (letzter Abruf: 22.03.2020); *Mutschler-Siebert*, BB 2015, 642 (642).

3 Vgl. Jahresbericht des Bundeskartellamts 2018, abrufbar unter: https://www.bundeskartellamt.de/SharedDocs/Publikation/DE/Jahresbericht/Jahresbericht_2018.pdf?__blob=publicationFile&v=9 (letzter Abruf: 22.03.2020).

des Eignungsbegriff auf. Danach sind die seitens des öffentlichen Auftraggebers zugelassenen Eignungskategorien abschließend festgelegt. Vor der Vergaberechtsnovelle 2016 galt insoweit der § 97 Abs. 4 S. 1 GWB a.F., wonach *„Aufträge […] an fachkundige, leistungsfähige sowie gesetzestreue und* ***zuverlässige*** *Unternehmen vergeben [wurden]"*[4].

Mit einer umfassenden Reform des GWB, welche am 18. April 2016 in Kraft getreten ist[5], hat der deutsche Gesetzgeber das deutsche Vergaberecht umfassend reformiert und in Teilen erweitert. Hierdurch wurden die neuen EU-Vergaberichtlinien, welche am 28.03.2014 im EU-Amtsblatt veröffentlicht wurden[6], fristgerecht in das deutsche Recht transformiert. Es handelt sich im Einzelnen um die Richtlinie 2014/24/EU über die Vergabe öffentlicher Aufträge[7], welche die bisherige Richtlinie 2004/18/EG ersetzt, die Richtlinie über die Vergabe von Aufträgen durch Auftraggeber im Bereich der Wasser-, Energie- und Verkehrsversorgung sowie der Postdienste 2014/25/EU[8], welche die frühere Richtlinie 2004/17/EG ersetzt sowie die neu eingeführte Richtlinie zur Regelung der Konzessionsvergabe, Richtlinie 2014/23/EU[9]. Durch die Novellierung des GWB soll das Vergabeverfahren oberhalb der EU-Schwellenwerte reformiert, vereinfacht und praxisgerechter ausgestaltet werden.[10] Die Neufassung der Richtlinien enthält in diesem Zusammenhang eine Vielzahl von Regelungen zur Prävention von Korruption und Vetternwirtschaft im Kontext der öffentlichen Auftragsvergabe.[11] Insbesondere wurden im Rahmen der Novellierung die Gründe für den Ausschluss eines Bieters oder Bewerbers vom Vergabeverfahren klarer gefasst und in Teilen erweitert. Art. 41 und 57 RL 2014/24/EU sowie §§ 123, 124, GWB auf nationaler Ebene sehen hier eine Reihe, teils neuer, Gründe für einen Ausschluss vom Vergabeverfahren vor.

---

4 Hervorhebung durch Verfasser.

5 Gesetz zur Modernisierung des Vergaberechts (Vergaberechtsmodernisierungsgesetz -VergRModG), BGBl. I 2016 S. 203. Flankiert wurde die Novelle durch die Verordnung zur Modernisierung des Vergaberechts (Vergaberechtsmodernisierungsverordnung-VergRModVO), BGBl. I 2016, S. 624.

6 RL 2014/23/EU, RL 2014/24/EU und RL 2014/25/EU des Europäischen Rates und des Europäischen Parlaments vom 26.02.2014 (Abl. L 94/1, Abl. L94/65/Abl. L 94/243).

7 RL 2014/24/EU vom 28.03.2014, Abl. L 94/65.

8 RL 2014/25/EU vom 28.03.2014, Abl. L 94/243.

9 RL 2014/23/EU vom 28.03.2014, Abl. L 94/1.

10 Übersicht des Bundesministeriums für Wirtschaft und Energie zur Reform des Vergaberechts abrufbar unter https://www.bmwi.de/Redaktion/DE/Dossier/oeffentliche-auftraege-und-vergabe.html, letzter Abruf: 29.03.2020.

11 Vgl. *Maibaum*, CB 2015, 104 (105).

Insbesondere wurden auch die Vorgaben für die Prüfung der Eignung des Bieter- oder Bewerberunternehmens[12] sowie das Konstitut der Selbstreinigung umfassend reformiert. Die Eignungsvoraussetzungen der Bieter im Vergabeverfahren sind nun unter Rückgriff auf Art. 58 RL 2014/24/EU im Rahmen des neuen § 122 GWB unter den dort abschließend aufgeführten Voraussetzungen kodifiziert.[13] In Umsetzung des Art. 58 der RL 2014/24/EU wird insbesondere dessen Terminologie und Systematik aufgegriffen.[14] Auch die Vergabeverordnungen greifen das Erfordernis einer Prüfung der Eignung sowie das Nichtvorliegen von Ausschlussgründen auf, vgl. bspw. §§ 42 Abs. 1 VgV. Während nach der bisherigen Gesetzeslage des § 97 Abs. 4 S. 1 GWB a.F. die Eignung aus den vier Elementen Fachkunde, Leistungsfähigkeit, Zuverlässigkeit und Gesetzestreue bestand, orientiert sich § 122 Abs. 1 GWB n.F. nun ausschließlich an der Fachkunde und Leistungsfähigkeit als zentral definierende Komponenten der Eignung. Dabei wird dieses Begriffspaar vollständig durch die in § 122 Abs. 2 GWB genannten Kategorien ausgefüllt. Die Eignungskriterien dürfen gemäß § 122 Abs. 2 S. 2 GWB lediglich die „Befähigung und Erlaubnis zur Berufsausübung“, die „wirtschaftliche und finanzielle Leistungsfähigkeit“ sowie die „technische und berufliche Leistungsfähigkeit“ betreffen.[15] Weiter fordert § 122 Abs. 1 S. 1 GWB, dass neben der Fachkunde und Leistungsfähigkeit (Eignung) der

---

12 wenn im Folgenden die Terminologie Bieter/Bieterunternehmen verwendet wird, so steht dies stellvertretend für Bieter-/und Bewerberunternehmen. Dies ist dem Umstand geschuldet, dass im Nicht Offenen sowie im Verhandlungsverfahren (§ 119 Abs. 4, 5 GWB) in der ersten Verfahrensphase von Bewerberunternehmen und erst im Rahmen der eigentlichen Angebotsphase von Bieterunternehmen gesprochen wird. Der öffentliche Auftraggeber wählt in diesen Verfahrensarten aus den geeigneten Bewerberunternehmen diejenigen Unternehmen aus, welche zu einer finalen Angebotsabgab aufgefordert werden sollen (Bieterunternehmen). Im offenen Verfahren nach § 119 Abs. 3 GWB existiert hingegen keine solche Vorauswahl von Bewerberunternehmen, welche zur Angebotsabgabe aufgefordert werden und mithin vom Bewerber- zum Bieterunternehmen werden. Hier existieren lediglich Bieterunternehmen. Im Folgenden wird daher stellvertretend für Bewerber- und Bieterunternehmen die Terminologie „Bieter/Bieterunternehmen“ verwendet werden.

13 Vgl. Gesetzesbegründung zu § 122 Abs. 1 GWB, BT-Drs. 18/6281, S. 100.

14 Vgl. Gesetzesbegründung zu § 122 Abs. 1 GWB, BT-Drs. 18/6281, S. 100; *Hausmann/von Hoff* in: Kulartz/Kus/Portz/Prieß, Kommentar zum GWB-Vergaberecht, § 122 Rn. 2.

15 Vgl. Gesetzesbegründung zu § 122 Abs. 1 GWB, BT-Drs. 18/6281, S. 100; *Hausmann/von Hoff* in: Kulartz/Kus/Portz/Prieß, Kommentar zum GWB-Vergaberecht, § 122 Rn. 2; *Roth*, NZBau 2016, 672 (672).

Unternehmen keine Ausschlussgründe nach §§ 123, 124 GWB vorliegen dürfen. Sinn und Zweck dieser Vorgabe ist ausweislich der Gesetzesbegründung, dass lediglich solche Unternehmen den Zuschlag erhalten, die Recht und Gesetz in der Vergangenheit eingehalten haben und bei denen auch in Zukunft ein gesetzestreues Verfahren zu erwarten ist.[16] Damit ändert sich im Grundsatz freilich auch nach der Vergaberechtsreform 2016 nichts an dem Bedürfnis des öffentlichen Auftraggebers, seine Geschäftsbeziehungen lediglich zu gesetzestreuen und leistungsfähigen Vertragspartnern zu unterhalten. Die unbestimmten Rechtsbegriffe der Zuverlässigkeit und Gesetzestreue, die bisher zur Definition der Eignung herangezogen wurden und denen stets im Rahmen einer Beurteilung durch den öffentlichen Auftraggeber eine einzelfallbezogene Bedeutung zukommen musste[17], sind indes im Zuge der Vergaberechtsreform 2016 entfallen, da im Rahmen des § 122 Abs. 1 GWB nunmehr ein eindeutiger Ausschlussvorbehalt bei Vorliegen bestimmter Ausschlussgründe normiert wurde.[18] Wurden Gesetzesverstöße in der Vergangenheit nach Maßgabe des § 97 Abs. 4 S. 1 GWB a.F. im Kontext der *Zuverlässigkeit* berücksichtigt, kommen nunmehr ungeachtet der Erfüllung der vom Auftraggeber aufgestellten Eignungsanforderungen Bieterunternehmen nicht als Zuschlagsdestinär in Betracht, wenn in ihrer Person ein entsprechender Ausschlussgrund nach §§ 123, 124 GWB vorliegt.[19]

Im Kontext der Zulassung zum und des Ausschlusses vom Vergabeverfahren, wurde ferner auch das bereits durch Rechtsprechung und Literatur etablierte Institut der Selbstreinigung, welches es den Unternehmen erlaubt, im Falle eines Verfahrensausschlusses aufgrund gesetzeswidrigen Verhaltens wieder am Vergabeverfahren teilzunehmen, erstmals in Gestalt einer eigenen gesetzlichen Grundlage (§ 125 GWB in Umsetzung von Art. 57 Abs. 6 RL 2014/24/EU) ausdrücklich kodifiziert.[20] Liegt ein Verfahrensausschluss aufgrund von Ausschlussgründen vor, so ist den Bieterunternehmen die Möglichkeit eröffnet, ihr Fehlverhalten durch das Konstitut der Selbstreinigung gemäß § 125 GWB zu korrigieren und somit dennoch im Wege einer „zweiten Chance" einen Zugang zum Vergabeverfahren und damit den Zuschlag zu erhalten. Unter Selbstreinigung sind dabei ausweislich der Gesetzesbegründung zu § 125 GWB Maßnahmen zu verstehen,

16 Vgl. Gesetzesbegründung zu § 122 Abs. 1 GWB, BT-Drs. 18/6281, S. 100.

17 Vgl. *Wimmer*, Zuverlässigkeit im Vergaberecht, 1. Teil S. 22 m.w.N. .

18 Vgl. Gesetzesbegründung zu § 122 Abs. 1 GWB, BT-Drs. 18/6281, S. 101; *Hausmann/Hoff* in: Kulartz/Kus/Portz/Prieß, Kommentar zum GWB-Vergaberecht, § 122 Rn. 14.

19 Vgl. *Hausmann/Hoff* in: Kulartz/Kus/Portz/Prieß, Kommentar zum GWB-Vergaberecht, § 122 Rn. 8.

20 Vgl. Gesetzesbegründung zu § 125 GWB, BT-Drs. 18/6281, S. 107.

„die ein Unternehmen ergreift, um seine Integrität wiederherzustellen und eine Begehung von Straftaten oder schweres Fehlverhalten in der Zukunft zu verhindern.“[21] Vorausgesetzt die sonstigen verbindlichen Eignungsvoraussetzungen nach Maßgabe des § 122 Abs. 1, 2 GWB liegen vor, kann somit das vergangene Fehlverhalten nicht zur Rechtfertigung einer Nichtberücksichtigung im Verfahren herangezogen werden. Nach dem Wortlaut des § 125 Abs. 1 Nr. 1–3 GWB werden an entsprechende Maßnahmen von Unternehmen drei Voraussetzungen gestellt:

- Das Unternehmen muss den verursachten Schaden ausgleichen oder sich hierzu verpflichten (Nr. 1),
- die Tatsachen und Umstände im Zusammenhang mit dem Fehlverhalten in Zusammenarbeit mit den Ermittlungsbehörden sowie der Vergabestelle umfassend aufgeklärt haben (Nr. 2)
- und konkrete technische, organisatorische und personelle Maßnahmen ergriffen haben, die geeignet sind, weitere Straftaten oder weiteres Fehlverhalten zu vermeiden (Nr. 3).

Aus dogmatischer wie auch aus praktischer Sicht wirft die Norm indes – obgleich hier scheinbar eine klare Handlungsanweisung für die Selbstreinigung gegeben wird – erhebliche Fragen in Bezug auf ihre Umsetzung im konkreten Einzelfall auf, da die Voraussetzungen recht allgemein gehalten sind. Dies macht es für den Rechtsanwender in der Praxis schwierig, die Folgen und Voraussetzungen der Norm konkret umzusetzen und zu einer rechtssicheren Selbstreinigung zu finden. Aus Unternehmenssicht stellt sich zunächst einmal die trivial anmutende Frage, welche Selbstreinigungsmaßnahmen gemäß § 125 Abs. 1 GWB denn nun theoretisch in Betracht kommen und welche praktischen Umsetzungsmöglichkeiten zur Verfügung stehen, um die für sie wirtschaftlich bedeutsame Wiederzulassung zum Vergabeverfahren planbar zu erreichen. Dabei spielen vor dem Hintergrund einer potentiell heterogenen Bieterstruktur auch die Zurechnung von Fehlverhalten übergeordneter Konzerngesellschaften und die konzernweite Ausgestaltung und Zurechnung von Selbstreinigungsmaßnahmen eine Rolle. Mit Blick auf das Bedürfnis eines effektiven Rechtsschutzes stellt sich ferner die Frage, welche Rechtsschutzmöglichkeiten den Bietern gegen eine Versagung der Wiederzulassung zur Verfügung stehen.

Insbesondere in Bezug auf die zu treffenden Selbstreinigungsmaßnahmen nach § 125 Abs. 1 Nr. 3 GWB ist im Zusammenhang mit der Frage der

---

21 Vgl. Gesetzesbegründung zu § 125 Abs. 1 GWB, BT-Drs. 18/6281, S. 107.

Rechtssicherheit eine nähere Analyse erforderlich. Die genannten technischen, organisatorischen und personellen Maßnahmen umfassen aus gesellschaftsrechtlicher Sicht – je nach Gesellschaftsform und -struktur des Bieterunternehmens oder des in Rede stehenden Fehlverhaltens – ein breites Spektrum an infrage kommenden Handlungsmöglichkeiten. Es handelt sich hierbei ausweislich der Gesetzesbegründung zu § 125 GWB n.F. um „Compliance-Maßnahmen im weitesten Sinne".[22] In der Gesetzesbegründung werden unter anderem Personalmaßnahmen sowie Organisationsmaßnahmen genannt, insbesondere die Einführung eines Compliance-Management-Systems (CMS) abhängig von Größe und Struktur des Unternehmens sowie der Art des Verstoßes.[23]

Wurden entsprechende Selbstreinigungsmaßnahmen gemäß § 125 Abs. 1 GWB seitens der Bieterunternehmen getroffen, so sieht § 125 Abs. 2 GWB in einem zweiten Schritt vor, dass diese seitens der öffentlichen Auftraggeber unter Berücksichtigung der Schwere und der besonderen Umstände der Straftat oder des Fehlverhaltens „bewertet" werden. Ausweislich der Gesetzesbegründung handelt es sich um eine auf das konkrete Vergabeverfahren bezogene „Prognoseentscheidung".[24] Der öffentliche Auftraggeber soll dabei gemäß der Gesetzesbegründung einen „weiten Beurteilungsspielraum" dahingehend haben, ob die vom Unternehmen durchgeführten Selbstreinigungsmaßnahmen ausreichend sind.[25] Will man den Fokus der (rechtlichen) Betrachtung auf die praktische Umsetzbarkeit von Selbstreinigungsmaßnahmen und die Rechtssicherheit für die Bieter richten, so stellt sich zwangsläufig die Frage wie weit dieser Entscheidungsspielraum reicht und inwieweit er von der Rechtsprechung überprüfbar ist. In diesem Kontext stellt sich auch die Frage nach möglicherweise geltenden einheitlichen Prüfungsstandards, denen der öffentliche Auftraggeber bei seiner Maßnahmenbewertung möglicherweise unterliegt, um eine Ungleichbehandlung der Bieter zu verhindern. Die Frage nach dem rechtlichen Maßstab der Bewertung und rechtlichen Überprüfbarkeit der getroffenen Selbstreinigungsmaßnahmen ist dabei eng verzahnt mit der Rechtmäßigkeit und Überprüfbarkeit der Ausschlussentscheidung durch den Auftraggeber, welche eine Selbstreinigung erst erforderlich machen.

Ziel dieser Dissertation ist es, die sich aus der Umsetzung der Richtlinie 2014/24/EU ergebenen Anforderungen an die vergaberechtliche Selbstreinigung

---

22 Vgl. Gesetzesbegründung zu § 125 Abs. 1 GWB, BT-Drs. 18/6281, S. 109.
23 Vgl. Gesetzesbegründung zu § 125 Abs. 1 GWB, BT-Drs. 18/6281, S. 110.
24 Vgl. Gesetzesbegründung zu § 125 Abs. 1 GWB, BT-Drs. 18/6281, S. 110
25 Vgl. Gesetzesbegründung zu § 125 Abs. 1 GWB, BT-Drs. 18/6281, S. 107.

insbesondere in Bezug auf ein Compliance-Management-System zum Nachweis einer effektiven Selbstreinigung und der Integrität des Unternehmens am Beispiel der „klassischen“ Vergaberichtlinie RL 2014/24/EU bei der Vergabe von Lieferungen und Dienstleistungen herauszustellen und zu analysieren. Zu klären ist sowohl aus wissenschaftlicher wie auch aus praktischer Sicht, ob § 125 Abs. 1 Nr. 1–3 GWB sowie § 125 Abs. 2 GWB mit Blick auf die Rechtssicherheit für die Bieter praktisch umsetzbare und klare Vorgaben für eine Wiederzulassung zum Verfahren aufstellen und damit einem Ausschluss vom weiteren Vergabeverfahren oder sogar einer Vergabesperre (§ 126 GWB) planbar und rechtssicher entgegengewirkt werden kann. Es genügt aus Sicht der Bieter angesichts der wirtschaftlich relevanten Auswirkungen eines Verfahrensausschlusses möglicherweise nicht, dass der Gesetzgeber ihnen gemäß § 125 Abs. 1 GWB einen Rechtsanspruch auf Wiederzulassung am Vergabeverfahren im Wege der Selbstreinigung an die Hand gibt, der aber im Wege der Auslegung nicht mit „Leben“ gefüllt werden kann und damit auf den „guten Willen“ des öffentlichen Auftraggebers im Rahmen seiner Bewertung der Selbstreinigungsmaßnahmen nach § 125 Abs. 2 GWB vertraut werden muss. Ferner stellt sich auch die Frage nach der Effektivität der bestehenden Rechtsschutzmöglichkeiten.

In diesem Spannungsfeld zwischen Dogmatik und Praxis setzt die vorliegende Arbeit an und wird die dogmatischen wie praktischen Voraussetzungen der Selbstreinigung mit Blick auf die Rechtssicherheit für die Unternehmen beleuchten. Da Schwachstelle des gegenwärtigen Systems der vergaberechtlichen Selbstreinigung möglicherweise insbesondere die Unüberschaubarkeit der in Betracht kommenden organisatorischen Maßnahmen und die Gefahr einer uneinheitlichen Vergabepraxis ist, gilt es insbesondere auch die gegebenenfalls bestehenden Schnittmengen zwischen Gesellschafts- und Vergaberecht in den Fokus zu nehmen um abschließend einen Vorschlag für praktische Lösungsansätze bei der Umsetzung von Selbstreinigungsmaßnahmen zu entwickeln.

Unter Berücksichtigung der erörterten Gesetzessystematik sowie der dogmatischen Grundlagen, ist die Vorschrift des § 125 GWB aus wissenschaftlicher Sicht unter Zugrundelegung der juristischen Auslegungsmethoden insbesondere mit Blick auf die Historie und die Systematik sowie den Wortlaut und ihren Sinn und Zweck zu analysieren. In diesem Zusammenhang gilt es, nachdem die vom GWB normierten Voraussetzungen für den Ausschluss eines Unternehmens vom Vergabeverfahren vorgestellt werden sollen, in einem ersten Schritt aus gesetzeshistorischer Sicht die bisher von Rechtsprechung und Literatur herausgearbeiteten Voraussetzungen einer vergaberechtliche Selbstreinigung darzustellen und in die aktuelle Gesetzessystematik nach der Vergaberechtsnovelle 2016 einzuordnen. Den Ausgangspunkt der rechtlichen Analyse bildet dabei das Spannungsverhältnis zwischen Ausschluss und Wiederzulassung zum Vergabeverfahren, da erst der Verfahrensausschluss eine Selbstreinigung überhaupt erforderlich macht. Methodisch wird dies sowohl anhand einer umfassenden richtlinienkonformen Gesetzesauslegung der §§ 122–125 GWB als auch allgemeiner verwaltungsrechtlicher dogmatischer Grundlagen zum Ermessens- und Beurteilungsspielraum erfolgen, welche möglicherweise auf das Vergabeverfahren übertragen werden können. Dabei soll der Blick neben den §§ 123–125 GWB stellvertretend auf die vor der Vergaberechtsnovelle 2016 für Dienstleistungsaufträge geltende Vergabe- und Vertragsordnung für Leistungen (EG) VOL/A a.F. gerichtet werden.

Im Ergebnis wird mit Blick auf möglicherweise bestehende Rechtsunsicherheiten insbesondere in Bezug auf § 125 Abs. 1 Nr. 3 GWB die Frage zu klären sein, ob aus wissenschaftlicher und praktischer Sicht überhaupt auf Grundlage einer theoretischen Herleitung ein Mindeststandard für Compliance-Maßnahmen im Kontext der vergaberechtlichen Selbstreinigung entwickelt werden kann und wenn ja, wie hier ein vereinheitlichender und diskriminierungsfreier Maßstab für alle Bieterunternehmen gewährleistet werden kann. Ergänzend werden bei der Auslegung der Vorschrift des § 125 GWB die gesellschaftsrechtlichen Grundsätze zur Compliance-Forschung sowie potentielle vergaberechtliche Besonderheiten eine Rolle spielen. In diesem Zusammenhang werden auch die vergaberechtliche Anwendbarkeit und Bindungswirkung gesellschaftsrechtlich motivierter ISO-Standards wie insbesondere die 2014 neu eingeführte ISO 19600 oder Prüfungsstandards wie der IDW-PS 980 sowie der neuen DICO-Leitlinie „Kartellrechtliche Compliance“ relevant.

B. Gang der Untersuchung und rechtliche Prüfung

Zunächst ist zu untersuchen, welche vergaberechtlichen Sanktionen das GWB in seiner neuen Fassung bei Vorliegen schwerer Verfehlungen sowie Kartell- und Submissionsabsprachen im Rahmen der §§ 123, 124 GWB vorsieht und welche Rolle der Selbstreinigung zukommt (I. Abschnitt 1).

In einem zweiten Schritt werden die zeitlich auf den Ausschluss nachfolgenden Selbstreinigungsmaßnahmen sowie der Bewertungsmaßstab, welchen der öffentliche Auftraggeber je nach Art des Fehlverhaltens und der Größe des Unternehmens zulässigerweise anlegen kann und muss (§ 125 Abs. 2 GWB n.F.) in den Fokus genommen werden (II. Abschnitt 2). In diesem Zusammenhang kommt § 125 Abs. 1 Nr. 3 GWB n.F. und den zweckmäßigen Compliance-Maßnahmen eine besondere Rolle zu, welche insbesondere auf die praktische Umsetzung mit Blick auf die gesellschaftsrechtlichen Vorgaben zu untersuchen sind. Bei der Umsetzung von Selbstreinigungsmaßnahmen im Konzern werden dabei stellvertretend vorrangig die Aktiengesellschaft sowie die GmbH Gegenstand der nachstehenden Betrachtung sein. Dabei wird auch das Prüfrecht des öffentlichen Auftraggebers hinsichtlich der getroffenen Selbstreinigungsmaßnahmen einer eingehenden Prüfung unterzogen (III. Abschnitt 3). Auch auf die aus dem Bewertungsmaßstab resultierenden Rechtsfolgen wird eingegangen werden (IV. Abschnitt 4).

Auf Grundlage der theoretischen Herleitung wird in der Folge gesondert erörtert werden, wie die gesellschaftsrechtlich etablierten Compliance-Maßnahmen praktisch auf das Vergaberecht Anwendung finden können (C.)

I. Abschnitt 1: Ausschlussgründe nach dem GWB

Zunächst werden die Ausschlussgründe der §§ 123, 124 GWB einer eingehenden Betrachtung unterzogen werden, da gerade deren Vorliegen den Grundstein für eine erforderliche Selbstreinigung legt. Dies ergibt sich bereits aus § 125 Abs. 1 GWB, welcher einen direkten Bezug zwischen dem Vorliegen eines Ausschlussgrundes nach den §§ 123, 124 GWB und einer insoweit erforderlichen Selbstreinigung vorgibt. Erst wenn ein entsprechender Ausschlussgrund seitens des öffentlichen Auftraggebers festgestellt wurde, kann das betreffende Bieterunternehmen im Rahmen einer Selbstreinigung entsprechend reagieren und

Maßnahmen zur Wiederherstellung seiner Integrität ergreifen.[26] Es handelt sich bei der Selbstreinigung mithin nicht primär um ein präventives, sondern ausweislich des Wortlautes und der Gesetzesbegründung um ein repressives Instrument, welches seitens des vom Ausschluss bedrohten Bieters ergriffen werden kann wenn der Ausschlussgrund bereits festgestellt wurde.[27] Allein die gemäß § 125 Abs. 1 Nr. 3 GWB relevanten technischen, organisatorischen und personellen Selbstreinigungsmaßnahmen weisen einen präventiven Charakter auf und zielen auf den auf die Zukunft gerichteten Aufbau bzw. die Weiterentwicklung eines bestehenden Compliance-Systems ab.[28]

Als Folge vergaberechtlicher Verstöße normiert das GWB im Rahmen der §§ 123, 124 GWB verschiedene Ausschlussgründe, welche es den Auftraggebern erlauben, diejenigen Bieter vom Vergabeverfahren auszuschließen, denen ein entsprechendes Fehlverhalten zur Last gelegt werden kann. Die bereits in der Richtlinie 2004/18/EG sowie in § 6 VOL/A-EG festgelegten Ausschlussgründe bleiben in der neuen Richtlinie 2014/24/EU im Grunde erhalten, wobei an einigen Stellen Modifizierungen und Ergänzungen vorgenommen wurden. Dogmatischer Anknüpfungspunkt aller genannten Ausschlussgründe ist die fehlende Integrität und Rechtstreue des Bieters, da im Sinne des § 122 GWB öffentliche Aufträge an *„fachkundige und leistungsfähige Unternehmen vergeben werden, die* ***nicht nach §§ 123, 124 GWB [vom Vergabeverfahren] ausgeschlossen worden sind***“[29]. Die Formulierung verdeutlicht allerdings bereits, dass das Vorliegen eines von den §§ 123, 124 GWB erfasstes Fehlverhaltens tatbestandlich nichts mit der auftragsbezogenen Eignung des Bieters zu tun hat und von der Eignungsprüfung entkoppelt ist.[30]

---

26 Vgl. insoweit Gesetzesbegründung zu § 125 GWB, BT-Drs. 18/6281, S. 107.

27 Vgl. hierzu auch: *Opitz* in: Burgi/Dreher Beck´scher Vergaberechtskommentar § 125 Rn. 3 f.

28 Vgl. *Ley* in: Reidt/Stickler/Glahs, § 125 Rn. 57 m.w.N..

29 Hervorhebung durch Verfasser.

30 Vgl. *Roth*, NZBau 2016, 672 (672); abweichend *Opitz* in: Burgi/Dreher Beck´scher Vergaberechtskommentar § 125 Rn. 3, der dogmatisch unsauber davon spricht, dass im Falle, dass bei Unternehmen, die ihr Fehlverhalten eingesehen, abgestellt und ausreichende Vorkehrungen gegen eine Wiederholung getroffen haben, so dass keine ernsthaften Zweifel an seiner Zuverlässigkeit bzw. „Integrität“ mehr bestehen, ein Ausschluss nicht mehr gerechtfertigt scheint. Diese Auffassung verkennt in dieser Absolutheit strenggenommen, dass die Zuverlässigkeit nicht mehr Tatbestandsmerkmal der Eignung nach § 122 GWB ist und auch im Rahmen der §§ 123, 124 GWB nicht mehr auftaucht.

1. Der überholte Begriff der vergaberechtlichen Zuverlässigkeit

Um die Systematik der §§ 122–124 GWB zu erfassen und einzuordnen, ist zunächst ein Rückblick auf die bis zur Vergaberechtsnovelle 2016 bestehende Gesetzesfassung erforderlich.

Vor der Vergaberechtsnovelle galt insoweit der § 97 Abs. 4 S. 1 GWB a.F., wonach „*Aufträge […] an fachkundige, leistungsfähige sowie gesetzestreue und zuverlässige Unternehmen vergeben [wurden]*". Es wurde mithin vom „Trias" der Eignungsprüfung gesprochen.[31] Der an die gewerberechtliche Tradition anknüpfende Zuverlässigkeitsbegriff[32] wurde dabei mit einem erheblichen Beurteilungsspielraum der Vergabestelle hinsichtlich dieses unbestimmten Rechtsbegriffs angereichert. Danach waren diejenigen Bieter als zuverlässig anzusehen, die unter Würdigung ihres gesamten Verhaltens erwarten ließen, dass sie ihren gesetzlichen Verpflichtungen in vollem Umfang nachkommen und den Auftrag einschließlich etwaiger Gewährleistungen einwandfrei ausführen würden. Gefordert wurde eine auch auf früheres Verhalten des Bieters gestützte Prognoseentscheidung des öffentlichen Auftraggebers.[33] Für die Prognose hinsichtlich der Zuverlässigkeit eines Unternehmens im Vergabeverfahren gemäß § 97 Abs. 4 S. 1 GWB a.F. waren daher nach einhelliger Auffassung von Literatur und Rechtsprechung die ordnungsgemäße und gesetzeskonforme Vertragsausführung einschließlich der Erbringung von Gewährleistungen entscheidend, was es im Einzelfall zu bestimmen galt.[34] Insbesondere war danach die Zuverlässigkeit anzunehmen, wenn der jeweilige Bieter seinen gesetzlichen Verpflichtungen auch in der Vergangenheit stets nachgekommen war und sich mithin rechtstreu verhalten hatte. Hierzu gehörte unter anderem die Entrichtung von Steuern und sonstigen Abgaben.[35] Dem gesondert in § 97 Abs. 4 S. 1 GWB a.F. aufgeführten Merkmal der Gesetzestreue kam insoweit lediglich ein deklaratorischer

---

31 Vgl.*Niebuhr*, VergabeR 3/2017, 335 (335).

32 Vgl. *Fehling* in: Pünder/Schellenberg, § 97 Rn. 120; *Brüning*, NZBau 2016, 723 (723).

33 Vgl. *Fehling* in: Pünder/Schellenberg, § 97 Rn. 120 m.w.N. aus der Rechtsprechung; Niebuhr, VergabeR 2017, 335 (335).

34 Vgl. OLG Brandenburg, Beschl. v. 15.03.2011, Verg W 5/11; Beschl. v. 14.09.2010, Verg W 8/10; vgl. *Weyand* in: Weyand, Vergaberecht 17. Aktualisierung 2015, § 97, Rn. 774; *Dreher* in: Immenga/Mestmäcker/Dreher GWB § 97 Rn. 202.
Dreher/Hoffmann, NZBau, 2012, 265 (266).

35 Vgl. Weyand, Vergaberecht 17. Aktualisierung 2015, § 97, Rn. 774.; OLG München, B. v. 04.04.2013 – Az.: Verg 4/13; VK Bund, Beschl v. 05.04.2013, VK 3- 14/13.

Charakter zu.[36] Gerade über den in § 97 Abs. 4 S. 1 GWB a.F. im Kontext der Eignung genannten unbestimmten Rechtsbegriff der „Zuverlässigkeit“ bestand vor der Vergaberechtsnovelle 2016 ein Interpretations- und Beurteilungsspielraum des öffentlichen Auftraggebers, welcher gewisse Rechtsunsicherheiten mit sich brachte und künftig jedenfalls in dieser Form wegfallen wird.

Bei der seitens des öffentlichen Auftraggebers anzustellenden Bewertung der Zuverlässigkeit handelte sich zusammenfassend – wie vorstehend erläutert – um eine auf den konkreten Auftrag bezogene Prognoseentscheidung, bei der das in der Vergangenheit liegende Geschäftsgebaren und Vertragsverhalten sowie das gegenwärtige Verhalten eines Unternehmens zu berücksichtigen waren. Insoweit stand dem Auftraggeber ein Beurteilungsspielraum zu, da es sich bei der Zuverlässigkeit um einen unbestimmten Rechtsbegriff handelte, welcher zumindest in eingeschränktem Maße durch die Vergabenachprüfungsinstanzen überprüfbar war.[37] Auch die fakultativen und obligatorischen Ausschlussgründe gemäß § 6 EG IV und VI VOL/A a.F.[38] knüpften nach der alten Gesetzeslage im Ergebnis an die mangelnde Zuverlässigkeit des Unternehmens an.[39]

Die neue Vorschrift des § 122 GWB nimmt – obgleich der Begriff der Zuverlässigkeit gestrichen wurde – im Ergebnis den inhaltlichen Regelungsgehalt des bisherigen § 97 Abs. 4 S. 1 GWB a.F. auf und legt die Grundanforderungen an die Eignung der Unternehmen, welche sich an den Vergabeverfahren öffentlicher Auftraggeber beteiligen möchten, abschließend in § 122 Abs. 2 GWB fest. In Umsetzung des Artikels 58 der RL 2014/24/EU wird insbesondere dessen Terminologie und Systematik aufgegriffen, als dass gefordert wird, dass öffentliche Aufträge nur an *„fachkundige und leistungsfähige (geeignete) Unternehmen*

---

36 Vgl. RegE VgModG BT-Drucks. 16/10117 S. 16; OLG München v. 21.4.2006 – Verg 8/06; *Dreher* in: Immega/Mestmäcker/Dreher GWB § 97 Rn. 201 f..

37 Vgl. *Dreher/Hoffmann*, NZBau, 2012, 265 (267); OLG Düsseldorf, Beschl. v. 09.06.2010, VII-Verg 14/10; so wohl auch im Ergebnis *Dreher* in: Immenga/Mestmäcker/Dreher GWB § 97 Rn. 176 f., der sich in diesem Zusammenhang eingehend mit der rechtlichen Überprüfbarkeit der Eignungsprüfung des öffentlichen Auftraggebers befasst, zu welcher im Ergebnis nach alter Rechtslage mit Blick auf § 97 Abs. 4 S. 1 GWB a.F. auch die Zuverlässigkeitsprüfung gehören dürfte.

38 Vergleichbare Regelungen existierten in § 6 Abs. 5 VOL/A, § 16 Abs. 1 Nrn. 1 und 2 VOB/A sowie § 4 Abs. 4 und 9 VOF

39 Vgl. *Tomerius* in: Pünder/Schellenberg, Vergaberecht, 9. Aktualisierung 2012, § 6 EG VOL/A Rn. 1; *Weyand*, in: Weyand, Vergaberecht, 9. Aktualisierung 2012, EG VOL/A § 6, Rn. 8; *Summa* in: Heiermann/Zeiss/Summa, juris PK-VergR, 5. Aufl. 2016, § 124 GWB Rn. 3.

vergeben werden, die nicht nach §§ 123 oder 124 [GWB] ausgeschlossen worden sind“.[40]

Dabei entspricht es höchstrichterlicher Rechtsprechung, dass der öffentliche Auftraggeber die Eignungsprüfung im Grundsatz nur auf solche Umstände gründen darf, die sich im Bereich der gesicherten Erkenntnisse bewegen. Erforderlich sind insofern Informationen aus verschiedenen seriösen Quellen.[41] Da insoweit ergänzend explizit auf das Nichtvorliegen von Ausschlussgründen nach §§ 123, 124 GWB und damit von Gesetzesverstößen Bezug genommen wird, ist im Einklang mit der RL 2014/24/EU sichergestellt, dass nur gesetzestreue Bieter den Zuschlag erhalten können. Aus diesem Grund sind die unbestimmten Rechtsbegriffe der Gesetzestreue und Zuverlässigkeit, die nach § 97 Abs. 4 GWB a.F. tragender Bestandteil der Eignungsprüfung waren, im Zuge der Vergaberechtsnovelle 2016 konsequenterweise gestrichen worden.[42] Auch die aktuelle Entscheidungspraxis erkennt die Trennung zwischen Eignung und Zuverlässigkeit nach Maßgabe der neuen Gesetzeslage an. So führt insbesondere das OLG München in einer aktuellen Entscheidung aus, dass die Frage der Zuverlässigkeit von der Frage nach der Eignung des Bewerbers zu unterscheiden sei, was sich auch in der Novelle zum Vergaberecht 2016 niedergeschlagen habe. Im neuen Recht sei zwischen Eignung einerseits und Ausschlussgründen andererseits, welche die früheren Kategorien der Gesetzestreue und Zuverlässigkeit umfassten, zu unterscheiden.[43]

Die Eignungskriterien im engeren Sinne werden damit künftig entsprechend dem gesetzgeberischen Willen systematisch nicht nur von der Zuverlässigkeitsprüfung, sondern auch von den an Art. 57 RL 2014/24/EU orientierten Ausschlussgründen in §§ 123, 124 GWB getrennt, wenngleich auch hierdurch sichergestellt werden soll, dass lediglich gesetzestreue Unternehmen für den Zuschlag vorgesehen sind.[44] Bereits aus der Systematik des § 122 GWB wird daher – wie eingangs bereits angedeutet – ersichtlich, dass das Vorliegen von

---

40 Vgl. Gesetzesbegründung zu § 122 Abs. 1 GWB, BT-Drs. 18/6281, S. 100; *Hausmann/von Hoff* in: Kulartz/Kus/Portz/Prieß, Kommentar zum GWB-Vergaberecht, § 122 Rn. 15.

41 Vgl. OLG Düsseldorf, Beschl. v. 09.04.2003, Verg 43/02; BGH, Urt. v. 26. 10. 1999 – X ZR 30/98; OLG Saarbrücken, Beschl. v. vom 18.12.2003 – Verg 4/03

42 Vgl. Gesetzesbegründung zu § 122 Abs. 1 GWB, BT-Drs. 18/6281, S. 101; *Roth*, NZbau 2016, 672 (672); *Hausmann/von Hoff* in: Kulartz/Kus/Portz/Prieß, Kommentar zum GWB Vergaberecht, § 122 Rn. 14.

43 OLG München, Beschl. v. 21.04.2017, Verg 2/17.

44 Vgl. Gesetzesbegründung zu § 122, BT-Drs. 16/6281, S. 101.

Ausschlussgründen von der Eignung des Bieters systematisch entkoppelt ist und nichts mit der auftragsbezogenen Eignung des Bieters zu tun hat. Wenn auch der Erwägungsgrund 101 der RL 2014/24/EU im Zusammenhang mit dem Ausschluss von Unternehmen davon spricht, dass öffentliche Auftraggeber die *„Möglichkeit erhalten [sollen], Wirtschafteilnehmer auszuschließen, die sich als unzuverlässig erwiesen haben“ und* beispielsweise *„schweres berufliches Fehlverhalten die Integrität des Wirtschaftsteilnehmers infrage stellen und dazu führen kann, dass er – auch wenn er ansonsten über die technische und wirtschaftliche Leistungsfähigkeit zur Auftragsausführung verfügen würde – als für die Vergabe eines öffentlichen Auftrags ungeeignet betrachtet wird“* und damit den Eignungs- und Zuverlässigkeitsbegriff explizit aufgreift, so trennt doch zumindest beispielsweise die englischsprachige Fassung des Erwägungsgrundes deutlich zwischen dem Begriff der Eignung („capacity“) und einer Untauglichkeit in Bezug auf die konkrete Auftragsvergabe („unsuiable“). Darüber hinaus gibt auch das Tempus des § 122 Abs. 2 S. 1 Hs. 2 GWB *„die nicht nach §§ 123, 124 GWB ausgeschlossen* ***worden sind***“[45] vor, dass die Prüfung des Vorliegens von Ausschlussgründen vor der eigentlichen Eignungsprüfung zu erfolgen hat und darüber hinaus keinen konkreten Auftragsbezug aufweisen muss.[46]

Zumindest der deutsche Gesetzgeber geht hier mithin einen konsequenten Weg obgleich Art. 57 Abs. 6 RL 2014/24/EU hier im Kontext der Selbstreinigung den Begriff der Zuverlässigkeit aufgreift. Danach kann der betreffende Bieter im Rahmen der Selbstreinigung Nachweise dafür erbringen, *„dass die Maßnahmen des Wirtschaftesteilnehmers ausreichen, um trotz des Vorliegens eines einschlägigen Ausschlussgrundes seine* ***Zuverlässigkeit*** *nachzuweisen“*.[47] Die strenge deutsche Umsetzung unter Streichung des Zuverlässigkeitsbegriffs deckt sich indes mit Art. 58 RL 2014/24/EU welcher insoweit in seiner Umsetzung in Gestalt des § 122 GWB ebenfalls auf das ausdrückliche Erfordernis der Zuverlässigkeit verzichtet.[48] Im Ergebnis ist der Zuverlässigkeitsbegriff mithin nach der Vergaberechtsnovelle 2016 als überholt zu betrachten.

Da eine erfolgreiche Selbstreinigung ausweislich des Wortlautes des § 125 Abs. 1 GWB einen Verfahrensausschluss beim Vorliegen von Ausschlussgründen gemäß §§ 123, 124 GWB als reaktive Maßnahme verhindert und das Vorliegen

---

45 Hervorhebung durch Verfasser.

46 Vgl. *Hausmann/von Hoff* in: Kulartz/Kus/Portz/Prieß, Kommentar zum GWB-Vergaberecht, § 122 Rn. 6; *Roth*, NZBau 2016, 672 (673).

47 Vgl. *Roth*, NZBau 2016, 672 (672); Hervorhebung durch Verfasser.

48 Vgl. Gesetzesbegründung zu § 122 GWB, BT-Drs. 18/6281, S. 101.

von Ausschlussgründen neben der Eignungsprüfung erfolgt, soll in der Folge auf die Systematik der obligatorischen und fakultativen Ausschlussgründe eingegangen werden. Besonderes Augenmerk soll dabei auf die Systematik eines Angebotsausschlusses bei Vorliegen fakultativer Ausschlussgründe gelegt werden. Dies insbesondere mit Blick auf das dem Auftraggeber zuteilwerdende Ermessen in Bezug auf einen Angebotsausschluss aufgrund fakultativer Ausschlussgründe. Dieser Schritt ist zwingend erforderlich, möchte man das Konstrukt des Angebotsausschlusses als Ermessensentscheidung sowie der Selbstreinigung auf unauflösbare Rechtsunsicherheiten für die Bieter analysieren. Insoweit gilt es als ersten Schritt zu untersuchen, ob das dem Auftraggeber im Kontext des § 124 Abs. 1 GWB eingeräumte Ermessen von den Nachprüfungsinstanzen (Vergabekammern und –Vergabesenaten beim Oberlandesgericht) überprüfbar ist und welche Maßstäbe hier anzulegen sind.

Im Folgenden sollen daher zunächst die Systematik der Ausschlussgründe des Art. 57 RL 2014/24/EU sowie deren Umsetzung in den §§ 123, 124 GWB vorgestellt und diskutiert werden. Dabei wird primär auf die fakultativen, der Vollständigkeit halber indes auch auf die obligatorischen, Ausschlussgründe eingegangen werden. Im Anschluss wird dann die Möglichkeit der Selbstreinigung bei Vorliegen eines zulässigen Verfahrensausschlusses seitens des öffentlichen Auftraggebers diskutiert werden. Die §§ 123, 124 GWB bilden dabei zusammen mit einigen weiteren Ausschlussgründen, auf die in § 124 Abs. 2 GWB verwiesen wird, ein in sich geschlossenes und in jeder Lage des Verfahrens in Betracht kommendes, abschließendes System der unternehmensbezogenen Ausschlussgründe. Dabei knüpfen die meisten dieser Ausschlussgründe an Umstände an, die bereits nach dem vor der Vergaberechtsnovelle geltenden nationalen Recht ernsthafte Zweifel an der Zuverlässigkeit eines Unternehmens begründen konnten.[49]

2. Obligatorische Ausschlussgründe

§ 123 GWB regelt die zwingenden Ausschlussgründe für Unternehmen im Rahmen der Teilnahme eines Vergabeverfahrens. Die Vorschrift setzt Art. 57 Abs. 1, 2 und 5 UAbs. 1 der Richtlinie 2014/24/EU um und regelt abschließend diejenigen Voraussetzungen, unter denen ein öffentlicher Auftraggeber einen Bieter zwingend vom weiteren Vergabeverfahren ausschließen muss. Entsprechende

49 Vgl. *Summa* in: Heiermann/Zeiss/Summa, jurisPK – VergR, 5. Aufl. 2016, § 124 GWB Rn. 3.

Regelungen finden sich beispielsweise auch in § 48 VgV n.F. sowie § 6b VOB/A EU n.F..[50]

Ausweislich der Gesetzesbegründung zu § 123 GWB erfolgte die Kodifizierung aufgrund der Gefahr eines Grundrechtseingriffs im Kontext eines Verfahrensausschlusses für die Unternehmen. Konkret ist hier an einen Eingriff in Art. 12 GG sowie Art. 14 und Art. 2 Abs. 1 GG zu denken. Aufgrund der gravierenden Rechtsfolge sollte sich die Umsetzung der Richtlinie in das deutsche Recht streng am deren Wortlaut orientieren und nicht darüber hinausgehen.[51]

Gemäß § 123 Abs. 1 GWB ist ein Wirtschaftsteilnehmer seitens des öffentlichen Auftraggebers in Fällen auszuschließen, in denen eine Person, deren Verhalten dem Unternehmen nach § 123 Abs. 3 GWB zuzurechnen ist, rechtskräftig wegen einer der in § 123 Abs. 1 GWB aufgelisteten Straftaten verurteilt oder gegen das Unternehmen aus diesem Grund eine Geldbuße nach § 30 OWiG rechtskräftig festgesetzt worden ist. Ein Ermessen steht dem öffentlichen Auftraggeber bei Vorliegen obligatorischer Ausschlussgründe grundsätzlich nicht zu.[52] Dem Auftraggeber wird ausweislich § 123 Abs. 1 S. 1 GWB darüber hinaus die Befugnis eingeräumt, den Ausschluss zu *„jedem Zeitpunkt des Vergabeverfahrens"* und ohne Einzelfallprüfung von der weiteren Teilnahme am Vergabeverfahren auszuschließen. Da das Vergabeverfahren mit dem Zuschlag seinen Abschluss findet, ist folglich ein Ausschluss gemäß § 123 GWB bis zu diesem Zeitpunkt möglich. Sollte sich indes nach Zuschlagserteilung und damit nach Abschluss des Verfahrens herausstellen, dass ein Ausschlussgrund nach § 123 Abs. 1–4 GWB bereits bei Zuschlagserteilung vorgelegen hat, kommt anstatt der Ausschlussentscheidung lediglich die nachträgliche Möglichkeit der Vertragskündigung nach § 133 Abs. 1 Nr. 2 GWB in Betracht.[53] Eine Selbstreinigung ist in diesen Fällen nicht mehr möglich, da das Verfahren abgeschlossen und

---

50 Vgl. *Prieß/Friton* in: BeckOK Vergaberecht GWB § 123 Rn. 1.

51 Vgl. Gesetzesbegründung zu § 123 Abs. 1 GWB, BT-Drs. 18/6281, S. 102; zu Ausnahmen, in denen von dem eigentlich obligatorischen Ausschluss abgesehen werden kann vgl.: Erwägungsgrund 100 der RL 2014/24/EU; Gesetzesbegründung zu § 123 Abs. 1 GWB, BT-Drs. 18/6281, S. 104; *Niebuhr*, VergabeR 3/2017, 335 (337).

52 Vgl. Gesetzesbegründung zu § 123 GWB Abs. 1 GWB, BT-Drs. 18/6281, S. 102; *Ulshöfer*, VergabeR 03/2016, 327 (329).

53 Vgl. *Summa* in: Heiermann/Zeiss/Summa, jurisPK-VergR, 5. Aufl. 2016, § 123 GWB Rn. 2 f.; BGH, Urteil vom 1. 8. 2006 – X ZR 115/04 m.w.N.; *Prieß/Friton* in: BeckOK Vergaberecht GWB § 123 Rn. 45.

der Vertrag mit dem begünstigten Zuschlagsdestinär rechtswirksam geschlossen worden ist.[54]

Rückausnahmen vom zwingenden Gebot des Ausschlusses des einen Ausschlusstatbestand verwirklichenden Bieters sehen § 123 Abs. 5 S. 1 und S. 2 GWB vor. Gemäß § 123 Abs. 5 S. 1 GWB kann – in Umsetzung des Art. 57 Abs. 3 RL 2014/24/EU ein zwingender Ausschlussgrund unterbleiben, *„wenn dies aus zwingenden Gründen des öffentlichen Interesses geboten ist.“*. Die in § 123 Abs. 5 S. 2 GWB genannte Ausnahme eines Ausschlusses wegen offensichtlicher Unverhältnismäßigkeit gilt hingegen nur in Bezug auf die Verwirklichung eines Ausschlusstatbestandes nach § 123 Abs. 4 S. 1 GWB bezüglich etwaiger Versäumnisse bei der Entrichtung von Steuern oder Sozialversicherungsbeiträgen.[55]

Die Ausnahmebestimmung des § 123 Abs. 5 S. 1 GWB steht im Ermessen des öffentlichen Auftraggebers und ist ausweislich der Gesetzesbegründung eng auszulegen. Es ist insoweit nicht ausreichend, dass die Teilnahme eines Unternehmens, welches einen zwingenden (obligatorischen) Ausschlussgrund erfüllt, aus Gründen des öffentlichen Interesses (lediglich) sinnvoll erscheint oder der seitens dieses Unternehmens angebotene Angebotspreis besonders niedrig liegt. Die Teilnahme muss vielmehr aus zwingenden Gründen des öffentlichen Interesses geboten sein. Ausweislich des Erwägungsgrundes 100 der RL 2014/24/EU können derart zwingende Gründe, die eine Auftragsvergabe an ein einzelnes Unternehmen erforderlich machen vorliegen, wenn beispielsweise dringend benötigte Impfstoffe[56] oder Notfallausrüstungen nur von einem Wirtschaftsteilnehmer

---

54 Vgl. *Hausmann/von Hoff* in: Kulartz/Kus/Portz/Prieß, Kommentar zum GWB-Vergaberecht, § 123 Rn. 58; Gesetzesbegründung zu § 123 GWB, BT.Drs. 18/6281, S. 102.

55 Vgl. zur Rechtslage vor der Vergaberechtsnovelle 2016 auch *Wimmer*, Zuverlässigkeit im Vergaberecht, S. 82 f. (m.w.N.) in dem dieser sich eingehend mit den „zwingenden Gründen des Allgemeininteresses“ auseinandersetzt. In diesem Kontext wird herausgestellt, dass die Berücksichtigung des gemeinschafts- und verfassungsrechtlichen Verhältnismäßigkeitsprinzips selbst im Allgemeininteresse liege und der Ausschluss selbstgereinigter Unternehmen eine unverhältnismäßige Maßnahme darstelle. Aus diesem Grund stelle auch die Berücksichtigung der Selbstreinigungsmaßnahmen beim Ausschluss von Teilnehmern ein Allgemeininteresse dar.

56 Auch wenn für die vorliegende Betrachtung nicht von Belang sei der Vollständigkeit halber das Folgende angemerkt: Die Ausschreibung von Grippeimpfstoffen ist in Deutschland nach Wegfall der Vorschrift des § 132e Abs. 2 SGB V im Zuge des im März 2017 in Kraft getretenen „Gesetze zur Stärkung der Arzneimittelversorgung in der gesetzlichen Krankenversicherung“ (AMVSG - Bundestags-Drucksache 18/10208) nicht mehr zulässig sodass sich diese im Erwägungsgrund Nr. 100 der RL 2014/24/EU aufgeführte Fallgruppe jedenfalls in Deutschland erledigt haben dürfte.

käuflich erworben werden können. Mithin handelt es sich demnach um Fälle, die bei konsequenter Anwendung der Ausschlussgründe eine Auftragsvergabe entgegen einem zwingenden Erfordernis behindern würden.[57] Streng genommen profitiert der sich regelwidrig verhaltene Unternehmer damit in diesen Fällen auch von Interessen Dritter sowie der konkreten Marktgegebenheiten und einer daraus gegebenenfalls resultierenden Monopolstellung.

Was die Fälle einer Unverhältnismäßigkeit des Ausschlusses von Wirtschaftsteilnehmern, denen im Sinne des § 123 Abs. 4 S. 1 GWB Versäumnisse bei der Zahlung von Steuern und Sozialabgaben angeht, so sind hier insbesondere Fälle gemeint, in denen nur geringfügige Beträge an Steuern oder Sozialversicherungsbeiträgen nicht gezahlt wurden oder der Wirtschaftsteilnehmer im Anschluss an die Verletzung seiner Verpflichtungen im Zusammenhang mit der Zahlung der Steuern oder Sozialversicherungsbeiträge erst in einem sehr späten Verfahrensstadium über den exakt geschuldeten Betrag informiert wurde.[58] Diese Auslegung wird bereits gestützt durch Art. 57 Abs. 3 UAbs. 2 RL 2014/24/EU. Im Übrigen bleibt die Möglichkeit der Selbstreinigung nach § 125 GWB gemäß § 123 Abs. 5 S. 3 GWB unberührt.

Es kann mithin festgestellt werden, dass es sich bei den von einer Ermessensentscheidung beeinflussten Ausnahmetatbeständen nach § 123 Abs. 5 S. 1 und 2 GWB um Einzelfälle handelt, die lediglich einen geringen Teil der Wirtschaftsteilnehmer betreffen dürfte. Da es sich hierbei um einen Ausnahmetatbestand handelt und dies dem Grunde nach nichts an der insoweit im Regelfall zwingenden Ausschlussentscheidung des öffentlichen Auftraggebers bei Vorliegen eines Ausschlusstatbestandes ändert, soll das Augenmerk mit Bezug auf die Rechtsunsicherheiten für die Unternehmen auf die fakultativen Ausschlussgründe gelegt werden, da Rechtsfolge hier gerade nicht der zwingende Verfahrensausschluss ist sondern weitere Ermessenserwägungen des öffentlichen Auftraggebers entscheidungserheblich sind.

3. Fakultative Ausschlussgründe

Unter Wahrung des Verhältnismäßigkeitsgrundsatzes können öffentliche Auftraggeber gemäß § 124 GWB ein Unternehmen jederzeit von der weiteren Teilnahme am Vergabeverfahren ausschließen, wenn einer der in § 124 Abs. 1 Nr. 1–9 GWB enumerativ genannten Punkte erfüllt ist. Es handelt sich hierbei

57 Vgl. *Summa* in: Heiermann/Zeiss/Summa, jurisPK-VergR, 5. Aufl. 2016, § 123 Rn. 52.

58 Vgl. *Prieß/Friton* in: Gabriel/Mertens/Prieß/Stein – BeckOK Vergaberecht GWB § 123 Rn. 52 f.; *Opitz* in: Burgi/Dreher Beck´scher Vergaberechtskommentar § 123 Rn. 56 f. .

insbesondere um Fälle schwerwiegenden beruflichen Fehlverhaltens, das die Integrität des Unternehmens im Grundsatz in Frage stellt.

Im Zuge der Vergaberechtsnovelle 2016 wurde der Katalog der fakultativen Ausschlussgründe insoweit erweitert, als dass nunmehr auch ein Verstoß gegen umwelt-, sozial- und arbeitsrechtliche Verpflichtungen (§ 124 Abs. 1 Nr. 1 GWB), bei wettbewerbsverzerrenden Absprachen (§ 124 Abs. 1 Nr. 4 GWB), bei einem Interessenskonflikt (§ 124 Abs. 1 Nr. 5 GWB), bei Wettbewerbsverzerrung auf Grund vorheriger Einbeziehung des Unternehmens (§ 124 Abs. 1 Nr. 6 GWB), bei mangelnder früherer Auftragsausführung (§ 124 Abs. 1 Nr. 7 GWB) und bei versuchter unzulässiger Einflussnahme auf die Entscheidungsfindung des öffentlichen Auftraggebers (§ 124 Abs. 1 Nr. 9 GWB) einen fakultativen Ausschlussgrund begründen. Die Umsetzung in Gestalt des § 124 Abs. 1 GWB orientiert sich insoweit eng an Art. 57 Abs. 4 RL 2014/24/EU.[59]

Weiterhin Geltung entfaltet der fakultative Ausschlussgrund der nachweislich schweren Verfehlung gemäß § 124 Abs. 1 Nr. 3 GWB, welcher bereits nach alter Rechtlage[60] bestand und als Auffangtatbestand die Stoßrichtung der fakultativen Ausschlussgründe am besten zum Ausdruck bringt. Aus diesem Grund wird dieser im Folgenden stellvertretend für die fakultativen Ausschlussgründe des § 124 GWB analysiert werden.[61]

Bereits vor der Vergaberechtsnovelle 2016 waren sich inhaltlich entsprechende Vorschriften in § 16 bzw. § 16 EG Abs. 1 Nr. 2 lit. c VOB/A 2012, in § 6 Abs. 5 lit. c bzw. § 6 EG Abs. 6 lit. c VOL/A 2009, in § 4 Abs. 9 lit. c VOF 2009, § 21 Abs. 4 Nr. 5 SektVO sowie in § 24 Abs. 1 Nr. 4 VSVgV 2012 zu finden. Danach konnten beispielsweise nach § 6 Abs. 5 lit. c VOL/A (bzw. § 6 EG Abs. 6 lit. c VOL/A) auch in der Vergangenheit diejenigen Unternehmen ausgeschlossen werden, die nachweislich eine ihre Zuverlässigkeit in Frage stellende Verfehlung begangen hatten. Nach Aufgabe des Kriteriums der Zuverlässigkeit wurde im Rahmen des § 124 Abs. 1 Nr. 3 GWB lediglich auf die Integrität im Allgemeinen Bezug genommen ohne den Begriff der Zuverlässigkeit wiederrum aufzugreifen.

Gemäß § 124 Abs. 1 Nr. 3 GWB kann der öffentliche Auftraggeber ein Bieterunternehmen zu jedem Zeitpunkt des Vergabeverfahrens von der Teilnahme an einem Vergabeverfahren ausschließen, wenn „*das Unternehmen im Rahmen der*

---

59 Vgl. Gesetzesbegründung zu § 124 GWB, BT-Drs. 18/6281 S. 105.

60 Vgl. etwa § 6 Abs. 6 lit. c EG VOL/A; § 16 Abs. 1 Nr. 2 lit. c EG VOB/A.

61 Vgl. *Roth*, NZBau 2016, 672 (672); vgl. Gesetzesbegründung zu § 124 GWB, BT-Drs. 18/6281 S. 105.

beruflichen Tätigkeit nachweislich eine schwere Verfehlung begangen hat, durch die die Integrität des Unternehmens infrage gestellt wird". Korrespondierend zum Wegfall des Erfordernisses der Zuverlässigkeit im Rahmen der Eignungsprüfung im Zuge der Novellierung des § 122 GWB (s.o.) wurde hier also der Begriff der „Integrität" statt dem in den Vorgängernormen zu findenden Begriff der „Zuverlässigkeit" gewählt, was insoweit eine Korrespondenz in der Systematik von § 124 GWB und § 122 GWB bewirkt und somit nur systematisch konsequent ist.

Ausweislich der Gesetzesbegründung kommt eine schwere Verfehlung bei der *„Verletzung gesetzlicher oder vertraglicher Verpflichtungen (z.B. auch bei Verletzung von Auftragsausführungsbedingungen bei früheren öffentlichen Aufträgen) in Betracht, die eine solche Intensität und Schwere aufweisen, dass der öffentliche Auftraggeber berechtigterweise an der Integrität des Unternehmens zweifeln darf"*.[62] Auch kann danach unter anderem eine integritätsbeeinträchtigende Verfehlung in Betracht kommen, *„wenn hinsichtlich einer nach § 123 [GWB] zu einem zwingenden Ausschlussgrund führende Straftat noch keine rechtskräftige Verurteilung vorliegt [...] oder wenn eine Straftat begangen wurde, die zwar nicht in § 123 GWB aufgeführt ist, aber durch die die vergaberechtliche Integrität des Unternehmens infrage gestellt wird."*[63]

Für die dieser Arbeit zugrunde liegende Betrachtung der möglicherweise bestehenden Rechtsunsicherheiten im Zusammenhang mit Verfahrensausschluss und Wiederzulassung im Kontext eines Vergabeverfahrens, wird es im Folgenden weniger auf die einzelnen in Betracht kommenden Ausschlusstatbestände sondern vielmehr auf die Systematik des § 124 GWB sowie die Entscheidungskompetenzen des öffentlichen Auftraggebers im Zusammenhang mit dem ermessensgesteuerten Verfahrensausschluss als zwingende Vorstufe einer zu thematisierenden Selbstreinigung ankommen.

Der prototypische Auffang-Ausschlussgrund gemäß § 124 Abs. 1 Nr. 3 GWB wegen einer die Integrität des Unternehmens beeinträchtigenden nachweislich schweren Verfehlung soll somit im Folgenden exemplarisch herangezogen werden, sofern es um fakultative Ausschlussgründe geht. Dabei bedarf es – obgleich im Rahmen des § 124 Abs. 1 Nr. 3 GWB der unbestimmte Rechtsbegriff der „schweren Verfehlung" unter Umständen auch unter Berücksichtigung der bisherigen Rechtsprechung[64] klärungsbedürftig erscheint – keiner weiteren

62 Gesetzesbegründung zu § 124 GWB, BT-Drs. 18/6281 S. 105.

63 Gesetzesbegründung zu § 124 GWB, BT-Drs. 18/6281 S. 105, 106.

64 Vgl. etwa OLG München, Beschl. v. 22.11.2012, Verg 22/12, Rn. 45; VK Lüneburg, Beschl. v. 24.3.2011 – VgK-4/2011, NZBau 2011, 574.

eingehenden Auseinandersetzung mit diesem Tatbestandsmerkmal. Anhand der Untersuchung Systematik des § 124 GWB sowie der Entscheidungskompetenz des öffentlichen Auftraggebers soll allein gezeigt werden, wie der Gesetzgeber die Entscheidungskompetenzen der ausschreibenden Stelle in Bezug auf den Ausschlussgrund geregelt hat, um im Nachgang eben diese Entscheidungskompetenz der Entscheidungskompetenz im Rahmen der Bewertung von Selbstreinigungsmaßnahmen gegenüberzustellen.

a) *Reichweite und rechtliche Überprüfbarkeit der Ausschlussentscheidung des öffentlichen Auftraggebers*

Im Folgenden sollen die Grundsätze der Entscheidung seitens des öffentlichen Auftraggebers in Bezug auf einen fakultativen Ausschlussgrund sowie dessen rechtliche Überprüfungsmöglichkeiten für die Bieter näher dargestellt werden. Dabei steht im Wesentlichen die Frage einer möglicherweise bestehenden Rechtsunsicherheit der von der Entscheidung betroffenen Bieter im Fokus der Betrachtung. Ein umfassendes Bedürfnis nach Rechtssicherheit, Berechenbarkeit und Gleichbehandlung bei der Ausschlussentscheidung folgt bereits aus der damit einhergehenden Folge eines bis zu drei Jahre andauernden Verfahrensausschlusses ab dem Tag des Ereignisses gemäß § 126 Nr. 2 GWB sowie dem Gleichbehandlungsgebot aller Bieter nach § 97 Abs. 2 GWB. § 97 Abs. 2 GWB fordert insoweit eine Gleichbehandlung der Teilnehmer an einem Vergabeverfahren sofern die Ungleichbehandlung nicht aufgrund eines Gesetzes ausdrücklich geboten oder gestattet ist.

Bei der Begutachtung werden insbesondere die Maßstäbe der Entscheidung des öffentlichen Auftraggebers im Verhältnis zu den Möglichkeiten und Anforderungen der rechtlichen Überprüfung gerade dieser Entscheidung durch die Bieter eine zentrale Rolle einnehmen. Abhängig von eventuell bestehenden Beurteilungsspielräumen und Ermessensentscheidungen des öffentlichen Auftraggebers sowie den rechtlichen Überprüfungsmöglichkeiten der betroffenen Unternehmen kann abgelesen werden, ob bereits – ungeachtet einer späteren Selbstreinigung – im Stadium des Verfahrensausschlusses Rechtsunsicherheiten für die Unternehmen bestehen, welche dann – zwecks abschließender Beurteilung – der Situation im Rahmen der Selbstreinigung gegenübergestellt werden können. Verfahrensausschluss und Selbstreinigung sind danach untrennbar miteinander verbunden, sodass sich insoweit eine separate Betrachtung verbietet. Besteht hier eine Diskrepanz der Überprüfbarkeit der Entscheidung des Auftraggebers wird die Bedeutung der Selbstreinigung in signifikantem Maße beschränkt, da es aus Rechtsschutzgesichtspunkten für das betreffende

Unternehmen möglich sein muss, gleichermaßen sowohl gegen die Ausschlussentscheidung als auch die gegebenenfalls versagte Wiederzulassung rechtlich vorzugehen.

aa) Allgemeines Grundsätze und Reichweite der Ausschlussentscheidung des öffentlichen Auftraggebers

Gemäß § 124 GWB „*können*" öffentliche Auftraggeber unter Berücksichtigung des Grundsatzes der Verhältnismäßigkeit ein Bieterunternehmen zu jedem Zeitpunkt des Vergabeverfahrens vom weiteren Verfahren ausschließen wenn einer der unter § 124 Abs. 1 und 2 GWB genannten Ausschlussgründe vorliegt.

Hinsichtlich der Ausschlussmöglichkeit steht dem öffentlichen Auftraggeber, anders als im Rahmen von § 123 GWB, ausweislich des klaren Wortlauts des § 124 Abs. 1 GWB („können") auf der Rechtsfolgenseite ein Ermessensspielraum zu. Gemäß der Gesetzesbegründung zu § 124 GWB „*handelt sich hierbei nicht nur um ein Beurteilungsermessen des öffentlichen Auftraggebers hinsichtlich des Vorliegens des Ausschlussgrundes, sondern auch um einen Ermessensspielraum hinsichtlich des „Ob" des Ausschlusses, dann wenn der fakultative Ausschlussgrund nachweislich vorliegt.*"[65] Es soll danach im Ermessen des öffentlichen Auftraggebers stehen, zu entscheiden, ob aufgrund des Fehlverhaltens des Unternehmens, das einen fakultativen Ausschlussgrund nach § 124 GWB begründet, die „Zuverlässigkeit" des Unternehmens zu verneinen und damit ein Ausschluss vom weiteren Verfahren zu begründen ist.[66] Anders als im Rahmen des § 122 GWB wird hier wiederrum auf den Begriff der Zuverlässigkeit Bezug genommen. Hier indes in einem von der Eignungsprüfung losgelösten Kontext. Dies scheint auf den ersten Blick gewissermaßen inkonsequent und überraschend, erinnert dieser Begriff doch an das überkommene Verständnis von der Eignung unter Bezugnahme auf die Zuverlässigkeit (s.o.). Treffender wäre es auch hier gewesen, konsequenterweise den Begriff der Integrität – wie er auch unter § 124 Abs. 1 Nr. 3 GWB verwendet wird – zu verwenden, statt an der an den überholten Zuverlässigkeitsbegriff anknüpfenden Formulierung festzuhalten. Auf diese Weise wäre eine vollständige Kongruenz zwischen der Beurteilung der Eignung sowie des Ausschlusses eines Bieterunternehmens gewährleistet worden. Eben

65 Gesetzesbegründung zur § 124 GWB, BT-Drs. 18/6281 S. 104.

66 Vgl. Gesetzesbegründung zur § 124 GWB, BT-Drs. 18/6281 S. 104, in der allerdings entgegen der oben aufgezeigten Systematik wiederrum der Begriff der Zuverlässigkeit aufgegriffen wird. Konsequenterweise muss auch hier der Begriff der Integrität im Zentrum der Betrachtung stehen.

diese Kongruenz scheint seitens des Gesetzgebers nach der hier vertretenen Auffassung auch gewollt gewesen zu sein, wurden Ausschlussgründe gemäß §§ 123, 124 GWB doch in direktem Zusammenhang mit der Eignung im Rahmen des § 122 Abs. 1 GWB genannt.

Bei der Prüfung der „Zuverlässigkeit" des Unternehmens als Teil der Ermessensentscheidung im Kontext des § 124 GWB soll es sich ausweislich der Gesetzesbegründung um eine Prognoseentscheidung dahingehend handeln, ob von dem Unternehmen trotz des Vorliegens eines fakultativen Ausschlussgrundes im Hinblick auf die Zukunft zu erwarten ist, dass es den öffentlichen Auftrag gesetzestreu, ordnungsgemäß und sorgfältig ausführt.[67] In diesem Kontext bleibt es allerdings dabei, dass es, wie beispielsweise auch bereits im Rahmen des § 6 Abs. 6 VOL/A- EG a.F., auch beim Vorliegen fakultativer Ausschlussgründe gemäß § 124 GWB zu einer Ermessensreduzierung auf Null kommen kann, sodass allein ein Verfahrensausschluss ermessensfehlerfrei ist.[68] Dies ist im konkreten Einzelfall zu beurteilen.

Ausweislich der Gesetzesbegründung steht dem öffentlichen Auftraggeber ein „Beurteilungsermessen" hinsichtlich des Vorliegens eines Ausschlussgrundes zu, sowie ein „Ermessensspielraum" hinsichtlich des „Ob" des Ausschlusses.[69] In Bezug auf den Aspekt der Rechtssicherheit ist in diesem Zusammenhang als erster Schritt (1) zu prüfen, welche Bedeutung für den Bieter aus dem Umstand resultiert, dass einige Ausschlussgründe des § 124 GWB – wie der hier stellvertretend dargestellte Ausschlussgrund der nachweislich schweren Verfehlung gemäß § 124 Abs. 1 Nr. 3 GWB – unbestimmte Rechtsbegriffe enthalten, die einer Konkretisierung durch den öffentlichen Auftraggeber bedürfen und ihm gegebenenfalls einen Beurteilungsspielraum zubilligen.[70] In einem zweiten Schritt (2) ist die Ermessensentscheidung des öffentlichen Auftraggebers im eigentlichen Sinne näher zu beleuchten.

---

67 Vgl. Gesetzesbegründung zur § 124 GWB, BT-Drs. 18/6281 S. 104.

68 Vgl. Gesetzesbegründung zu § 124 Abs. 1 GWB, BT-Drs. 18/6281, S. 104 f.; *Dreher/Hofmann*, NZBau 2012, 265 (267); *Summa* in: Heiermann/Zeiss/Summa, jurisPK-Vergaberecht, § 124 Rn. 20; OLG München, Beschl. v. 22.11.2012, Verg 22/12.

69 Vgl. Gesetzesbegründung zur § 124 GWB, BT-Drs. 18/6281 S. 104.

70 Vgl. *Summa* in: „Heiermann/Zeiss/Summa, jurisPK-VergR, § 124 GWB, Rn. 16; *Conrad* in: Müller-Wrede, GWB Vergaberecht, § 124 Rn. 48.

(1) Beurteilungsspielraum/Anwendung verwaltungsrechtlicher Grundsätze im Vergabeverfahren

Aus rechtstechnischer Sicht ist das Vorliegen eines Beurteilungsspielraums zunächst stets an einen unbestimmten Rechtsbegriff geknüpft.[71] Besonders deutlich wird dies in Bezug auf die vorliegende Betrachtung im Hinblick auf § 124 Abs. 1 Nr. 3 GWB. Die Norm erfordert insofern beispielsweise, dass das betreffende Bieterunternehmen im Rahmen der beruflichen Tätigkeit eine „nachweislich schwere Verfehlung" begangen hat, welche dessen Integrität und damit die Eignung in Frage stellt. Eine schwere Verfehlung kommt nach dem Wortlaut der Gesetzesbegründung bei Verfehlungen des Unternehmens in Betracht, die eine derartige Intensität und Schwere aufweisen, dass seitens des öffentlichen Auftraggebers berechtigterweise an der Integrität des Unternehmens gezweifelt werden darf.[72] Insoweit besteht hier zunächst in Bezug auf diesen unbestimmten Rechtsbegriff der schweren Verfehlung möglicherweise auf Tatbestandsseite ein Beurteilungsspielraum des öffentlichen Auftraggebers, der diesem immer dann zuzubilligen ist, wenn es um Bewertungen mit prognostischem Charakter geht. Entsprechende Regelungen betreffend die schwere Verfehlung fanden sich bereits in den Vorgängernormen des § 124 Abs. 1 Nr. 3 GWB, beispielsweise in § 6 EG Abs. 6 lit. c VOLA und § 16 (EG) Abs. 1 Nr. 2 lit. c VOB/A 2012. Bereits damals war in der einschlägigen Entscheidungspraxis und Literatur insbesondere umstritten, ob bei der prognostischen Frage dahingehend, ob eine schwere Verfehlung vorliegt, ein uneingeschränkt überprüfbarer Beurteilungsspielraum des Auftraggebers zum Tragen kommt.[73]

Möglicherweise lässt sich die Frage nach der Reichweite der Überprüfbarkeit des eingeräumten Beurteilungsspielraums in Bezug auf die „schwere Verfehlung" anhand der im allgemeinen Verwaltungsrecht entwickelten Dogmatik zu Beurteilungsspielräumen beantworten. Dazu müsste das vergaberechtliche Handeln der ausschreibenden Stelle materiell Verwaltungshandeln darstellen. Zwar tritt die öffentliche Hand im Kontext der Auftragsvergabe als Auftraggeber

---

71 Vgl. *Brückner*, LKV 2015, 534 (535).

72 Gesetzesbegründung zu § 124 Abs. 1 GWB, BT-Drs. 18/6281, S. 104

73 Vgl. zum Streitstand: *Ruhland/Tomerius* in: Pünder/Schellenberg, Vergaberecht 2. Aufl. 2015, § 16 VOB/A, Rn. 31; *Conrad* in: Müller-Wrede GWB Vergaberecht, § 124 Rn. 48; für einen durch die Nachprüfungsinstanzen begrenzt überprüfbaren Beurteilungsspielrum vgl. etwa OLG München, Beschl. v. 21.04.2006 Verg 8/06, OLG Düsseldorf, Beschl. v. 05.10.2005, VII Verg 55/05; für eine uneingeschränkte Überprüfbarkeit durch die Nachprüfungsinstanzen vgl. etwa OLG München, Beschl. v. 22.11.2012, Verg 22/12; *Conrad* a.a.O § 124 Rn. 48.

gegenüber privaten Unternehmen auf, sodass die Beschaffung von Gütern durch die öffentliche Hand anders als das klassische Verwaltungshandeln der Eingriffsverwaltung nicht ohne weiteres als hoheitliches Verwaltungshandeln qualifiziert werden kann.[74] Die öffentliche Auftragsvergabe ist allerdings nach Auffassung der Literatur als eigener Typus der Verwaltungstätigkeit neben der klassischen Eingriffs- und Leistungsverwaltung einzuordnen. Der Staat handelt nämlich nicht als konventioneller Marktteilnehmer, sondern nimmt aufgrund seiner regelmäßig hohen Nachfragemacht einseitig und mit hoheitlicher Prägung Einfluss auf die Betätigungsmöglichkeiten privater Anbieter am Markt. Die Auftragsvergabe ist somit als Akt öffentlicher Gewalt zu qualifizieren.[75] Als Verteilungsverfahren weist das Vergabeverfahren zudem eine enge Verwandtschaft zu öffentlich-rechtlichen Verwaltungsverfahren wie etwa die Versteigerung von Telekommunikationslizenzen auf. Ferner kann in der Möglichkeit der Leistungserbringung im Rahmen der Auftragsvergabe eine Art Realförderung gesehen werden.[76] Darüber hinaus darf nicht außer Acht gelassen werden, dass auch der öffentliche Auftraggeber, wenn er eine juristische Person des öffentlichen Rechts ist, einer Grundrechtsbindung unterliegt. Das Vergabeverfahren wird daher in der Literatur sowie in der Rechtsprechung jedenfalls als Verwaltungsverfahren im weiteren Sinne gesehen, in dessen Rahmen der öffentliche Auftraggeber bestimmten Grundprinzipien des Verwaltungsverfahrensrechts selbst dann zu unterwerfen ist, soweit die §§ 9 ff. VwVfG keine unmittelbare Anwendung finden.[77] Betrachtet man folglich das Vergaberechtsverhältnis im weitesten Sinne als öffentlich-rechtliches Rechtsverhältnis und damit letztlich als Verwaltungsverfahren, in dessen Rahmen das vergaberechtliche Handeln der ausschreibenden Stelle materiell Verwaltungshandeln darstellt, kann in der Konsequenz vertreten werden, dass die Grundsätze der Lehre des Beurteilungsspielraums aufgrund dieser öffentlich-rechtlichen Prägung auf die öffentlich-rechtliche Auftragsvergabe anwendbar sind.[78]

---

74 Vgl. *Brückner*, LKV 2015, 534 (536 f.)

75 Vgl. *Brückner*, LKV 2015, 534 (537); *Fehling* in: Pünder/Schellenberg, § 97 Rn. 36 m.w.N.; OLG Brandenburg, Beschl. v. 03.08.1999 – 6 Verg 1–99.

76 Vgl. *Fehling* in: Pünder/Schellenberg, § 97 Rn. 36 m.w.N.; *Brückner*, LKV 2015, 534 (537).

77 Vgl. *Stelkens* in: Stelkens/Bonk/Sachs, VwVfG, § 35 Rn. 124; *Brückner*, LKV 2015, 534 (537); Ziekow/Siegel, ZfBR 2004, 30, (33); OLG Brandenburg, Beschl. v. 03.08.1999 – 6 Verg 1–99, wonach die Auftragsvergabe staatlicher Stellen als „Akt öffentlicher Gewalt" anzusehen ist.

78 Vgl. OLG Brandenburg, Beschl. v. 03.08.1999 – 6 Verg 1–99, das von einem „Akt öffentlicher Gewalt" spricht; *Brückner*, LKV 2015, 534 (537).

Hieran ändert nach der hier vertretenen Auffassung auch der Umstand nichts, dass sich der Gesetzgeber sowie die Rechtsprechung trotz der Nähe zum Verwaltungsrecht beim Kartellvergaberecht oberhalb der Schwellenwerte für die Beibehaltung der traditionellen Privatrechtsform entschieden hat, da sich der öffentliche Auftraggeber bei der Vergabe öffentlicher Aufträge auf dem Boden des Privatrechts bewege. Die von der öffentlichen Hand abgeschlossenen Werk- und Dienstverträge gehören nach Auffassung des BVerwG ausschließlich dem Privatrecht an.[79] Dennoch bleibt es ungeachtet der Einordnung des Vergabeverfahrens oder der Zuschlagserteilung in das Privatrecht dabei, dass dem Verfahren eine öffentlich-rechtliche Prägung anhaftet und es sich folglich um ein reguliertes Verfahren handelt. Das Verfahren wird daher ungeachtet seines möglicherweise privatrechtlichen Charakters zumindest in Teilen durch öffentlich-rechtliche Bindungen ergänzt, modifiziert und überlagert.[80] Die öffentliche Hand ist auch im Bereich der Beschaffung nicht vollständig frei von öffentlich-rechtlichen Verpflichtungen, da sie den Erfordernissen eines gesamtwirtschaftlichen Gleichgewichts Rechnung tragen muss und neben den Grundrechtsbindungen unter anderem dem haushaltsrechtlichen Prinzip der Wirtschaftlichkeit und Sparsamkeit unterliegt. Qualifiziert man die öffentliche Auftragsvergabe als „Akt öffentlicher Gewalt" und das Vergabeverfahren als Verwaltungsverfahren im weiteren Sinne, so kann im Ergebnis angenommen werden, dass einzelne Regelungen des VwVfG in das verwaltungsprivatrechtliche Rechtsverhältnis – jedenfalls lückenschließend – übernommen werden können, obwohl der Anwendungsbereich der VwVfG gemäß § 1 VwVfG nicht unimittelbar eröffnet sind.[81] Erst recht kann aber – wenn schon nicht auf konkrete Vorschriften der VwVfG Bezug genommen wird – auf verwaltungsverfahrensrechtliche Grundsätze wie die Dogmatik vom Ermessens- und Beurteilungsspielraum Anwendung finden. Für die Anwendbarkeit der verwaltungsrechtlichen Dogmatik der Beurteilungsspielräume spricht insoweit nicht nur die verwaltungsrechtliche Prägung der öffentlich-rechtlichen Auftragsvergabe, sondern auch die eindeutige Übernahme der Dogmatik eines „Beurteilungsspielraums" des Gesetzebers im Kontext der Gesetzesbegründung zu § 125 GWB, wonach dem öffentlichen Auftraggeber ein weiter „Beurteilungsspielraum" dahingehend zukommt, ob die vom Unternehmen durchgeführten

---

79 Vgl. *Fehling* in: Pünder/Schellenberg, § 97 Rn. 37; BVerwG, Beschl. v. 02.05.2007 – 6 B 10/07; OLG Brandenburg, Beschl. v. 03.08.1999 – 6 Verg 1–99.

80 So im Ergebnis wohl auch BVerwG, Beschl. v. 02.05.2007 – 6 B 10/07; Ziekow/Siegel, ZfBR 2004, 30, (33).

81 Vgl. OLG Brandenburg, Beschl. v. 03.08.1999 – 6 Verg 1–99 am Beispiel der Anwendbarkeit des § 20 VwVfG.

Selbstreinigungsmaßnahmen ausreichend sind.[82] Auch die Gesetzesbegründung zu § 124 GWB greift einen Beurteilungsspielraum ausdrücklich auf, wenn dort auch etwas unscharf von „Beurteilungsermessen" die Rede ist.[83]

Im Kontext materiellen Verwaltungshandelns – und als solches ist folglich auch das vergaberechtliche Handeln der Verwaltung als öffentlicher Auftraggeber entsprechend der vorstehenden Ausführungen zu qualifizieren[84] – kann sich der öffentliche Auftraggeber bei Vorliegen unbestimmter Rechtsbegriffe wie beispielsweise der nachweislich schweren Verfehlung grundsätzlich erst einmal nicht auf einen der Nachprüfungsinstanzen entzogenen Beurteilungsspielraum berufen.[85] Gleichwohl wurde ein solcher eingeschränkter Überprüfungsmaßstab von der Rechtsprechung bejaht, wonach dem Auftraggeber ein von den Vergabekammern und Senaten nur begrenzt, das heißt im Hinblick auf Verfahrensfehler, richtigen Sachverhalt oder sachwidrige Erwägungen und Beurteilungsmaßstäbe überprüfbarer Beurteilungsspielraum zustand.[86] Dies hatte für die betroffenen Bieter zur Folge, dass ihnen nur begrenzte Überprüfungsmöglichkeiten zur Verfügung standen und es je nach Auftraggeber zu unterschiedlicher Bewertung derselben Sachverhalte in Bezug auf die schwere Verfehlung kommen konnte. Der Bewertung des öffentlichen Auftraggebers dahingehend, ob eine schwere Verfehlung tatsächlich vorlag, kam daher mangels vollumfänglicher Überprüfbarkeit ein hohes Gewicht zu.

In der jüngeren Rechtsprechung wird indes hinsichtlich der Subsumtion des öffentlichen Auftraggebers in Bezug auf die *„nachweislich schwere Verfehlung"* zu einer uneingeschränkten Überprüfungsmöglichkeit der Gerichte tendiert und in der Konsequenz ein begrenzt überprüfbarer Beurteilungsspielraum des öffentlichen Auftraggebers abgelehnt. Die Nachprüfungsinstanzen hätten dann in der Konsequenz ein uneingeschränktes Überprüfungsrecht der Bewertung des

82 Vgl. Gesetzesbegründung zu § 125, BT-Drs. 16/6281, S. 107.

83 Vgl. Gesetzesbegründung zu § 124, BT-Drs. 16/6281, S. 104.

84 S.o.

85 Vgl. *Dreher* in: Immenga/Mestmäcker, Wettbewerbsrecht, § 97 Rn. 174; vgl hierzu auf BVerfG, Beschl. v. 17.4.1991, 1 BvR 419/81 und 213/83.

86 Vgl. OLG München, Beschl. v. 21.04.2006, Verg 08/06; LG Düsseldorf, Urt. v. 16.03.2005 – 12 O 225/04; VK Niedersachsen, Beschl. v. 24.03.2005 – VgK-4/2011; *Conrad* in: Müller-Wrede, GWB Vergaberecht, § 124 Rn. 48; *Ruhland/Tomerius* in: Pünder/Schellenberg, Vergaberecht, VOB/A § 16 Rn. 31; *Wimmer*, Zuverlässigkeit im Vergaberecht, S. 93.

Auftraggebers hinsichtlich dessen Annahme einer schweren Verfehlung gemäß § 124 Abs. 1 Nr. 3 GWB.[87]

Das OLG München stellt insoweit – wenn auch zur vor der Vergaberechtsnovelle geltenden Rechtslage – ergänzend ausdrücklich klar, dass die Prognose dahingehend, ob eine nachweislich schwere Verfehlung vorliegt von der sich daran anschließenden (durch die Nachprüfungsinstanzen beschränkt überprüfbaren) Prognose über die Zuverlässigkeit des betreffenden Wirtschaftsteilnehmers sowie das Ermessen über den Ausschluss zu trennen ist.[88] Da die Zuverlässigkeit als tatbestandliches Merkmal entfallen ist, dürften daher nunmehr auch nach neuer Rechtslage bei der Überprüfung der Entscheidung des öffentlichen Auftraggebers durch die Nachprüfungsinstanzen maßgeblich die Einordnung des Verhaltens des Wirtschaftsteilnehmers als „nachweislich schwere Verfehlung" sowie die sich daran anknüpfende Ermessensentscheidung über den Ausschluss nach § 124 GWB in den Fokus der gerichtlichen Überprüfung rücken. Als Argument für eine vollständige Überprüfbarkeit der Annahme der „nachweislich schweren Verfehlung" seitens der Nachprüfungsinstanzen kann dabei angeführt werden, dass es Sinn und Zweck des Vergabenachprüfungsverfahrens ist, ein Vergabeverfahren auf Grundlage von Wettbewerb, Gleichbehandlung, Transparenz und einem effektiven Bieterschutz zu garantieren.[89]

Ferner können auch die verwaltungsrechtlichen Grundlagen zur Überprüfbarkeit von Beurteilungsspielräumen herangezogen werden. Die Frage, ob ein Beurteilungsspielraum der Verwaltung angenommen werden kann, wird dabei entsprechend der normativen Ermächtigungslehre im Wege der Auslegung ermittelt. Die Entscheidung, ob einer Behörde ein Beurteilungsspielraum eingeräumt wird, muss vom Gesetzgeber selbst unter Beachtung der verfassungsrechtlichen Vorgaben getroffen werden.[90] Entscheidend ist dabei der ausdrückliche Wortlaut sowie der Sinn und Zweck der Regelung, welche insoweit die Beurteilung durch die Behörde als maßgeblich vorgeben muss.[91] Für die Ausnahme einer gerichtlichen Vollkontrolle bedarf es mithin neben der gesetzlichen Ausgestaltung eines Spielraums kumulativ dazu einer besonderen Legitimation des

---

87 Vgl. *Summa* in: Heiermann/Zeiss/Summa, jurisPK-VergR, 5. Aufl. 2016, § 124 GWB Rn. 17; 46; *Niebuhr*, VergabeR 2016, 335 (345); OLG München, Beschl. v. 22.11.2012 – Verg 22/12; zustimmend zur Ansicht des OLG München wohl auch VG Düsseldorf, Urt. v. 24.03.2015 – 20 K 6764/13.

88 Vgl. OLG München, Beschl. v. 22.11.2012 – Verg 22/12.

89 Vgl. *Dreher* in: Immenga/Mestmäcker, Wettbewerbsrecht, § 97 Rn. 175.

90 Vgl. *Brückner*, LKV 2015, 534 (536) m.w.N.

91 BVerfG, NWwZ 2012, 694 (695); BVerfG, NVwZ 2011, 1062 (1064).

Gesetzgebers in Gestalt eines hinreichend gewichtigen und den Grundsatz eines wirksamen Rechtsschutzes folgenden Sachgrundes.[92] Ein solcher von Seiten des BVerfG geforderter Sachgrund ist danach in den Fällen anzunehmen, in denen das Gericht unter Heranziehung seiner Informationsmöglichkeiten sowie eigener Kenntnisse oder durch Sachverständige oder sonstige Beweismittel nicht in der Lage ist, die Verwaltungsentscheidung nachvollziehbar zu überprüfen und die gerichtliche Kontrolle an ihre Funktionsgrenzen stoßen.[93]

Danach sprechen bereits unter Zugrundlegung einer Auslegung des § 124 Abs. 1 Nr. 3 GWB nach der hier vertretenen Auffassung gewichtige Gründe gegen die Annahme eines nur begrenzt überprüfbaren Beurteilungsspielraums des Auftraggebers in Bezug auf den Rechtsbegriff der „schweren Verfehlung". Bereits in der Gesetzesbegründung kommt zum Ausdruck, dass eine schwere Verfehlung bei der Verletzung gesetzlicher oder vertraglicher Verpflichtungen (z.B. auch bei der Verletzung von Auftragsausführungsbedingungen bei früheren öffentlichen Aufträgen) in Betracht kommt, die eine solche Intensität und Schwere aufweisen, dass der öffentliche Auftraggeber berechtigterweise an der Integrität des Unternehmens zweifeln darf. Im Regelfall dürften ausweislich der Gesetzesbegründung ferner Verletzungen der Verpflichtung zu Vertraulichkeit und Sicherheit eine schwere Verfehlung im Sinne des § 124 Abs. 1 Nr. 3 darstellen, durch die die Integrität des Unternehmens infrage gestellt wird.[94] Dass der öffentliche Auftraggeber hier eine selbstständige Bewertung anstellt oder dass ihm eine Einschätzungsprärogative zukommt, kann dem Gesetzeswortlaut nicht entnommen werden. Auch aus systematischer Sicht und unter Zugrundelegung der Ausführungen der Gesetzesbegründung ergibt sich kein anderes Bild. Da hier primär auf die Verletzung von geltenden Rechtsvorschriften und vertraglichen Verpflichtungen abgestellt wird, welche in der Regel eine schwere Verfehlung begründen, ist im Ergebnis nicht ersichtlich, dass der Gesetzgeber hier einen beschränkt überprüfbaren Beurteilungsspielraum der ausschreibenden Stelle schaffen wollte. Jedenfalls aber ist kein Sachgrund ersichtlich, der in den zugrunde liegenden Fällen den Schluss zuließe, dass die gerichtliche Kontrolle bei der Überprüfung der Verwaltungsentscheidung an ihre Funktionsgrenzen stoßen würde. Insbesondere die Verletzung gesetzlicher oder vertraglicher Bestimmungen muss dabei umfassend durch die erkennenden Senate als Teil

92 Vgl. BVerfG, Beschl. v. 31.05.2011, – 1 BvR 857/07; *Brückner*, LKV 2015, 534 (536); *Kment/Vorwalter*, JuS 2015, 193 (196).

93 Vgl. *Brückner*, LKV 2015, 534 (536; 539); *Kment/Vorwalter*, JuS 2015, 193 (197).

94 Vgl. Gesetzesbegründung zu § 124, BT- Drs. 18/6281, S. 106.

der gesetzesauslegenden Judikative überprüfbar sein. Gleiches gilt für eventuelle Vertragsverletzungen der Bieter in vergangenen Vergabeverfahren. Der Wortlaut der Vorschrift gibt es jedenfalls nicht her, per se von einer abschließenden Bewertung des öffentlichen Auftraggebers auszugehen.

Der in der Gesetzesbegründung verwendete Begriff des „Beurteilungsermessen[s]“[95] ist somit zumindest rechtsdogmatisch unglücklich gewählt, wird hieraus doch der Unterschied zwischen dem auf Tatbestandsebene bestehenden Beurteilungsspielraum und dem auf Rechtsfolgenseite bestehenden Ermessens nicht hinreichend deutlich herausgestellt. Es bleibt demnach abzuwarten, wie die künftige Entscheidungspraxis die Überprüfungskompetenzen der Nachprüfungsinstanzen final einordnen wird.

Ungeachtet des Beurteilungsspielraums des öffentlichen Auftraggebers dürfte indes – wie bereits nach Maßgabe der Rechtslage vor der Vergaberechtsnovelle – der Grundsatz gelten, dass die Darlegungs- und Beweislast hinsichtlich des Vorliegens eines Ausschlussgrundes beim öffentlichen Auftraggeber liegt und keine begründeten Zweifel bestehen dürfen.[96] Dabei dürfen lediglich solche Umstände bei der Bewertung berücksichtigt werden, die sich im Rahmen gesicherter Erkenntnisse und auf Grundlage seriöser Quellen und objektiver Tatsachen ergeben.[97]

(2) Ermessen auf Rechtsfolgenseite

Wie bereits vorstehend erläutert, besteht auf der Rechtsfolgenseite hinsichtlich der Ausschlussentscheidung ein Ermessen des Auftraggebers. Dieses Ermessen ist von dem oben (1) erläuterten Beurteilungsspielraum aus rechtlicher Sicht zunächst zu trennen, wenngleich gegebenenfalls – abhängig von dem zugrunde liegenden Ausschlussgrund – allein ein Verfahrensausschluss ermessensfehlerfrei sein kann und sich das Ermessen in diesem Zusammenhang auf Null

---

95 Gesetzesbegründung zu § 124 Abs. 1 GWB, BT-Drs. 18/6281, S. 104.

96 Vgl. VK Nordbayern, Beschl. v. 22.01.2007, 21 VK-3194-44/06; VK Sachsen, Beschl. v. 03.11.2005- 1/SVK/125-05; VK Niedersachsen, Beschl. v. 18.10.2005 – VgK-47/2005. Beschl. v. 03.11.2005- 1/SVK/125-05; VK Niedersachsen, Beschl. v. 18.10.2005 – VgK-47/2005; *Hausmann/von Hoff* in: Kulartz/Kus/Portz/Prieß, Kommentar zum GWB-Vergaberecht, § 124 Rn. 10.; *Conrad* in: Müller-Wrede, GWB Vergaberecht, § 124 Rn. 57.

97 *Hausmann/von Hoff* in: Kulartz/Kus/Portz/Prieß, Kommentar zum GWB-Vergaberecht, § 124 Rn. 11 m.w.N.; *Conrad* in: Müller-Wrede, GWB Vergaberecht, § 124 Rn. 58; BGH, Urt. v. 26.10.1999 – X ZR 30/98.

reduziert. Dabei handelt es sich ausweislich der Gesetzesbegründung nicht nur um ein

> *„Beurteilungsermessen des öffentlichen Auftraggebers hinsichtlich des Vorliegens des Ausschlussgrundes, sondern auch um einen Ermessensspielraum hinsichtlich des „Ob" des Ausschlusses, dann, wenn der fakultative Ausschlussgrund nachweislich vorliegt. Es steht im Ermessen des öffentlichen Auftraggebers zu entscheiden, ob aufgrund des Fehlverhaltens des Unternehmens, das einen fakultativen Ausschlussgrund nach § 124 begründet, die Zuverlässigkeit des Unternehmens zu verneinen ist."*[98]

Obgleich auch an dieser Stelle auffällt, dass der Gesetzgeber wiederrum systemwidrig den Begriff der Zuverlässigkeit aufgreift, so wird doch klar, dass innerhalb einer Überprüfung der Ermessensentscheidung vor den Nachprüfungsinstanzen immer auch die Prognoseentscheidung in Bezug auf den Ausschlussgrund ebenfalls in den Fokus der Überprüfung rückt. Der Auftraggeber ist letztlich auch bei Vorliegen fakultativer Ausschlussgründe nicht in jedem Fall verpflichtet, die betreffenden Unternehmen vom weiteren Vergabeverfahren auszuschließen. Zwar besteht mithin auf Tatbestandsseite ein Beurteilungsspielraum hinsichtlich des Vorliegens eines Ausschlussgrundes.[99] Ungeachtet einer gegebenenfalls bestehenden Ermessensreduzierung auf Null kann aber auch bei tatbestandlich festgestellten fakultativen Ausschlusstatbeständen im Rahmen der Ermessenentscheidung auf einen Verfahrensausschluss verzichtet werden.[100] Bereits in der früheren Rechtsprechung wurde eine entsprechende Differenzierung zwischen der Tatbestands- und der Rechtsfolgenseite vorgenommen. Das OLG München führte insoweit zur strukturanalogen Vorgängernorm des § 124 Abs. 1 Nr. 3 GWB (§ 16 Abs. 1 Nr. 2 lit. c) VOB/A EG) aus, dass

> *„[n]ach § 16 Abs. 1 Nr. 2 lit c) VOB/A [...] Angebote von Bietern ausgeschlossen werden [können], wenn nachweislich eine schwere Verfehlung begangen wurde, die die Zuverlässigkeit als Bewerber in Frage stellt. Dieser Ausschlussgrund enthält drei grundsätzlich voneinander zu unterscheidende Voraussetzungen: zum einen die tatbestandliche Feststellung, dass eine schwere Verfehlung vorliegt (a), dann die Prognose, ob aufgrund dieses*

---

98 Gesetzesbegründung zu § 124 GWB, BT-Drs. 16/6281, S. 104; vgl. auch *Conrad* in: Müller-Wrede, GWB Vergaberecht, § 124 Rn. 206; *Hausmann/von Hoff* in: Kulartz/Kus/Portz/Prieß, Kommentar zum GWB-Vergaberecht, § 124 Rn. 71.

99 Vgl. zur insoweit identischen Rechtslage nach altem Recht *Weyand* in: Weyand, Vergaberecht 17. Aktualisierung 2015, § 6 VOL/A Rn. 170 m.w.N.; vgl. auch vorstehende Ausführungen unter (1).

100 Vgl. *Conrad* in: Müller-Wrede, GWB Vergaberecht, § 124 Rn. 202; *Summa* in: Heiermann/Zeiss/Summa, jurisPK-VergR, 5. Aufl. 2016, § 124 GWB Rn. 12.

> *Sachverhaltes die Zuverlässigkeit des Bieters in Frage gestellt ist (b), und schließlich die Frage nach dem Ermessen (c).*"[101]

Wenngleich die Zuverlässigkeit nunmehr als Tatbestandsmerkmal zur Bestimmung der Eignung im Kontext des § 122 GWB nach der Vergaberechtsnovelle weggefallen ist, so wird hieraus zumindest die Trennung der von Beurteilungs- und Ermessensspielraum deutlich, der insoweit auf den § 124 Abs. 1 GWB übertragbar ist.

Dabei ist – im Vorgriff auf die Überprüfbarkeit der Ermessensentscheidung über den Ausschluss im Vergabenachprüfungsverfahren gemäß §§ 160 f. GWB zunächst festzustellen, dass es sich- anders als das Vergabeverfahren, welches teilweise dem Zivilrecht zugeordnet wird[102] – bei dem Verfahren vor der Vergabekammer um ein Verwaltungsverfahren im Sinne des § 9 VwVfG handelt. Dies folgt bereits daraus, dass die Entscheidung der Vergabekammer letztlich „*durch Verwaltungsakt*" ergeht, vgl. § 168 Abs. 3 S. 1 GWB (§ 114 Abs. 3 S. 1 GWB a.F.). Auch weitere Parallelen des Nachprüfungsverfahrens zum VwVfG (wie beispielsweise das Akteneinsichtsrecht, der Untersuchungsgrundsatz und die mögliche Beiladung beteiligter Dritter) rechtfertigen eine entsprechende (analoge) Anwendung der Bestimmungen des VwVfG auch auf das Nachprüfungsverfahren.[103]

In die Richtung einer Überprüfbarkeit am Maßstab des allgemeinen Verwaltungsrechts geht wohl auch die neuere Rechtsprechung in der auf die Überprüfung der Ermessensausübung anhand der „allgemein zu beachtenden Grundsätze" sowie „ordnungsgemäße Ermessensausübung" Bezug genommen wird.[104] Das OLG Düsseldorf führte bereits in einer Entscheidung aus dem Jahr 2002 hierzu deutlich aus, dass

---

101 OLG München, Beschl. v. 22.11.2012, Verg 22/12.

102 Auch wenn das Vergaberecht für den öffentlichen Auftraggeber bei Beschaffungsvorgängen besondere Verpflichtungen und Regelungen statuiert, ist jedenfalls der Vertrag selbst, der durch den Zuschlag zustande kommt, nach der Entscheidungspraxis dem Zivilrecht zuzuordnen, vgl. OLG München, Beschl. v. 31.05.2012 – Verg 04/12; BVerwGE 129, 9 f.; ungeachtet dessen wird das Vergabeverfahren selbst teils auch als Verwaltungsverfahren im weiteren Sinne eingeordnet, vgl. *Stelkens* in: Stelkens/Bonk/Sachs, VwVfG, § 35 Rn. 124.

103 Vgl. *Dreher* in: Immenga/Mestmäcker GWB Vor §§ 97 Rn. 159; 162 f. m.w.N.; *Summa* in: Heiermann/Zeiss/Summa, jurisPK-VergR, 5. Aufl.2016, § 124 GWB Rn. 13.

104 Vgl. etwa OLG Rostock, Beschl. v. 02.10.2014, 2 W 10/14; OLG Frankfurt, Beschl. v. 20.07.2004 – 11 Verg 6/04; OLG Düsseldorf, Beschl. v. 05.12.2006 – VII-Verg 56/06.

„die Entscheidung der Vergabekammer durch Verwaltungsakt ergeh[e] (§ 114 Abs. 3 Satz 1 GWB), [und] es gerechtfertigt [sei], bei Zweifeln und Regelungslücken auf die allgemeinen Bestimmungen des Verwaltungsverfahren[s]gesetzes und dessen Rechtsgrundsätze über die Behandlung von Verwaltungsakten zurückzugreifen.“[105]

Auch in einer neuern Entscheidung aus dem Jahr 2011 bestätigte der Senat diesbezüglich, dass

„[...] das Nachprüfungsverfahren vor der Vergabekammer ein Verwaltungsverfahren [darstelle] (vgl. § 114 Abs. 3 S. 1, § 115a GWB), auf das grundsätzlich das jeweils geltende VwVfG Anwendung [finde].“[106]

Dies vorausgeschickt, kann bereits an dieser Stelle vereinfacht festgehalten werden, dass eine Ermessensentscheidung des öffentlichen Auftraggebers über den Ausschluss eines Unternehmens im laufenden Vergabeverfahren keinen gesonderten Regelungen des GWB unterliegt und dem Grunde nach – sofern das GWB keine speziellen Vorgaben macht – nach den im allgemeinen Verwaltungsverfahren geltenden Bestimmungen (VwVfG sowie VwGO) zu überprüfen ist.

bb) Rechtskontrolle der Ausschlussentscheidung

Diese vorstehend dargestellte dogmatische Grundlage der Einordnung der Ermessensentscheidung vorangestellt, beurteilt sich die Rechtmäßigkeit einer Ermessensausübung des öffentlichen Auftraggebers über einen Verfahrensausschluss im Rahmen eines Nachprüfungsverfahren vor der Vergabekammer sowie in der Beschwerdeinstanz vor dem Oberlandesgericht (§ 171 GWB f.) trotz des Fehlens eines direkten Verweises im GWB nach den Grundsätzen des § 40 VwVfG sowie § 114 VwGO, dessen Vorgaben der Auftraggeber zu beachten hat.[107] Da es in einem demokratischen Rechtsstaat kein irgendwie geartetes „freies Ermessen“ gibt, sondern eben dieses Ermessen rechtlichen Grenzen unterliegt, hat der öffentliche Auftraggeber danach am Maßstab des § 40 VwVfG sein Ermessen entsprechend dem Zweck der Ermächtigung auszuüben und die gesetzlichen Grenzen des Ermessens einzuhalten.[108] Es gelten die

105 OLG Düsseldorf, Beschl. v. 09.12.2002, Verg 35/02.

106 OLG Düsseldorf, Beschl. v. 12.05.2011, VII-Verg 32/11; OLG Naumburg, Beschl. v. 31.01.2011- 2 Verg 1/11; So im Ergebnis wohl auch VG Düsseldorf, Urt. v.24.03-2015, 20 K 6764/13, das ebenfalls bei der Frage der Ermessensausübung an § 40 VwVfG anknüpft.

107 Vgl. *Summa* in: Heiermann/Zeiss/Summa in: jurisPK-VergabeR, 15. Aufl. 2016, § 124 Rn. 13 f.; VG Düsseldorf, Urt. v. 24.03.2015 – 20 K 6764/13.

108 Vgl. hierzu *Niebuhr*, VergabeR 3/2017, 335 (346); *Brüning*, NZBau 2016, 723 (726).

Rahmenbedingungen eines „konventionellen“ Verwaltungsverfahrens, sodass dem öffentlichen Auftraggeber hier keine Sonderstellung im Rahmen seiner Entscheidungsfindung zukommt. Dies ist zur Bestimmung der Rechtsschutzmöglichkeiten der Bieterunternehmen über die Ausschlussentscheidung sowie den Prüfungsmaßstab der Nachprüfungsinstanzen von zentraler Bedeutung, da insoweit keine Sonderregelungen für das Vergaberecht gelten, die von den allgemeinen verwaltungsrechtlichen Grundsätzen getrennt zu betrachten sind.

Ausweislich der Gesetzesbegründung kommt dem Auftraggeber – sofern ein fakultativer Ausschlussgrund nach § 124 GWB zu Lasten eines Bieterunternehmens nachweislich vorliegt – auf Rechtsfolgenseite ein Ermessensspielraum hinsichtlich des „Ob“ des Ausschlusses zu, wobei er stets den Grundsatz der Verhältnismäßigkeit zu wahren hat. Denn wie der Erwägungsgrund Nr. 101 der RL 2014/24/EU klarstellt, sollen seitens der öffentlichen Auftraggeber insbesondere dem Grundsatz der Verhältnismäßigkeit Rechnung getragen und kleinere Unregelmäßigkeiten ausdrücklich nicht zum Ausschluss vom weiteren Verfahren führen.[109]

Auch eine Ermessensausübung am (allgemeinen) Maßstab des § 40 VwVfG setzt voraus, dass der öffentliche Auftraggeber unter Berücksichtigung der Umstände des Einzelfalls zu prüfen hat, ob der Ausschluss des betreffenden Unternehmens sachlich gerechtfertigt und mit dem Verhältnismäßigkeitsgrundsatz zu vereinen ist. Die am Vergabeverfahren teilnehmenden Unternehmen haben insoweit jedenfalls einen Anspruch auf ermessensfehlerfreie Entscheidung gegen den Auftraggeber.[110] Bei der seitens der Vergabestelle zu treffenden Ermessensentscheidung kommt der gemäß der Gesetzesbegründung bestehenden Prognose des Auftraggebers *„dahingehend, ob von dem Unternehmen trotz des Vorliegens eines fakultativen Ausschlussgrundes im Hinblick auf die Zukunft zu erwarten ist, dass es den öffentlichen Auftrag gesetzestreu, ordnungsgemäß und sorgfältig ausführt“*[111], eine erhebliche Bedeutung zu und ist entsprechend zu berücksichtigen.[112] Maßgeblich für eine rechtmäßige und inhaltlich überzeugende Ermessensausübung durch den Auftraggeber ist folglich neben der Beachtung der fachlichen Vorgaben, die die einschlägigen Rechtsvorschriften vorgeben, auch eine sachgemäße Begründung der Ermessensentscheidung.[113]

---

109 Vgl. Gesetzesbegründung zu § 124 GWB, BT-Drs. 18/6281, S. 104.

110 Vgl. *Summa* in: Heiermann/Zeiss/Summa in: jurisPK-VergabeR, 15. Aufl. 2016, § 124 Rn. 13 f.

111 Vgl. Gesetzesbegründung zu § 124 GWB, BT-Drs. 18/6281, S. 104.

112 Vgl. *Niebuhr*, VergabeR 3/2016, 335 (347).

113 vgl. *Schönenbroicher* in: Mann/Sennekamp/Uechtritz, VwVfG, § 40 Rn. 178.

Mit Blick auf die Überprüfungsmöglichkeiten seitens der von einer Ausschlussentscheidung betroffenen Bieter bedeutet dies, dass die Gerichte in der Beschwerdeinstanz (§ 171 GWB) in letzter Instanz die Ermessensentscheidung nur – wenn auch vollumfänglich – auf Ermessensfehler überprüfen können.

Sofern man das VwVfG für anwendbar hält und das vergaberechtliche Nachprüfungsverfahren – wie vorstehend erläutert – als Verwaltungsverfahren anerkennt, scheint es konsequent, die Überprüfungsmöglichkeiten – jedenfalls in der Beschwerdeinstanz vor dem Oberlandesgericht (§ 171 Abs. 3 GWB) – am Maßstab des § 114 VwGO zu messen.[114] Da das Nachprüfungsverfahren vor der Vergabekammer (§ 160 f. GWB) die erste Instanz und das Verfahren vor dem Beschwerdegericht (§ 171 GWB) die zweite und im Nachprüfungsverfahren auch letzte Instanz darstellt, ist aus Bietersicht insbesondere der Überprüfungsmaßstab des Oberlandesgerichts als finaler Spruchkörper von Bedeutung und daher im Rahmen der nachstehenden Ausführungen zu berücksichtigen. Das Oberlandesgericht prüft mithin am Maßstab des § 114 VwGO vollumfänglich, ob seitens der Vergabestelle die gesetzlichen Grenzen des Ermessens überschritten wurden oder sie von ihrem Ermessen nicht in einer dem Zweck der Ermächtigungsrundlage entsprechenden Weise Gebrauch gemacht hat.[115]

Vereinzelt wird in Rechtsprechung und Literatur in diesem Kontext dogmatisch unscharf darauf abgestellt, dass der dem Auftraggeber zustehende Ermessensspielraum von den Nachprüfungsinstanzen nur eingeschränkt überprüfbar sei. Dies insbesondere daraufhin, ob das vorgeschriebene Verfahren eingehalten worden ist, der Auftraggeber die von ihm selbst aufgestellten Bewertungsvorgaben beachtet hat, der zugrunde gelegte Sachverhalt vollständig und zutreffend ermittelt worden ist und darüber hinaus keine sachwidrigen Erwägungen angestellt worden sind oder gegen allgemeine Bewertungsgrundsätze verstoßen wurde.[116] Dieser Bewertungsmaßstab fand sich in der Vergangenheit auch in der

---

114 Vgl. zur analogen Anwendbarkeit auch OLG Düsseldorf, Beschl. v. 26.11.2008 – Verg 54/08; VG München, Urt. v. 12.12.2013 – 15 K 12.3979; vgl. zum Fall einer Nachforderung von Unterlagen (§ 19 VOL/A EG a.F.) aber hier im Ergebnis in Bezug auf die Ermessensentscheidung des Auftraggebers wohl entsprechend anwendbar: OLG Düsseldorf , Beschl. v.09.05.2011, VII-Verg 42/11.

115 Vgl. auch *Niebuhr*, VergabeR 3/2017, 335 (346).

116 Vgl. *Conrad* in: Müller-Wrede, GWB Vergaberecht, § 124 Rn. 203; *Hausmann/von Hoff* in: Kulartz/Kus/Portz/Prieß, Kommentar zum GWB-Vergaberecht, § 124 Rn. 71 m.w.N.; *Brückner*, LKV 2015, 534 (534 f.).

einschlägigen Entscheidungspraxis und Literatur zur alten Rechtslage wieder.[117] So heißt es etwa in einer Entscheidung der Vergabekammer Sachsen-Anhalt:

> *„Es ist zwar zutreffend, dass dieses Ermessen von den Nachprüfungsinstanzen nur daraufhin kontrolliert werden kann, ob das vorgeschrieben Verfahren eingehalten ist, ob der Auftraggeber die von ihm selbst aufgestellten Bewertungsvorgaben beachtet hat, der zugrundegelegte Sachverhalt vollständig und zutreffend ermittelt worden ist, keine sachwidrigen Erwägungen angestellt worden sind und nicht gegen allgemeine Bewertungsgrundsätze verstoßen worden."*[118]

Auch das OLG Celle formuliert hier unscharf wonach

> *„[d]as dem Auftraggeber insoweit zustehende durch den Grundsatz der Verhältnismäßigkeit begrenzte – Ermessen bei der Ausschlussentscheidung [durch] die Nachprüfungsinstanzen grundsätzlich nur auf Ermessensfehler überprüf[t] werden kann. Derartige Fehler liegen nur dann vor, wenn die vom Auftraggeber getroffene Entscheidung auf willkürlichen, sachwidrigen Erwägungen beruht oder das Ermessen auf Null reduziert war und der Auftraggeber dies verkannt hat."*[119]

Auch die neuere Entscheidungspraxis greift auf Grundlage des neuen § 124 GWB diese Dogmatik auf. So heißt es in einer aktuellen und auf Grundlage der neuen Gesetzeslage ergangenen Entscheidung des OLG Celle:

> *„Das dem Auftraggeber insoweit zustehende durch den Grundsatz der Verhältnismäßigkeit begrenzte – Ermessen bei der Ausschlussentscheidung können die Nachprüfungsinstanzen grundsätzlich nur auf Ermessensfehler überprüfen. Derartige Fehler liegen nur dann vor, wenn die vom Aufraggeber getroffene Entscheidung auf willkürlichen, sachwidrigen Erwägungen beruht oder das Ermessen Null reduziert war und der Auftraggeber dies verkannt hat.*[120]

Die Formulierungen greifen hier indes zu kurz und sind im Ergebnis dogmatisch unscharf. Zwar spielt – wie vorstehend bereits erwähnt – bei der von der Vergabestelle zu treffenden Ermessensentscheidung die Prognose dahingehend, ob trotz Vorliegens fakultativer Ausschlussgründe auch für die Zukunft eine gesetzestreue und ordnungsgemäße Auftragserfüllung seitens des Bieterunternehmens

---

117 Vgl. stellvertretend VK Sachsen-Anhalt, Beschl. v. 27.07.2013 – 3 VK LSA 20/13 bis 3 LSA 32713; VK Münster, Beschl. v. 16.12.2010, VK 9/10; OLG Celle, Beschl. v. 18. 02.2013 – 13 Verg 1/13; Vergabekammer Sachsen-Anhalt, Beschl. v. 21.06.2012 – 2 VK LSA 08/12.

118 Vergabekammer Sachsen-Anhalt, Beschl. v. 21.06.2012 – 2 VK LSA 08/12.

119 OLG Celle Beschl. v.09.01.2017 – 13 Verg 9/16.

120 OLG Celle, Beschl. v. 09.01.2017 – 13 Verg 9/16, VergabeR 3/2017, 394(400).

zu erwarten ist. Diese ist indes nur ein Teil der gesamten Ermessensentscheidung.

Richtigerweise gemeint ist wohl im Ergebnis keine Verkürzung des Ermessensspielraums im engeren Sinne sondern vielmehr die Verkürzung der Überprüfbarkeit des Beurteilungsspielraums des öffentlichen Auftraggebers hinsichtlich des Vorliegens des betreffenden Ausschlusstatbestandes – beispielsweise der „nachweislich schweren Verfehlung" in § 124 Abs. 1 Nr. 3 GWB.[121] Auch ein solcher beschränkt überprüfbarer Beurteilungsspielraum ist mit vorstehender Begründung nach Maßgabe der seitens des BVerfG angenommenen normativen Ermächtigungslehre abzulehnen.

Die Ermessensausübung vor den Vergabekammern selbst hat sich vielmehr – wie gezeigt wurde – an den allgemeinen Vorgaben des § 40 VwVfG zu orientieren, da das Nachprüfungsverfahren nach § 160 f. GWB als Verwaltungsverfahren zu qualifizieren ist. Vor den Gerichten der Beschwerdeinstanz jedenfalls, richtet sich die Überprüfbarkeit der reinen Ermessensentscheidung des öffentlichen Auftraggebers über den Ausschluss nach § 114 VwGO, wonach geprüft werden muss, ob die gesetzlichen Grenzen des Ermessens überschritten sind oder von dem Ermessen in einer dem Zweck der Ermächtigung entsprechenden Weise Gebrauch gemacht wird. Insbesondere ist hierbei auch der Grundsatz der Verhältnismäßigkeit zu berücksichtigen.[122] Die Ausschlussentscheidung kann daher nur rechtmäßig sein, wenn sie ermessensfehlerfrei ist und auf zutreffender Tatsachengrundlage erfolgte. Auch bestehende Beurteilungsspielräume (wie beispielsweise dahingehend, ob eine schwere Verfehlung vorliegt) müssen zutreffend angewandt worden sein.[123] Die Frage nach einer sachwidrigen Erwägung kann daher allenfalls ein Teil des Prüfungskanons sein. Jedenfalls dogmatisch bestehen mithin keine dogmatischen Grenzen der gerichtlichen Überprüfbarkeit der Ausschlussentscheidung des öffentlichen Auftraggebers gemäß § 124 GWB. Die Ermessensentscheidung ist mithin vollumfänglich am Maßstab des § 40 VwVfG bzw. § 114 VwGO überprüfbar.

---

121 Vgl. zur eingeschränkten Überprüfbarkeit eines Beurteilungsspielraums in Bezug auf die Zuverlässigkeit: *Dreher/Hoffmann*, NZBau, 2012, 265 (267) m.w.N.; KG, Beschl. v. 27.11. 2008 – 2 Verg 4/08; OLG Düsseldorf, Beschl. v. 9. 6. 2010 – VII-Verg 14/10; vgl. zur Unschärfe der Formulierung in der Gesetzesbegründung auch *Prieß/Friton* in: Gabriel/Mertens/Prieß/Stein – BeckOK Vergaberecht GWB § 124 Rn. 96.

122 Vgl. *Hausmann/von Hoff in:* Kulartz/Kus/Portz/Prieß, Kommentar zum GWB-Vergaberecht, § 124 Rn. 70 m.w.N; *Conrad* in: Müller-Wrede, GWB Vergaberecht, § 124 Rn. 204. Gesetzesbegründung zu § 124 GWB, BT-Drs. 18/6281, S. 104.

123 Vgl. *Wimmer*, Zuverlässigkeit im Vergaberecht, S. 106 f. m.w.N. .

cc) *Auswirkungen der Selbstreinigung auf das Ermessen des Auftraggebers bei fakultativen Ausschlussgründen*

Fraglich ist indes, ob allein das Vorliegen eines Ausschlussgrundes eine Selbstreinigung zwingend erforderlich macht und eine nicht erfolgte Selbstreinigung einen Ausschluss erzwingt. § 125 Abs. 1 S. 1 GWB sowie Art. 57 Abs. 6 RL 2014/24/EU setzen insoweit voraus, dass der betreffende Bieter einen (fakultativen oder obligatorischen) Ausschlussgrund verwirklicht hat und ein solcher mithin vorliegt. Ausgespart bleibt dabei die Frage, ob der Auftraggeber bereits im Rahmen des Ausschlusses sein Ermessen überhaupt ausgeübt hat, was so verstanden werden könnte, dass allein das Vorliegen eines Ausschlussgrundes eine Selbstreinigung erforderlich macht und die Unterlassung einer Selbstreinigung einen Ausschluss erzwingt und das Ermessen auf Null reduziert.[124]

Ein solcher automatischer Zusammenhang zwischen Ausschlussermessen und Selbstreinigungsmaßnahmen ist indes nach überzeugender Auffassung abzulehnen, werden hierdurch doch die Grenzen zwischen fakultativen (§124 GWB) und obligatorischen (§ 123 GWB) Ausschlussgründen de facto aufgeweicht. Daher bleibt es bei dem vorstehend hergeleiteten Befund, dass auch vor dem Hintergrund des Erwägungsgrundes Nr. 101 der RL 2014/24/EU und dem demzufolge zu beachtenden Verhältnismäßigkeitsgrundsatz auch bei Vorliegen eines Ausschlussgrundes die Ermessensentscheidung des Auftraggebers im Ergebnis gegen einen Ausschluss des Bieterunternehmens ausfallen kann. Einer Selbstreinigung bedarf es in solchen Fällen daher trotz Vorliegens eines Ausschlussgrundes im Ergebnis nach überzeugender Auffassung nicht zwingend wenngleich Selbstreinigungsmaßnahmen eine Rolle im Rahmen der Verhältnismäßigkeitsprüfung spielen dürften.[125]

---

124 so im Ergebnis auch *Ley* in: Reidt/Stickler/Glahs, § 125 Rn. 111, der in den Fällen, in denen ein öffentlicher Auftraggeber trotz Vorliegens eines Ausschlussgrundes gemäß §§ 123, 124 GWB von einem Ausschluss absieht obwohl keine hinreichenden Selbstreinigungsmaßnahmen getroffen wurde, eine Verletzung des Gleichbehandlungsgrundsatzes gemäß § 97 Abs. 2 GWB sieht.

125 vgl. *Roth*, NZBau 2016, 672 (673); *Ulshöfer*, VergabeR 2016, 327 (332); zur Berücksichtigung von Selbstreinigungsmaßnahmen im Zusammenhang mit der Unverhältnismäßigkeit eines Verfahrensausschlusses vgl auch Gesetzesbegründung zu § 125 GWB, BT-Drs. 18/6281, S. 107, wonach der Ausschluss eines Unternehmens, das ausreichende Maßnahmen zur Selbstreinigung getroffen und damit seine Integrität wiederhergestellt hat, nicht geeignet wäre, die Funktionsfähigkeit der Verwaltung und der öffentlichen Haushalte sowie den fairen Wettbewerb zu schützen oder Wirtschaftskriminalität zu bekämpfen; der Ausschluss wäre daher in einem solchen Fall nicht verhältnismäßig.

Zwar wird teilweise in der Literatur dogmatisch etwas unscharf vertreten, dass im Rahmen der Ermessensentscheidung unter Verhältnismäßigkeitsgesichtspunkten insbesondere auch die gegebenenfalls etablierten Selbstreinigungsmaßnahmen des Unternehmens zu berücksichtigen sind, sofern diese erfolgreich etabliert wurden.[126] Auch wird teils vertreten, dass, sofern der öffentliche Auftraggeber von einem Verfahrensausschluss trotz Fehlens effektiver Selbstreinigungsmaßnahmen absieht, ein Verstoß gegen den Gleichbehandlungsgrundsatz gemäß § 97 Abs. 2 GWB vorliegt.[127]

Allerdings sprechen sowohl der Gesetzeswortlaut (s.o.) aber auch die Gesetzesbegründung für eine – jedenfalls dogmatisch zu berücksichtigende – Trennung von Ausschlussermessen und Selbstreinigung. Danach hat die Selbstreinigung zwar im Kontext der Ermessensentscheidung des öffentlichen Auftraggebers Berücksichtigung zu finden, sofern bereits Selbstreinigungsmaßnahmen getroffen wurden. Das Fehlen von Selbstreinigungsmaßnahmen führt umgekehrt indes nicht zwingend zum Verfahrensausschluss. Das Konstitut der Selbstreinigung wird erst dann wichtig, wenn die Ermessensentscheidung hinsichtlich eines Ausschlusses zunächst ohne Rücksicht auf die Möglichkeit einer Selbstreinigung fehlerfrei ausgeübt wurde. Erst wenn der Auftraggeber nach Ausübung seines Ermessens entscheidet, dass das Vorliegen eines Ausschlussgrundes zum Verfahrensausschluss berechtigt, stellt sich für den betroffenen Bieter die Frage, ob er einen den Vorgaben des § 125 GWB genügenden Nachweis der Selbstreinigung antritt. So heißt es in der Gesetzesbegründung, dass dem Auftraggeber neben dem Beurteilungsspielraum hinsichtlich des Vorliegens eines Ausschlussgrundes auch *„ein Ermessensspielraum hinsichtlich des „Ob" des Ausschlusses, dann, wenn der fakultative Ausschlussgrund nachweislich vorliegt"*[128] zusteht.[129] Im Rahmen der dem § 124 GWB nachfolgenden Norm des § 125 GWB heißt es dann, dass trotz einer getroffenen Ausschlussentscheidung dennoch kein Ausschluss erfolgt, wenn das Unternehmen die dort kodifizierten Maßnahmen nachgewiesen hat. Insoweit ergibt sich hier gesetzessystematisch und denklogisch ein Zweischritt zwischen Ausschlussentscheidung und Selbstreinigung wenngleich selbstverständlich die Selbstreinigungsmaßnahmen im Rahmen der Ausschlussentscheidung jedenfalls dann berücksichtigt werden, wenn diese zum Zeitpunkt der Ausschlussentscheidung bereits etabliert und damit im Sinne des

---

126 Vgl. *Opitz* in: Burgi/Dreher Beck´scher Vergaberechtskommentar § 124 Rn. 16;

127 Vgl. *Ley* in: Reidt/Stickler/Glahs, § 125 Rn. 111.

128 Vgl. Gesetzesbegründung zu § 124, BT-Drs. 18/6281, S. 104.

129 Vgl. *Roth*, NZBau 2016, 672 (677).

§ 125 Abs. 2 GWB bewertbar sind. Dies ändert im Ergebnis indes nichts an der Tatsache, dass gegebenenfalls aber auch umgekehrt bei Vorliegen eines fakultativen Ausschlussgrundes im Einzelfall das Ermessen auf Null reduziert sein kann und sich lediglich der Verfahrensausschluss als ermessensfehlerfrei darstellt.[130] In diesem Fall wiederrum würden die etablierten Selbstreinigungsmaßnahmen des Bieters relevant, um die Wiederzulassung zum Vergabeverfahren zu erlangen.

b) Zwischenergebnis

Nimmt man daher – anknüpfend an die hier vertretene Auffassung an, dass dem öffentlichen Auftraggeber bei der Bestimmung, ob ein Ausschlussgrund vorliegt, in der Regel ein gerichtlich voll überprüfbarer Beurteilungsspielraum zusteht und auch die gemäß § 124 Abs. 1 GWB anzustellende Ermessensentscheidung am Maßstab der §§ 40 VwVfG bzw. 114 VwGO umfassend gerichtlich überprüfbar ist, so bleibt insoweit festzustellen, dass der Ausschluss eines Wirtschaftsteilnehmers von den Nachprüfungsinstanzen voll überprüfbar ist. Dies wird für die einzelnen Bieterunternehmen insbesondere dann relevant, wenn sie sich zunächst einmal – unabhängig von eventuellen Selbstreinigungsmaßnahmen – gegen den Ausschluss als solchen rechtlich zur Wehr setzen wollen mit der Begründung, dass die ausschreibende Stelle aus einem Sachverhalt beispielsweise sachlich oder rechtlich falsche Schlüsse gezogen hat.

Insoweit kann daher festgehalten werden, dass für die Bieter umfassende – an das allgemeine Verwaltungsrecht anknüpfende – Rechtsschutzmöglichkeiten bestehen und damit die Rechtsunsicherheiten in diesem Bereich als im Gegensatz zu sonstigen behördlichen Entscheidungen im konventionellen Verwaltungsverfahren nicht erhöht zu bewerten sind. Dies insbesondere auch vor dem Hintergrund der Darlegungs- und Beweislast für das Vorliegen eines Ausschlussgrundes, welche dem öffentlichen Auftraggeber obliegt.[131]

---

130 Vgl. Gesetzesbegründung zu § 124, BT-Drs. 18/6281, S. 104; *Hausmann/von Hoff* a.a.O, Rn. 71; *Conrad*, a.a.O. Rn. 206; *Summa* in: Heiermann/Zeiss/Summa, jurisPK-Vergaberecht, 5. Aufl. 2016, § 124 GWB Rn. 20; *Opitz* in: Burgi/Dreher Beck´scher Vergaberechtskommentar § 124 Rn. 17; vgl. zur alten Rechtslage im Kontext des dem § 124 GWB strukturanalogen § 16 Abs. 2 VOB/A bzw § 6 Abs. 6 VOL/A EG vor der Vergaberechtsnovelle 2016 auch OLG München, Beschl. v. 22. 11. 2012 – Verg 22/12 sowie *Dreher/Hoffmann* NZBau 2012, 265 (267).

131 S.o. Fn. 96 und 97.

Hiervon zu trennen bleibt die Frage, wie sich die Sach- und Rechtslage in Fällen darstellt, in denen die Ermessensentscheidung über den Ausschluss dem Grunde nach zutreffend ist, aber aufgrund von Selbstreinigungsmaßnahmen eine Wiederzulassung zum Verfahren erfolgen muss. Hier stellt sich die an dieser Stelle noch nicht zu beantwortende Frage nach den Rechtsschutzmöglichkeiten gegen die gesondert zu betrachtende Bewertung der Selbstreinigungsmaßnahmen durch den öffentlichen Auftraggeber.

Die insoweit bestehende Rechtssicherheit im Zusammenhang mit der Überprüfbarkeit einer Ausschlussentscheidung ist daher immer auch im Lichte der Rechtsschutzmöglichkeiten der Bieter gegen eine – gegebenenfalls separat zu betrachtende – die Bewertung des Auftraggebers im Rahmen der Bewertung der Selbstreinigungsmaßnahmen zu sehen. Insbesondere ist in diesem Zusammenhang fraglich, ob auch diese Bewertung der Selbstreinigungsmaßnahmen durch den öffentlichen Auftraggeber seitens der Nachprüfungsinstanzen voll überprüfbar ist oder lediglich einer beschränkten Kontrolle unterliegt. Denn allein eine seitens des Auftraggebers als erfolgreich bewertete Selbstreinigung kann nach § 125 Abs. 1 GWB einen Ausschluss bei Vorliegen von Ausschlussgründen verhindern. Daher würden die Rechtsschutzmöglichkeiten der Unternehmen in signifikantem Maße verkürzt, sofern zwar der Ausschluss, nicht aber die Bewertung der Selbstreinigungsmaßnahmen einer umfassenden Überprüfung zugänglich wären. Die hieraus resultierende Problematik wird nachstehend unter B. IV. gesondert dargestellt.

II. Abschnitt 2: Selbstreinigung

Im Folgenden wird nun, nachdem die Systematik der obligatorischen und fakultativen Ausschlussgründe nach den §§ 123, 124 GWB im Einzelnen erläutert wurden, dem Begriff der Selbstreinigung und seiner geschichtlichen Entwicklung im Detail nachgegangen. Dies vor dem Hintergrund, dass erst das Vorliegen eines Ausschlussgrundes und der damit in Zusammenhang stehende Verfahrensausschluss eine Selbstreinigung des Bieters erforderlich machen, möchte er weiterhin am Verfahren teilnehmen. Aufgrund der erstmaligen Kodifizierung der Selbstreinigungsvorschriften im GWB kann insbesondere die Entstehungsgeschichte der Selbstreinigung zu Auslegungszwecken herangezogen werden, um letztlich eine Aussage darüber treffen zu können, was § 125 GWB eigentlich von einem Bieter konkret verlangt.

In Literatur und Rechtsprechung wurden bereits vor der Novellierung des Vergaberechts im Jahr 2016 und der erstmaligen Kodifizierung der Selbstreinigung

Regularien entwickelt, die eine Wiederherstellung der Zuverlässigkeit dauerhaft gewährleisten und einen Einfluss auf die Prognoseentscheidung der Behörde hinsichtlich der Zuverlässigkeit näher bestimmen sollten.[132] Die Bedeutung von Selbstreinigungsmaßnahmen, sowie die Rolle der Compliance in diesem Zusammenhang, soll Gegenstand der nachstehenden Betrachtung sein, da gerade der Bereich der Compliance wenig greifbar und gesetzlich nicht eindeutig zu fassen ist.

Wie bereits eingangs erläutert, sind unter der Selbstreinigung Maßnahmen zu verstehen, die ein Unternehmen ergreift, um seine Integrität wiederherzustellen und zukünftiges Fehlverhalten in Gestalt von Straftaten und sonstigem Fehlverhalten wirksam zu verhindern.[133] Kann ein potentielles Bieterunternehmen die Anforderungen an eine erfolgreiche Selbstreinigung nicht fristgerecht nachweisen, kommt als ultima ratio ein Vergabeausschluss oder ggf. sogar eine dauerhafte Vergabesperre gemäß § 126 GWB in Betracht. Primäres Ziel der Selbstreinigung ist es, die ordnungsgemäße Ausführung öffentlicher Aufträge zu gewährleisten. Insoweit deckt sie sich mit dem gesetzlich geregelten Verfahrensausschluss. Sie wirkt mithin vor allem spezial-präventiv Im Hinblick auf das von einem Ausschlussgrund betroffene Bieterunternehmen.[134] Die Wiederzulassung dient dabei sowohl dem im Vergabeverfahren geltenden Verhältnismäßigkeitsgrundsatz aus § 97 Abs. 1 S. 2 Alt. 2 GWB als auch dem Gleichbehandlungsgrundsatz aus § 97 Abs. 2 GWB und dem Wettbewerbsgrundsatz aus § 97 Abs. 1 S. 1 Alt. 1 GWB.[135]

Dabei ergibt sich die Verpflichtung der öffentlichen Auftraggeber zur zwingenden Berücksichtigung von den seitens der Bieterunternehmen etablierten Selbstreinigungsmaßnahmen bereits aus den betroffenen Grundrechten der Bieter und dem europäischen Primärrecht.[136] Ausweislich der Gesetzesbegründung wäre der Ausschluss eines Unternehmens, das ausreichende Selbstreinigungsmaßnahmen

---

132 Vgl. Gesetzesbegründung zu § 125 Abs. 1 GWB, BT-Drs. 18/6281, S. 107; vgl. auch: OLG Düsseldorf, Beschl. v. 09.04.2003 – Verg 43/02; OLG Frankfurt, Beschl. v. 20.07.2004 – 11 Verg 6/04.

133 Vgl. Gesetzesbegründung zu § 125 Abs. 1 GWB, BT-Drs. 18/6281, S. 107; *Ulshöfer*, VergabeR 03/2016, 327 (334).

134 *Prieß/Simonis* in: Kulartz/Kus/Portz/Prieß, Kommentar zum GWB-Vergaberecht, § 125 Rn. 4; *Pünder/Prieß/Arrwowsmith*, Self-Cleaning in Public Procurement Law (SCPPL), S. 74.

135 Vgl. *Radu* in: Müller-Wrede, GWB Vergaberecht, § 125 Rn. 11f. f..

136 Vgl. *Prieß/Simonis* in: Kulartz/Kus/Portz/Prieß, Kommentar zum GWB-Vergaberecht, § 125 Rn. 6; Gesetzesbegründung zu § 125 Abs. 1 GWB, BT-Drs. 18/6281, S. 107; *Wimmer*, Zuverlässigkeit im Vergaberecht, S. 137.

getroffen und auf diese Weise seine Integrität wiederhergestellt hat, nicht geeignet, die Funktionsfähigkeit der Verwaltung und der öffentlichen Haushalte zu schützen oder Wirtschaftskriminalität zu verhindern, was einen solchen Ausschluss unverhältnismäßig machen würde.[137]

1. Grundrechtliche und primärrechtliche Relevanz der Selbstreinigung

Sowohl in der einschlägigen Literatur als auch der Rechtsprechung ist anerkannt, dass die öffentlichen Auftraggeber (Vergabestellen) einer Grundrechtsbindung unterliegen. Dies gilt zumindest für staatliche und staatlich beherrschte Auftraggeber gemäß § 99 GWB, nicht aber für private Sektorenauftraggeber.[138]

Ein Ausschluss vom Vergabeverfahren stellt dem Grunde nach für das betroffene Bieterunternehmen einen Eingriff in Art. 12 GG dar und bedarf mithin einer verfassungsmäßigen Rechtfertigung, wobei maßgeblich der Verhältnismäßigkeitsgrundsatz zu beachten ist.[139] Der durch den Verfahrensausschluss erfolgte Grundrechtseingriff ist jedenfalls dann unverhältnismäßig, wenn wirksame Selbstreinigungsmaßnahmen durchgeführt wurden und mithin sichergestellt ist, dass sich ein vergleichbares Fehlverhalten nicht wiederholen wird.[140]

Durch ernsthafte Selbstreinigungsmaßnahmen des Unternehmens wird zum einen sichergestellt, dass der Schutz der öffentlichen Haushalte und der Verwaltung sowie der faire Wettbewerb gesichert sind und die Verhinderung von Wirtschaftskriminalität gewährleistet wird.[141] Zum anderen besteht für den öffentlichen Auftraggeber im Falle erfolgreicher Selbstreinigungsmaßnahmen weder in spezial- noch in general-präventiver Hinsicht ein Risiko, das einen Ausschluss rechtfertigen würde. Die Selbstreinigung beugt daher im Ergebnis einem weiteren Fehlverhalten des Unternehmens im laufenden Vergabeverfahren vor und hat darüber hinaus abschreckende Wirkung für alle anderen Unternehmen

---

137 Vgl. Gesetzesbegründung zu § 125 Abs. 1 GWB, BT-Drs. 18/6281, S. 107.

138 Vgl. *Fehling* in: Pünder/Schellenberg, § 97 Rn. 39; *Wimmer*, Zuverlässigkeit im Vergaberecht, § 97 Rn. 138 m.w.N.; vgl. auch BVerwG v. 2.5.2007, 6 B 10/07.

139 Vgl. *Prieß/Simonis* in: Kulartz/Kus/Portz/Prieß, Kommentar zum GWB-Vergaberecht, § 125 Rn. 7; *Stein/Friton*, VergabeR 2010, 151, (159f.); zur Eingriffsproblematik bei Vergabeentscheidungen in Bezug auf Tariftreueregelungen s. BVerfG, Beschl. v. 11.07.2006 – 1 BvL 4/00.

140 Vgl. Gesetzesbegründung zu § 125 Abs. 1 GWB, BT-Drs. 18/6281, S. 107; *Stein/Friton*, VergabeR 2010, 151 (160); Prieß/Simonis in: Kulartz/Kus/Portz/Prieß, Kommentar zum GWB-Vergaberecht, § 125 Rn. 7.

141 vgl. Gesetzesbegründung zu § 125 Abs. 1 GWB, BT-Drs. 18/6281, S. 107.

im Rahmen des Verfahrens. Dies aus der Erwägung heraus, dass die Wiederzulassung zum Verfahren den Ausnahmefall darstellt und der Ausschlussentscheidung zeitlich nachfolgt. Da die Bewertung der Selbstreinigungsmaßnahmen Sache der zuständigen Vergabestelle ist, gibt es für die Unternehmen keine Garantie auf Wiederzulassung. Hinzu kommt, dass der wirtschaftliche Aufwand für die Selbstreinigungsmaßnahmen für die betroffenen Unternehmen nicht von Anfang an absehbar ist und mithin auch unter diesem Aspekt Unsicherheiten mit sich bring. Vor diesem Hintergrund wäre ein Ausschluss im Falle eines Nachweises wirksamer Selbstreinigungsmaßnahmen unverhältnismäßig, sodass ein Eingriff in Art. 12 GG verfassungsrechtlich nicht gerechtfertigt wäre.[142]

Darüber hinaus wäre im Falle der Nichtberücksichtigung wirksamer Selbstreinigungsmaßnahmen auch ein Verstoß gegen den Gleichheitssatz aus Art. 3 Abs. 1 GG denkbar. Dieser Grundsatz schreibt die Gleichbehandlung von wesentlich Gleichem vor und verpflichtet im Gegenzug Ungleiches seiner Eigenart entsprechend unterschiedlich zu behandeln.[143] Bezogen auf die Selbstreinigung ist kein sachlicher Grund ersichtlich, warum Unternehmen unabhängig von der Durchführung wirksamer Selbstreinigungsmaßnahmen im Rahmen der Ausschlussentscheidung bzw. der Wiederzulassung gleich zu behandeln wären. Unter Berücksichtigung des Gleichheitssatzes bedarf es daher insoweit einer Ungleichbehandlung, wenn das eine vom Ausschluss betroffene Bieterunternehmen wirksame Selbstreinigungsmaßnahmen etabliert hat, ein anderes ebenfalls betroffenes Unternehmen indes untätig geblieben ist.[144]

Auch aus dem europäischen Primärrecht ergibt sich die Pflicht zur Berücksichtigung wirksamer Selbstreinigungsmaßnahmen. Dies insbesondere mit Blick auf den europarechtlichen Gleichbehandlungsgrundsatz[145], der auch im Vergaberecht insbesondere mit Blick auf die Ausschlussentscheidung Geltung

---

142 Vgl. *Prieß/Simonis* in: Kulartz/Kus/Portz/Prieß, Kommentar zum GWB-Vergaberecht, § 125 Rn. 7; zur Grundrechtsprüfung des Art. 12 im Einzelnen: *Wimmer*, Zuverlässigkeit im Vergaberecht, S. 139 f..

143 Vgl. BVerfG, Urt. v. 17.12.1953, 1 BvR 147/52; BVerfGE 3, S. 58, 135; im Einzelnen zur Grundrechtsprüfung des Art. 3 GG im Zusammenhang der wirksamen Selbstreinigung vgl auch: *Wimmer*, Zuverlässigkeit im Vergaberecht, S. 150f.; *Stein/Friton*, VergabeR 2010, 151 (160).

144 Vgl. *Prieß/Simonis*, a.a.O, Rn. 9.

145 Vgl. *Prieß/Simonis*, a.a.O, Rn. 11; zum europarechtlichen Gleichbehandlungsgrundsatz: EuGH, Urt. v. 13.12.1994 – C-306/93 – SMW Winzersekt GmbH/Land Rheinland-Pfalz, Rn. 30; Urt. v. 07.07.1993 – C-217/91 – Spanien/Kommission, Rn. 37.

entfaltet und in § 97 Abs. 2 GWB seine nationale Kodifizierung findet.[146] Dem Grunde nach gilt hier mithin nicht anderes als vorstehend erläutert. Eine Gleichbehandlung derjenigen Unternehmen, die unter (ggf. hohem wirtschaftlichen Aufwand) Selbstreinigungsmaßnahmen etabliert haben und denjenigen, die entsprechende Maßnahmen trotz einer Ausschlussentscheidung unterlassen haben, verbietet sich auch hier.

Die verfassungs- und primärrechtliche Relevanz der Selbstreinigung verdeutlicht mithin die enorme Bedeutung der dieses Instituts für das öffentliche Beschaffungswesen.

2. Systematik der Selbstreinigung

Im Hinblick auf die von der Behörde vorzunehmende Bewertung der Geeignetheit der Selbstreinigungsmaßnahmen der Bieter kommt dem – dem öffentlichen Auftraggeber ausweislich der Gesetzesbegründung eingeräumten – Beurteilungsspielraum gemäß § 125 Abs. 2 GWB besondere Bedeutung zu. Die Vorschrift des § 125 Abs. 2 GWB stellt insoweit klar, dass *„öffentliche Auftraggeber [...] die von dem Unternehmen ergriffenen Selbstreinigungsmaßnahmen [bewerten] und [...] dabei die Schwere und die besonderen Umstände der Straftat oder des Fehlverhaltens [berücksichtigen]"*.

Hat das Unternehmen nach Auffassung des Auftraggebers ausreichende Selbstreinigungsprozesse in seinem Unternehmen nachgewiesen, so darf der öffentliche Auftraggeber das Unternehmen trotz des Vorliegens eines (zwingenden) Ausschlussgrundes nicht wegen fehlender Integrität von der Teilnahme am Vergabeverfahren ausschließen.[147]

Kommt der öffentliche Auftraggeber im Rahmen der Beurteilung der von einem Wirtschaftsteilnehmer ergriffenen Selbstreinigungsmaßnahmen gemäß § 125 Abs. 2 GWB zu dem Schluss, dass diese als ausreichend zu erachten sind, so darf er das betreffende Unternehmen auch bei Vorliegen eines zwingenden Ausschlussgrundes nach § 123 GWB nicht vom weiteren Vergabeverfahren ausschließen. Dies ergibt sich schon aus dem Wortlaut des § 125 Abs. 1 S. 1 GWB, in dem deutlich wird, dass der Nichtausschluss im Falle einer erfolgreichen Selbstreinigung sowohl im Rahmen der Ausschlussgründe nach § 123 GWB als auch § 124 GWB vorgesehen ist.

---

146 Vgl. *Dreher* in: Immenga/Mestmäcker, Wettbewerbsrecht, § 97 Rn. 71; EuGH, Urt. v. 03.03.2005 – verb. Rs. C-21/03 u. C-34/03 – Fabricon, Rn. 25 ff..

147 vgl. Gesetzesbegründung zu § 125 Abs. 1 GWB, BT-Drs. 18/6281, S. 107.

In Umsetzung des Art. 57 Abs. 6 UAbs. 1 S. 2 RL 2014/24/EU begründet § 125 Abs. 1 S. 1 GWB durch seinen klaren Wortlaut „Öffentliche Auftraggeber **schließen** ein Unternehmen [...] nicht von der Teilnahme an dem Vergabeverfahren aus [...]"[148] einen Rechtsanspruch auf Nichtausschluss und Wiederzulassung. Die seitens des betreffenden Unternehmens zu erfüllende Voraussetzung ist es, dass die Integrität durch erfolgreiche Selbstreinigungsmaßnahmen in ausreichendem Maße gegenüber dem Auftraggeber nachgewiesen wurde.[149] Der kodifizierte Rechtsanspruch auf Wiederzulassung zum Verfahren führt dazu, dass dem öffentlichen Auftraggeber ausweislich der Gesetzesbegründung kein Ermessen hinsichtlich der Wiederzulassung zum Vergabeverfahren zustehen soll, sofern die Selbstreinigung erfolgreich war. Das Unternehmen hat dabei ein auf das konkrete Vergabeverfahren bezogenes Prüfungsrecht seiner getroffenen Selbstreinigungsmaßnahmen.[150]

Dies gilt ausweislich des Wortlauts des Erwägungsgrundes 102 der RL 2014/24/EU insbesondere für getroffene Compliance-Maßnahmen. Den Mitgliedstaaten steht es dabei frei, genaue verfahrenstechnische Bedingungen für die Prüfung von Selbstreinigungsmaßnahmen aufzustellen.[151] Gerade dies unterstreicht auch die Wichtigkeit einheitlicher Standards zur Compliance-Bewertung. Im Rahmen der Bewertung von Selbstreinigungsmaßnahmen durch den Auftraggeber nach § 125 Abs. 2 GWB erfolgt eine, auf das konkrete Vergabeverfahren bezogene, Prognoseentscheidung. Dabei gilt es zu beachten, dass der Nachweis einer Selbstreinigung stets in Bezug auf das jeweils anstehende konkrete Vergabeverfahren erfolgen soll und nicht per se für die der Verfehlung zeitlich nachfolgenden Vergabeverfahren gilt.[152]

Dies vorausgeschickt, verwundert es, dass dem Unternehmen im Falle einer erfolgreichen Selbstreinigung ein Rechtsanspruch auf Wiederzulassung zustehen soll, das Unternehmen aber gewissermaßen dem (individuellen und von Vergabestelle zu Vergabestelle ggf. unterschiedlichen) behördlichen Beurteilungsmaßstab unterliegt. Aus Sicht der Unternehmen stellt sich folglich zwangsläufig die Frage, ob die Wiederzulassung zum Verfahren überhaupt für die Bieterunternehmen planbar und rechtssicher herbeigeführt werden kann. Diese Frage wird maßgeblich davon abhängig sein, ob der Norm zumindest dem Grunde nach

148 Hervorhebung durch Verfasser

149 Vgl. Gesetzesbegründung zu § 125 Abs. 1 GWB, BT-Drs. 18/6281, S. 107.

150 Vgl. Gesetzesbegründung zu § 125 Abs. 1 GWB, BT-Drs. 18/6281, S. 107 f..

151 Vgl. Erwägungsgrund 102 RL 2014/24/EU.

152 vgl. Gesetzesbegründung zu § 125 Abs. 1 GWB, BT-Drs. 18/6281, S. 108; *Roth*, NZBau 2016, 672 (675).

entnommen werden kann, was seitens der Unternehmen zu leisten ist und welche Rechtsschutzmöglichkeiten im Falle einer negativen Bewertung durch die Behörde zu treffen sind.

Die Frage nach den Rechtsschutzmöglichkeiten und der Überprüfbarkeit der behördlichen Entscheidung ist insbesondere dann von Bedeutung, wenn beispielsweise mit großen finanziellen Aufwendungen etablierte Selbstreinigungsmaßnahme seitens zweier verschiedener Vergabestellen unterschiedlich bewertet wird. Für die Unternehmen stellt sich dann aus prozesstaktischer Sicht die Frage nach effektivem Rechtsschutz sowohl gegen die Ausschlussentscheidung als auch der versagten Wiederzulassungsentscheidung des öffentlichen Auftraggebers.

Im Folgenden werden daher die Systematik und Entstehungsgeschichte der Selbstreinigung skizziert und gegenübergestellt werden. Dies mit dem Zweck, in einem ersten Schritt die tatbestandlichen Voraussetzungen der Selbstreinigung in der Vergangenheit und nach gegenwärtigem Stand herauszuarbeiten und zu erläutern. Dabei sollen darüber hinaus bestehende Rechtsunsicherheiten für die Unternehmen herausgestellt und in den Kontext der Norm eingeordnet werden.

Denn auf der einen Seite begründet § 125 GWB einen Rechtsanspruch auf Wiederzulassung zum Verfahren. Auf der anderen Seite steht dem öffentlichen Auftraggeber indes ein „*weiter Beurteilungsspielraum*"[153] zu, der den ursprünglich bestehenden Rechtsanspruch des Unternehmens auf Wiederzulassung möglicherweise schwächt. Dies veranlasst hier zu einer eingehenden Analyse der Systematik der Selbstreinigung unter Berücksichtigung der Gesetzeshistorie und dem Sinn und Zweck der Regelung mit dem Ziel der Herausstellung von Rechtsunsicherheiten für die Unternehmen aufgrund der Gesetzessystematik. Die Analyse der tatbestandlichen Voraussetzungen der Selbstreinigung ist daher methodisch der notwendige Schritt, um in der Folge den Prüfungsmaßstab der Behörde und die vergaberechtliche Überprüfbarkeit der behördlichen Entscheidung im Vergabenachprüfungsverfahren zu beleuchten. Denn auch wenn im Rahmen der Prüfung der Tatbestandsmerkmale des § 125 Abs. 1 GWB herausgestellt werden sollte, dass der § 125 Abs. 1 GWB tatbestandlich hinreichend klare Voraussetzungen an die Selbstreinigung stellt, ändert dies nichts an einem bestehenden Rechtsschutzbedürfnis des betreffenden Bieterunternehmens in Bezug auf die behördliche Ausschluss- und Wiederzulassungsentscheidung.

---

153 vgl. Gesetzesbegründung zu § 125 Abs. 1 GWB, BT-Drs. 18/6281, S. 107.

3. Frühere Handhabung der Selbstreinigung

Zunächst soll die Berücksichtigung von Selbstreinigungsmaßnahmen vor der eindeutigen Kodifizierung im § 125 GWB n.F. (Art. 57 Abs. 6 RL 2014/24/EU) analysiert werden.

Das Institut der vergaberechtlichen Selbstreinigung gemäß § 125 GWB erhält nunmehr in Umsetzung des Artikels 57 Abs. 6 der RL 2014/24/EU erstmals sowohl auf europäischer als auch nationaler Ebene eine gesetzliche Grundlage, obgleich die Wiedererlangung der – damals noch für die Eignung des Bieters maßgeblichen – Zuverlässigkeit durch Selbstreinigung bereits in der Vergangenheit in der Rechtsprechung[154] anerkannt war.[155] Auch die Gesetzesbegründung zu § 125 GWB stellt insoweit klar, dass „*Selbstreinigungsmaßnahmen, die eine Wiederherstellung der Zuverlässigkeit dauerhaft gewährleisten, [...] bereits nach bisheriger Rechtsprechung Einfluss auf die Prognoseentscheidung [haben], ob ein Unternehmen als zuverlässig angesehen werden kann (OLG Düsseldorf, Beschluss vom 9. April 2003 – Verg 43/02; OLG Frankfurt, Beschluss vom 20. Juli 2004 – 11 Verg 6/04)*“.[156]

Wie bereits ausgeführt[157] wurden vor der Vergaberechtsreform Aufträge nur an fachkundige, leistungsfähige sowie gesetzestreue und zuverlässige Unternehmen vergeben (§ 97 Abs. 4 GWB a.F.). Dabei erfolgte insbesondere die Feststellung der Zuverlässigkeit eines Bieterunternehmens aufgrund einer Prognoseentscheidung des Auftraggebers um festzustellen, ob von einer ordnungsgemäßen und vertragsgerechten Ausführung des öffentlichen Auftrags auszugehen war.[158] Unzuverlässigen Unternehmen war indes die Möglichkeit eröffnet, ihre Zuverlässigkeit wiederherzustellen. Diese Möglichkeit der Wiederherstellung durch Etablierung entsprechender Maßnahmen im eigenen Unternehmen wurde als Selbstreinigung bezeichnet.[159]

In der Vergangenheit griff folglich auch die Gesetzessystematik vor der Vergaberechtsnovelle 2016 den Gedanken auf, dass ein auf Fehlverhalten gestützter

---

154 Vgl. *Mutschler-Siebert/Dorschfeld*, BB 2015, 642 (644).

155 Vgl. Gesetzesbegründung zu § 125 Abs. 1 GWB, BT-Drs. 18/6281, S. 107 f.; *Radu* in: Müller-Wrede, GWB Vergaberecht, § 125 Rn. 1; *Dreher/Hoffmann*, NZBau 2012 (265 (267).

156 Vgl. Gesetzesbegründung zu § 125 Abs. 1 GWB, BT-Drs. 18/6281, S. 107.

157 Vgl. B.I.1.

158 Vgl. *Gabriel/Ziekow*, VergabeR 2017, 119 (120); *Dreher/Hoffmann*, NZBau 2014, 67; *Hölzl/Ritzenhoff*, NZBau 2012, 28 (30).

159 Vgl. *Gabriel./Ziekow*, VergabeR 2017, 119 (120); LG Berlin, Urt. v. 22. 3. 2006 – 23 O 118/04; *Wimmer*, Zuverlässigkeit im Vergaberecht, S. 133.

Ausschluss nicht unbegrenzt bestehen bleiben könne und die Eignung durch Eigenhandeln der betreffenden Unternehmen wiederherzustellen sein müsse. Im Rahmen der obligatorischen Ausschlussgründe (nunmehr geregelt in § 123 GWB)[160] sahen die §§ 6 EG Abs. 4 Nr. 3 VOB/A a.F., § 6 EG Abs. 5 VOL/A a.F., § 4 Abs. 8 VOF a.F. sowie § 23 Abs. 5 VSVgV a.F. für europaweit ausgeschrieben Verfahren vor, dass „*von einem Ausschluss [...] nur abgesehen werden [kann], wenn zwingende Gründe des Allgemeininteresses vorliegen und andere die Leistung nicht angemessen erbringen können oder wenn auf Grund besonderer Umstände des Einzelfalls der Verstoß die Zuverlässigkeit des Unternehmens nicht in Frage stellt.*“. Selbstreinigungsmaßnahmen stellten in diesem Zusammenhang bereits bisher einen solchen „*besonderen Umstand*“ dar, obgleich bis dato keine gesetzliche Ausgestaltung der Selbstreinigung erfolgt war.[161]

Bei den fakultativen Ausschlussgründen[162] waren ebenfalls bereits nach bisherigem Recht erfolgte Selbstreinigungsmaßnahmen der Bieterunternehmen bei der Prüfung, ob ein entsprechendes Fehlverhalten einen Verfahrensausschluss aufgrund Verneinens der Zuverlässigkeit rechtfertigt, zu berücksichtigen.[163] Konkret bot hier die Ermessensregelung hinsichtlich des Ausschlusses (vgl. u.a. § 6 EG Abs. 6 VOL/A a.F., § 16 EG Nr. 2 VOB/A a.F: „*können*“) Raum, eventuelle Selbstreinigungsmaßnahmen für die Beurteilung, ob ein den Ausschluss erlaubendes Fehlverhalten die vergaberechtliche Zuverlässigkeit mit der Folge

---

160 bisher geregelt in § 6 EG Abs. 4 Nr. 1 VOB/A 2012, § 6 EG Abs. 4 VOL/A, § 4 Abs. 6 VOF, § 23 Abs. 1 VSVgV a.F.

161 Vgl. *Radu* in: Müller-Wrede, GWB Vergaberecht § 125 Rn. 1; vgl. zur Selbstreinigung als „besonderer Umstand“ stellvertretend: *Völlink* in: Ziekow/Völlink, Vergaberecht, 2. Aufl., § VOB/A-EG, Rn. 20 f. m.w.N; *Wagner-Cardenal* in: Dieckmann/Scharf/Wagner-Cardenal,VOL/A-EG § 6 EG Rn. 50, 44; *Wimmer*, Zuverlässigkeit im Vergaberecht, S. 90; 206 m.w.N., der zudem (S. 90) darauf hinweist, dass die Berücksichtigung des gemeinschafts- und verfassungsrechtlichen Verhältnismäßigkeitsprinzips selbst im Allgemeininteresse liegt und der Ausschluss selbstgereinigter Unternehmen eine unverhältnismäßige Maßnahme darstelle. Aufgrund dieser Verknüpfung stelle die Berücksichtigung von Selbstreinigungsmaßnahmen beim Ausschluss von Teilnehmern ein Allgemeininteresse dar.

162 Bisher geregelt in: § 16 EG Abs. 1 Nr. 2 VOB/A 2012 (nahezu wortgleich in § 16 Abs. 1 Nr. 2 VOB/A 2012), § 6 EG Abs. 6 VOL/A, (§ 6 Abs. 5 VOL/A, § 4 Abs. 9 VOF, § 24 VSVgV a.F.

163 Vgl. *Vavra* in: Ziekow/Völlink, Vergaberecht, 2. Aufl., § 16 VOB/A Rn. 22; *Weyand* in: Weyand, Vergaberecht, 9. Aktualisierung 2012, § 16 VOB/A, Rn. 323 f.; *Opitz* in: Dreher/Motzke, Beck´scher Vergaberechtskommentar, § 16 VOB/A Rn. 161; *Radu* in: Müller-Wrede, GWB Vergaberecht, § 125 Rn. 1.

eines Ausschlusses entfallen ließ, heranzuziehen. Naheliegend war es daher in diesem Zusammenhang, im Rahmen dieser Ermessensentscheidung neben dem zu beanstandenden Verhalten des Bieters auch sein Nachtatverhalten zu berücksichtigen, soweit dieses einen Rückschluss darauf zuließ, ob der jeweilige Bieter als zur Ausführung des konkret in Rede stehenden Auftrags geeignet angesehen werden konnte. Zum Nachtatverhalten konnten mithin auch insbesondere die etablierten Selbstreinigungsmaßnahmen gezählt.[164]

Daher kann bereits an dieser Stelle festgehalten werden, dass bereits nach der Gesetzessystematik des vor der Novelle 2016 geltenden Vergaberechts eine unterschiedliche Behandlung derjenigen Unternehmen, die nach festgestelltem Fehlverhalten entsprechende Selbstreinigungsmaßnahmen etablierten und denjenigen, die untätig blieben, vorgesehen war. Die Selbstreinigung diente mithin zum Nachweis und Wiederherstellung der Zuverlässigkeit bei Vorliegen einer Verfehlung Bieters und war daher auch Teil der eigentlichen Zuverlässigkeitsprüfung.[165]

a) Die Selbstreinigung in der Entscheidungspraxis

Nach der bisher existierenden Entscheidungspraxis zur Selbstreinigung war für eine ermessensfehlerfreie Ausschlussentscheidung zulasten eines Bieters, der eine schwere Verfehlung begangen hatte, neben der Feststellung dieser Verfehlung erforderlich, dass eine *„auf konkreten Auftrag bezogene Prognose ergeben hat[te], dass auf Grund dieses Sachverhalts die Zuverlässigkeit des Bieters nicht bejaht werden kann."*.[166] War der Auftraggeber danach trotz der schweren Verfehlung davon überzeugt, dass der Bieter den Auftrag ordnungsgemäß ausführen würde, durfte dessen Angebot nicht ausgeschlossen werden.[167]

Das OLG Düsseldorf arbeitete bereits in zwei Entscheidungen aus dem Jahr 2003[168] wesentliche Elemente der heute in § 125 GWB kodifizierten Anforderungen an eine erfolgreiche Selbstreinigung heraus. Die Maßnahmen der

---

164 Vgl. *Roth*, NZBau 2016, 672 (673); *Wagner-Cardenal* in: Dieckmann/Wagner-Cardenal, VOL/A-EG § 6 EG Rn. 50.

165 Vgl. hierzu *Dreher/Hoffmann*, NZBau 2012, 265(267) m.w.N.; *Radu* in: Müller-Wrede, GWB Vergaberecht, § 125 Rn. 1 m.w.N.; *Roth* in: NZBau 2016, 672 (674).

166 OLG München, Beschl. v. 22.11.2012; VG Düsseldorf, Beschl. v. 24.03.2015 – 20 K 6764/13; vgl. auch: *Dreher/Hoffmann*, NZBau 2012, 265 (266, 267); *Roth*, NZBau 2016, 672 (673, 674).

167 Vgl. OLG München, Beschl. v. 22.11.2012, Verg 22/12; OLG Brandenburg, Beschl. v. 14.12.2007, Verg W 21/07.

168 Vgl. OLG Düsseldorf, Urt. v. 09.04.2003 – Verg 43/02 und Verg 66/02.

Sachverhaltsaufklärung (heute § 125 Abs. 1 Nr. 2 GWB) und das treffen von personellen und organisatorischen Maßnahmen (heute § 125 Abs. 1 Nr. 3 GWB) fanden bereits in dieser frühen Entscheidung ihren Ausdruck. In dem der Entscheidung des OLG Düsseldorf zugrunde liegenden Fall aus dem Jahr 2003 ging es um Korruptionsvorwürfe gegen Angestellte eines Bieterunternehmens, welche das betreffende Unternehmen dazu veranlasst hatte, den Sachverhalt umfassend aufzuklären und sich von (leitenden) Angestellten zu trennen. Ferner wurde in diesem Zusammenhang die Entscheidungsstruktur sowie die Entscheidungsbefugnisse innerhalb des Unternehmens reformiert und insbesondere auch die Vollmachterteilung innerhalb des Unternehmens neu geregelt. Diese Maßnahmen erachtete das OLG Düsseldorf als ausreichend für eine die Zuverlässigkeit wiederherstellende Selbstreinigung sowie die Annahme, dass auch in Zukunft Fehlverhalten einzelner Mitarbeiter wirksam verhindert werden könne.

Das Gericht kam zu der Überzeugung, dass sich das für den Zuschlag und damit den konkreten Vertragsschluss vorgesehene Unternehmen entgegen dem Vorbringen des unterlegenen Unternehmens *„ernsthaft und nachhaltig darum bemüht [habe], die Vorgänge aufzuklären und die erforderlichen personellen und organisatorischen Konsequenzen zu ziehen"* Die „Einschätzung" der Vergabestelle hinsichtlich Zuverlässigkeit des betreffenden Unternehmens sei daher im Ergebnis fehlerfrei getroffen.

Ferner betonte das Gericht, dass im Rahmen der Eignungsprüfung seitens des öffentlichen Auftraggebers solche Umstände nicht berücksichtigt werden dürften, die sich *„außerhalb des Bereichs der gesicherten Erkenntnisse bewegen"*. Erforderlich seien vielmehr Informationen, die sich aus *„unterschiedlichen seriösen Quellen ergeben, so dass der Verdacht eine gewisse Erhärtung [erfahre]"*. Ob Presseberichte als Informationsgrundlage taugen, ließ das Gericht offen, betonte aber, dass es entscheidungserheblich sei, dass im konkreten Einzelfall jedenfalls ungeachtet weiterer Korruptionsvorwürfe gegen den betreffenden Mitarbeiter des Unternehmens keine Zweifel daran beständen, dass das Unternehmen auch in der Zukunft auf derartige Vorfälle angemessen reagieren und die erforderlichen Maßnahmen im Unternehmen treffen werde.

Nähere Ausführungen zu den generellen (Mindest-) Voraussetzungen der zu treffenden personellen- und organisatorischen Maßnahmen enthielt die Entscheidung indes nicht. Vielmehr wurden die getroffenen Maßnahmen – unter anderem umfassende Sachverhaltsaufklärung und Trennung von betreffenden Mitarbeitern – jedenfalls im Einzelfall als ausreichend qualifiziert. Von der Rechtsprechung wurden ferner in der vergangenen Entscheidungspraxis der folgenden Jahre weitere Voraussetzungen der Selbstreinigung entwickelt, welche nachfolgend skizziert werden sollen. Dabei soll insbesondere auf den richtungsweisenden Beschluss des Oberlandesgerichts Brandenburg aus dem Jahr 2007 eingegangen werden.

aa) Aufklärung des Sachverhalts

Als Grundvoraussetzung einer erfolgreichen Selbstreinigung steht eine konsequente Aufklärung des Sachverhalts um zum einen die konkret im Raum stehenden Verfehlungen und Vorgänge umfassend herauszustellen und zum anderen den Grundstein für ein aktives Tätigwerden zu legen. Nach der einschlägigen Entscheidungspraxis – und bereits in der vorstehend erläuterten Entscheidung des OLG Düsseldorf aus dem Jahr 2003 – wird insbesondere die Durchführung einer Sonderprüfung durch externe unabhängige Personen wie beispielsweise externe Wirtschaftsprüfer als geeignet erachtet.[169] Dies ist im Ergebnis überzeugend, da nur bei ausreichender Tatsachengrundlage überhaupt über erforderliche Schritte nachgedacht werden kann.

bb) Schadenswiedergutmachung

Vor der Vergaberechtsnovelle 2016 war nicht abschließend geklärt, ob das Unternehmen eine Wiedergutmachung für einen durch die Verfehlung entstandenen Schaden leisten muss und die Schadenswiedergutmachung zwingender Bestandteil der vergaberechtlichen Selbstreinigung sein musste. Teils wurde eine entsprechende Pflicht seitens der Rechtsprechung gefordert.[170]

Bereits in der Vergangenheit hatte sich allerdings die Auffassung verfestigt, dass eine Schadenswiedergutmachung jedenfalls nicht zwingend für eine erfolgreiche Selbstreinigung sein kann, da bei genauerer Betrachtung unter anderem eine Wiedergutmachung des verursachten Schadens für die Prognoseentscheidung über die Zuverlässigkeit des Bieters nur bei insoweit unstreitigen Schadensersatzforderungen relevant wird. Nur in diesem Fall lässt die Schadenswiedergutmachung nämlich den sicheren Schluss zu, dass der Bieter auch künftig im Rahmen der Auftragserfüllung sonstigen zweifelsfreien Forderungen und

---

169 Vgl. OLG Düsseldorf, Beschl. v. 09.04.2003-Verg 66/02; OLG Frankfurt, Beschl. v. 20.07.2004, 11 Verg 66/04; OLG München, Beschl. v. 22.11.2012 – Verg 22/12; vgl. auch *Dreher/Hoffmann*, NZBau 2012, 265 (272); *Prieß/Stein*, NZBau 2008, 230 (230); *Prieß*, CCZ 2008, 67(67).

170 Vgl. *Ulshöfer*, VergR 3/2016, 327 (335) m.w.N; vgl aus der Entscheidungspraxis. etwa LG Berlin, Beschl. v. 22.03.2006 – 23 O 118/04, VK Lüneburg, Beschl. v. 24.03.2011 – VgK-4/2011; VK Lüneburg, Lüneburg, Beschl. v.14.02.2012 – VgK-05/2012; vgl. zur These der Schadenswiedergutmachung als zwingender Bestandteil der Selbstreinigung auch: *Prieß*, NZBau 2012, 425.

vertraglichen Verpflichtungen ohne Weiteres ordnungsgemäß nachkommen wird.[171] Diese Ansicht scheint insoweit überzeugend, da die Feststellung der Begründetheit von Schadensersatzansprüchen das Ergebnis langer zivilrechtlicher Verfahren sein kann und diesbezüglich keine sachgerechte Prognose im Rahmen eines Vergabeverfahrens angestellt werden kann.

cc) Personelle und organisatorische Maßnahmen (Compliance-Maßnahmen)

Nach der einschlägigen Entscheidungspraxis[172] waren ferner personelle und organisatorische Maßnahmen zu treffen, um künftiges Fehlverhalten zu verhindern und die Zuverlässigkeit für die künftige Auftragserfüllung zu gewährleisten.

Mit Blick auf die personellen Maßnahmen wurde insoweit als erforderlich erachtet, dass sich das Unternehmen unverzüglich von den betroffenen Gesellschaftern, Organen oder Mitarbeitern trennt. Insbesondere bei Gesellschaftern sei darauf zu achten, dass diesen jeder Einfluss auf die Geschäftsführung entzogen werde und sie demnach keine Entscheidungskompetenzen in Bezug auf die anstehende Auftragsausführung habe.[173] Ohne eine personelle Trennung (wenngleich insoweit die arbeitsrechtlichen Bestimmungen zu beachten sind) ist eine erfolgreiche Selbstreinigung nicht denkbar.[174] Ausweislich der einschlägigen Entscheidungspraxis scheint jedenfalls die Tatsache, dass ein Gesellschafter sich zwar aus dem operativen Geschäft zurück gezogen hat, aber gleichwohl Alleingesellschafter bleibt, nicht auszureichen, um ausreichende personelle Maßnahmen zu begründen.[175] Dies lässt erkennen, dass stets eine Einzelfallbetrachtung angestellt wurde, welche nicht als allgemeinverbindlich angesehen werden

171 Vgl. *Ulshöfer*, VergR 3/2016, 327 (335); *Dreher/Hoffmann*, NZBau 2012, 265 (269 f.); *Dreher/Hoffmann*, NZBau 2014, 150 (152); OLG München, Beschl. v. 22.11.2012, Verg 22/12; KG Berlin, Urt. v. 17.02.2011, 2 U 4/06.

172 Siehe etwa OLG Düsseldorf, Beschl. v. 09.04.2003-Verg 66/02; OLG Frankfurt, Beschl. v. 20.07.2004, 11 Verg 66/04; OLG München, Beschl. v. 22.11.2012 – Verg 22/12

173 Vgl. *Braun* in: Gabriel/Krohn/Neun, Handbuch des Vergaberechts § 16 Rn. 131; *Dreher/Hoffmann*, NZBau 2014, 67 (72); *Dreher/Hoffmann*, NZBau 2012, 265 (269); Prieß, CCZ 2008, 67 (68); OLG Düsseldorf, Beschl. v. 28.07.2005, VII Verg 42/05, VK Düsseldorf, Beschl. v. 13.03.2006, VK-08/2006 – L.

174 Vgl. *Prieß/Pünder/Stein*, in: Pünder/Prieß/Arrowsmith, Self-Cleaning in Public Procurement Law, 2009, S. 51, 77.

175 Vgl. etwa OLG München, Beschl. v. 22. 11 2012, Verg 22/12, in dem das Gericht deutlich machte, dass die Tatsache, dass der von den strafrechtlichen Vorwürfen betroffene Gesellschafter weiterhin entscheidenden Einfluss auf die Geschäftstätigkeit nehmen konnte obgleich er sich aus dem operativen Geschäft zurückgezogen hatte. Ergänzend berücksichtigte das Gericht, dass auch seine Ehefrau nach wie vor über Einzelprokura

konnte. Klare Maßstäbe, was unter technischen und organisatorischen Maßnahmen im Einzelnen zu verstehen ist, sind von der Rechtsprechung allerdings nicht im Detail festgelegt worden.

Die Voraussetzungen der vergaberechtlichen Selbstreinigung in Bezug auf die personellen und organisatorischen Maßnahmen sollen im Folgenden im Wesentlichen anhand der Entscheidung des OLG Brandenburg vom 14.12.2007[176] dargestellt werden. Das Gericht hat im Rahmen dieser Entscheidung zu den Voraussetzungen der Selbstreinigung in einem richtungsweisenden Urteil Stellung genommen, welches sich inhaltlich auch auf die heute in § 125 Abs. 1 Nr. 1–3 GWB kodifizierte Selbstreinigungsmaßnahmen auswirkt. Bedeutsam ist die Entscheidung auch, weil sich das Gericht mit dem Zeitpunkt, bis zu dem die Selbstreinigungsmaßnahmen seitens des öffentlichen Auftraggebers zu berücksichtigen sind, zu befassen hatte. Dies ist für die Bieter aus Gründen der Rechtssicherheit zunächst dann von besonderer Bedeutung, wenn sie sich bereits am Vergabeverfahren beteiligt haben und erst im laufenden Verfahren entscheiden müssen, ob sie noch zweckmäßigerweise Selbstreinigungsmaßnahmen treffen sollen, um einem Verfahrensausschluss zu entgehen. Sollten nämlich Selbstreinigungsmaßnahmen im laufenden Verfahren nicht mehr berücksichtigt werden, so würden sich entsprechend hohe Investitionen beispielsweise zur Etablierung organisatorischer Compliance-Maßnahmen nicht amortisieren. Der Beschluss des OLG Brandenburg soll daher sowohl in Bezug auf den zugrunde liegenden Sachverhalt als auch die tragenden Entscheidungsgründe dargestellt werden, um so die Entwicklung der Selbstreinigung in Bezug auf diese Maßnahmen aus gesetzeshistorischer Sicht zu verdeutlichen.

Dem Beschluss lag im Wesentlichen folgender Sachverhalt zugrunde: Der Auftraggeber schrieb im Supplement zum Amtsblatt der Europäischen Gemeinschaft vom 12. September 2006 den Ausbau beider Richtungsfahrbahnen einschließlich der Erneuerung der Brückenbauwerke einer Bundesautobahn im offenen Verfahren aus.

In diesem Zusammenhang hatte sich ein Bauunternehmen im Rahmen eines Bieterkonsortiums am Verfahren beteiligt. Das AG Frankfurt a.M. hatte gegen eine Reihe leitender Angestellter des Bauunternehmens Strafbefehle wegen Bestechung und Beihilfe zur Untreue erlassen. Die Zuverlässigkeit des

---

verfügte, obgleich auch gegen sie Ermittlungen liefen. Ein Einfluss des dringend tatverdächtigen Gesellschafters sei vor diesem Hintergrund nicht ausgeschlossen.

176 OLG Brandenburg, Beschl. v. 14. 12. 2007 – Verg W 21/07; vgl. zur Entscheidung auch: *Prieß*, NZBau 2008, 230.

Bauunternehmens im Sinne des § 97 Abs. 4 S. 1 GWB a.F. war seitens der Vergabestelle im Laufe des Verfahrens dennoch insgesamt zweimal überprüft und bejaht worden. Der Zuschlag sollte mithin auf das Bieterkonsortium erteilt werden. Bereits vor Öffnung der Angebote nach Ende der Angebotsabgabefrist war die Eignung und insbesondere die Zuverlässigkeit des Unternehmens seitens des öffentlichen Auftraggebers (Vergabestelle) bejaht worden. Das für den Zuschlag vorgesehene Bauunternehmen teilte im Rahmen des Verfahrens dem öffentlichen Auftraggeber darüber hinaus nach Ende der Angebotsabgabefrist zwar auf dessen Aufklärungsersuchen mit, dass die Strafbefehle des Amtsgerichts Frankfurt gegen vier zwischenzeitlich ausgeschiedene Verantwortliche wegen Angestelltenbestechung und Beihilfe zur Untreue ergangen seien. Ausschlussgründe (wegen § 8 Nr. 5 Abs. 1 lit. c) VOB/A) lägen auf Grund von erfolgreichen Selbstreinigungsmaßnahmen des Bieters indes nicht vor. Die Bedenken hinsichtlich der Leistungsfähigkeit und Zuverlässigkeit der Bietergemeinschaft wegen deren strafrechtlich in Erscheinung getretenen Partnerunternehmens seien – nach Auffassung der Vergabestelle – insoweit von diesem Unternehmen durch wirksame Selbstreinigungsmaßnahmen ausgeräumt worden. Berücksichtigt worden sei ferner auch eine Erklärung eines Gesellschafters des von den strafrechtlichen Vorwürfen betroffenen Unternehmens. Gemäß dieser Erklärung des von den Korruptionsvorwürfen betroffenen Gesellschafters, nach der dieser bei allen Teilen der betroffenen Unternehmensgruppe in sämtlichen Angelegenheiten, die seine Gesellschafterposition betreffen, nicht mehr als Gesellschafter auftreten werde, er auf die Ausübung seiner Gesellschafterrechte unwiderruflich verzichte und keinen Einfluss mehr auf Entscheidungen des Aufsichtsrates, der Geschäftsleitung oder sonstiger strategischer oder operativer Gremien der Unternehmensgruppe ausüben werde, sei ausweislich der Auffassung der Vergabestelle entsprechend positiv zu berücksichtigen. Damit verblieben ihm allenfalls noch wirtschaftliche Gesellschafterrechte, eine Einflussnahme auf die Geschäftstätigkeit sei ihm danach verwehrt.

Die öffentliche Auftraggeberin nahm somit aufgrund der vorstehenden Umstände an, dass die Trennung von diesem Gesellschafter damit jedenfalls faktisch vollzogen sei. Sämtliche in die Korruptionsvorwürfe involvierten Personen hätten somit das Unternehmen verlassen. Zudem seien eine Reihe von organisatorischen und strukturellen Maßnahmen getroffen worden, um durch Transparenz und Kontrolle künftige Verfehlungen zu verhindern. Daher bestehe keine Veranlassung mehr, die Gesellschaften der an dem Bieterkonsortium beteiligten Firmengruppe wegen Unzuverlässigkeit auszuschließen. Die Auftraggeberin beabsichtigte daher, den Auftrag an das betreffende Bieterkonsortium zu vergeben, da dessen Zuverlässigkeit insgesamt zu bejahen sei.

Das zweitplatzierte und damit nicht für den Zuschlag vorgesehene Unternehmen wandte sich hiergegen mit einem Nachprüfungsantrag an die zuständige Vergabekammer und bestritt unter anderem die seitens der Vergabestelle angenommene Zuverlässigkeit des erstplatzierten Unternehmens, welches aufgrund bestehender Korruptionsvorwürfe zwingend hätte ausgeschlossen werden müssen.

Die Vergabekammer wies den Nachprüfungsantrag unter anderem mit der Begründung zurück, dass die Vergabestelle die Entscheidung über die Zuverlässigkeit zu Recht angenommen und auch die Ausschlussentscheidung fehlerfrei getroffen habe. Umstände, die die Eignung eines Bieters beträfen, seien seitens des öffentlichen Auftraggebers jedenfalls bis zum Abschluss des Vergabeverfahrens (Zuschlagserteilung) zu berücksichtigen, weshalb auch die Selbstreinigungsmaßnahmen zu berücksichtigen gewesen seien.

Gegen diese Entscheidung der Vergabekammer legte das zweitplatzierte Unternehmen in der zweiten Instanz Beschwerde beim Oberlandesgericht Brandenburg ein. Im Rahmen der Beschwerde wurden seitens des zweitplatzierten Unternehmens nochmals die fehlende Zuverlässigkeit des für den Zuschlag vorgesehenen Unternehmens sowie die daraus resultierende zwingende Ausschlussentscheidung durch den öffentlichen Auftraggeber vorgebracht. Das Ermessen des Auftraggebers im Rahmen der Ausschlussentscheidung sei auf Null reduziert und damit ein Ausschluss des beabsichtigten Zuschlagsdestinärs zwingend erforderlich gewesen. Denn maßgeblicher Zeitpunkt für die Feststellung der Eignung sei bereits nicht der Zeitpunkt der abschließenden Wertungsentscheidung, sondern der des Ablaufs der Angebotsfrist. Zu diesem Zeitpunkt sei die Eignung des für den Zuschlag vorgesehenen Unternehmens aufgrund des von Korruptionsvorwürfen betroffenen Mitglieds des Bieterkonsortiums nicht gegeben gewesen. Entscheidungserheblich waren mithin sowohl die inhaltlichen Voraussetzungen technischer und organisatorischer Art im Zusammenhang mit der vergaberechtlichen Selbstreinigung als auch der maßgebliche Zeitkorridor, in dem die Selbstreinigungsmaßnahmen noch Berücksichtigung finden durften.

Das OLG Brandenburg stellte in seiner Entscheidung zunächst zutreffend fest, dass die erneute Prüfung der Eignung des Bieterunternehmens rechtmäßig war. Nach Bekanntwerden der neuen Erkenntnisse über die Beteiligung des Unternehmens an strafrechtlichem Verhalten sei eine neue Überprüfung der Eignung erforderlich und zulässig gewesen. Die Vergabestelle dürfe grundsätzlich die Eignung im Laufe des Verfahrens bis zur Zuschlagserteilung aufgrund neuer Erkenntnisse jederzeit überprüfen. Dies gelte auch, wenn die Eignung zunächst zweifelhaft sei, aber aufgrund von Selbstreinigungsmaßnahmen wiederhergestellt werde. Maßgeblicher Zeitpunkt für die Bestimmung der Eignung sei der Zeitpunkt der Wertung bzw. des Zuschlags. Das Bietergemeinschaftsmitglied und mithin die Bietergemeinschaft habe hier im Ergebnis eine wirksame und ausreichende Selbstreinigung betrieben. Der öffentliche Auftraggeber habe seinen ihm zustehenden Prognosespielraum in Bezug auf die Zuverlässigkeit des Unternehmens im Kontext der Eignungsprüfung nicht überschritten.

Das OLG hat dabei -soweit hier von Interesse - auf folgende Gesichtspunkte abgestellt:

> Zunächst wurde berücksichtigt, dass keiner der rechtskräftig verurteilten Mitarbeiter mehr für die Unternehmensgruppe tätig war und über keinerlei Möglichkeiten der Einflussnahme auf die laufenden Geschäftsvorgänge verfügte. Bemerkenswert ist in diesem Zusammenhang, dass die Rechtsprechung hier in Bezug auf die Reichweite der personellen Maßnahmen sehr weit ging und darauf abstellte, dass sich die gesamte Unternehmensgruppe und nicht lediglich die betroffene juristische Person bzw. der Unternehmensteil von der belasteten Person trennte.[177] Darüber hinaus wurde berücksichtigt, dass der verurteilte Gesellschafter (ausweislich seiner Erklärung) unter anderem aufgrund des unwiderruflichen Verzichts auf die Ausübung seiner Gesellschafterrechte faktisch keinen Zugriff mehr auf das operative Geschäft des Unternehmens hatte.

Ferner wurden seitens des Gerichts auch die von der Bietergemeinschaft getroffenen organisatorischen Selbstreinigungsmaßnahmen entsprechend gewürdigt. Hierbei wurde positiv berücksichtigt, dass Verwaltung und operatives Geschäft des betroffenen Unternehmens getrennt wurden und diese Trennung sich auch auf die Geschäftsführung der beiden Unternehmensteile bezog.

Letztlich hat das Gericht auch die weiteren seitens des Unternehmens getroffenen Präventivmaßnahmen „*nämlich*

- *die Einrichtung einer neuen Abteilung Revision/Compliance,*
- *die Einrichtung einer Clearingstelle, die sich mit der Angebots- und Auftragsstrategie befasst und diese hinterfragen soll,*
- *die künftige externe anwaltliche Prüfung externer Provisions- und Beraterverträge,*
- *die Einführung eines Wertemanagements in der Unternehmensgruppe [sowie]*
- *den Beitritt zum „Ethik-Management der Bauwirtschaft e.V.*“[178]

als geeignet angesehen, eine Wiederholung der Verfehlungen zu erschweren bzw. unmöglich zu machen und im Ergebnis die Zuverlässigkeit des Unternehmens wiederherzustellen. Damit wurde die Selbstreinigung unter den vorstehend genannten Voraussetzungen als erfolgreich qualifiziert.

---

177 Vgl. hierzu auch *Prieß*, CCZ 2008, 67 (68).

178 OLG Brandenburg, Beschl. v. 14. 12. 2007 – Verg W 21/07.

Die Entscheidung erleichterte mithin die Auswahl der zu etablierenden personellen und organisatorischen Maßnahmen im Rahmen der Selbstreinigung und stellte klar, dass, sofern sich im laufenden Verfahren Erkenntnisse dahingehend ergaben, dass der Bieter nunmehr die Gewähr für eine ordnungsgemäße Vertragsdurchführung bot, diese auch seitens des öffentlichen Auftraggebers zu berücksichtigen waren.

Auch die Aussagen des Gerichts zum Zeitpunkt der Eignungsprüfung verdienen eine besondere Beachtung. Das Gericht führt hierzu wörtlich aus:

> *„Die Eignung der Bieter wird [...] bezogen auf den Zeitpunkt der Wertung bzw. des Zuschlags geprüft. [...] Der Auftraggeber kann jedoch nach dem gesamten Sinn und Zweck des Vergabeverfahrens – nämlich das wirtschaftlichste Angebot zu ermitteln – nicht dazu gezwungen werden, einem bei Angebotsabgabe zunächst geeigneten Bieter einen Auftrag zu erteilen, dessen Eignung und Zuverlässigkeit nach während des Vergabeverfahrens gewonnenen Erkenntnissen im Zeitpunkt der Wertung oder Zuschlags nicht mehr gegeben ist.“*

Nach dieser Auffassung spricht viel dafür, dass auf Grundlage dieser Entscheidungspraxis das gesamte Verfahren und mithin auch das Nachprüfungsverfahren für neue Erkenntnisse – auch in Bezug auf Selbstreinigungsmaßnahmen – herangezogen werden kann. Denn die Eignung setzte nach § 97 Abs. 4 S. 1 GWB a.F. die Zuverlässigkeit des Bieters voraus, welche nach damaligem Verständnis durch die Selbstreinigung wiederhergestellt wurde. Eine anfangs bejahte Eignung konnte danach im Laufe des Verfahrens wieder entfallen, eine nicht bestehende Eignung im Laufe des Verfahrens durch neue Tatsachen jedoch auch bejaht werden. Ist zunächst die Unzuverlässigkeit des Bieters angenommen worden, und musste diese Prognose des Auftraggebers durch später eingetretene Tatsachen – wie etwa die Selbstreinigung – geändert werden, hatte der Auftraggeber die Tatsachen bis zur letzten mündlichen Verhandlung im Rahmen eines Nachprüfungsverfahrens bis zur endgültigen Wertungs- bzw. Zuschlagsentscheidung zu berücksichtigen. Selbstreinigungsmaßnahmen konnten mithin – und dies ist aus praktischer Sicht von besonderer Bedeutung – auch im laufenden Vergabeverfahren erfolgreich durchgeführt werden.[179] Dies vor dem Hintergrund, dass die Selbstreinigung die Zuverlässigkeit und mithin die Eignung wiederherstellte und die Eignung selbst wiederrum erst zum Zeitpunkt der Auftragsausführung

179 Vgl. *Vavra* in: Ziekow/Völlink, Vergaberecht, 2. Aufl. § 16 VOB/A Rn. 31 c.; OLG Brandenburg a.a.O; OLG München, Beschl. v. 22.11.2012, – Verg 22/12; kritisch zur Frage, ob Selbstreinigungsmaßnahmen auch in der Nachprüfungs- und Beschwerdeinstanz berücksichtigt werden sollen: *Dreher/Hoffmann* NZBau 2014, 67 (70).

vorliegen musste, sofern der Auftraggeber nicht in der Vergabebekanntmachung angegeben hatte, auf einen anderen Zeitraum abzustellen zu wollen. Dies ergab sich bereits aus dem Wortlaut der §§ 16 Abs. 5 VOL/A a.F. und § 19 Abs. 5 EG VOL/A a.F. Der öffentliche Auftraggeber hatte daher im Rahmen seiner Prognoseentscheidung zu entscheiden, ob die erforderlichen Mittel und Kapazitäten für eine ordnungsgemäße und vertragskonforme Vertragsausführung beim betreffenden Bieter vorlagen.[180]

Damit konnte es im Ergebnis nach damaliger Rechtslage in zeitlicher Hinsicht auch ausreichen, dass entsprechende Selbstreinigungsmaßnahmen eingeleitet und erst zum Zeitpunkt der Auftragsausführung abgeschlossen waren.[181] Folglich konnte die Prognoseentscheidung im Grundsatz auf alle bis zum Zeitpunkt der mündlichen Verhandlung vorliegende Anhaltspunkte erweitert werden[182] oder bei wesentlicher Änderung der Sachlage die Entscheidung der Vergabestelle durch die Nachprüfungsinstanzen ersetzt werden.[183]

ee) Geltende Grundsätze als Resultat der Entscheidung des OLG Brandenburg

Auf Grundlage der Entscheidungspraxis des OLG Brandenburg wurde auch in der zeitlich nachgehenden einschlägigen obergerichtlichen Rechtsprechung eine Selbstreinigung im Allgemeinen in Fällen angenommen, in denen

- das Unternehmen aktive Aufklärungsarbeit geleistet hat,
- eine vollständige organisatorische und personelle Lösung von Personen, gegen die Tatvorwürfe erhoben und erhärtet sind,
- das Unternehmen die den Geschäftspartnern entstandenen Schäden wiedergutmacht
- und die Organisations- und Entscheidungsstrukturen innerhalb des betroffenen Unternehmens derart geändert wurden, dass eine Wiederholung des Fehlverhaltens erschwert wird.[184]

---

180 Vgl. OLG Düsseldorf, Beschl. v. 23.5.2012 – VII-Verg 4/12; vgl. *Dreher/Hoffmann*, NZBau 2012, 67 (70).

181 vgl. *Dreher/Hoffmann*, NZBau 2012, 67 (70); *Prieß*, CCZ 2008, 67 (68).

182 Vgl. OLG München, Beschl. v. 22.11.2012, – Verg 22/12.

183 Vgl. OLG Düsseldorf, Beschl. v. 09.04.2003, VII-Verg 66/02; zum aktuellen Streitstand auch *Gabriel/Ziekow*, VergabeR 2017, 199 (128).

184 Exemplarisch: vgl. OLG Brandenburg, Beschl. v. 14.12.2007 – Verg W 21/07; OLG München, Beschl. v. 22.11..2012, – Verg 22/12, VergabeR 2013, 498; VK Bund, Beschl. v. 12.07.2015 – VK 2-31/15; OLG Düsseldorf, Beschl. v. 9. April 2003 – Verg 43/02; OLG Frankfurt, Beschl. v. 20.07. 2004 – 11 Verg 6/04, juris-Rn. 36; LG Berlin, Urt.

In einem Großteil der in der Vergangenheit zu entscheidenden Fälle ging es um von einem Gesellschaftsorgan oder einzelnen (leitenden) Mitarbeitern begangene Wirtschaftsdelikte. Kern der Selbstreinigungsmaßnahmen war es mithin, dass sichergestellt war, dass die Selbstreinigung *„ernsthaft und konsequent betrieben [wurde], um die in der Vergangenheit vorgekommenen Verfehlungen für die Zukunft auszuschließen"*.[185] Zentrales Merkmal der Selbstreinigungsmaßnahmen war dabei eine Trennung von den entsprechend belasteten Mitarbeitern als erster Schritt.[186] Dabei war jedoch stets auf die Eignung für den konkreten Auftrag abzustellen und damit eine Einzelfallbetrachtung anzustellen, wie eine zeitlich dem OLG Brandenburg nachfolgende Entscheidung des OLG München zeigt:

Das OLG München hatte in einer Entscheidung aus dem Jahr 2012 (nahezu fünf Jahre nach der Entscheidung des OLG Brandenburg vom 14.12.2007) beispielsweise darauf abgestellt, dass bei der Angebotskalkulation die Selbstreinigungsmaßnahmen noch nicht eingeleitet worden waren, gleichwohl aber im laufenden Verfahren in diesem konkreten Fall ihren Zweck nicht mehr erfüllen konnten, da sie nachträglich Auswirkungen auf die Angebotskalkulation hatten.[187]

Es ging dort um einen Geschäftsführer, dem Verfehlungen und Straftaten nach §§ 266a und 263 StGB zur Last gelegt wurden und gegen den ein Haftbefehl erlassen worden war. Unabhängige Gerichte hatten den Strafbefehl zuvor bestätigt. Auch hier hatte der öffentliche Auftraggeber zunächst die Zuverlässigkeit im Rahmen seiner Prognoseentscheidung bejaht, diese Entscheidung aber nach Kenntnis der dem Geschäftsführer vorgeworfenen Verfehlungen revidiert und die Zuverlässigkeit abgesprochen. Das Gericht bestätigte insoweit, dass es für die Eignungsprüfung auf den Zeitpunkt der letzten mündlichen Verhandlung ankomme und mithin auf dieser Tatsachengrundlage zu beurteilen sei, ob der betreffende Bieter als zuverlässig erachtet werden könne und sich aufgrund etablierter Selbstreinigungsmaßnahmen von dem Vorwurf der Unzuverlässigkeit habe befreien können.

---

v. 22.03.2006 – 23 I 118/04; vgl. hierzu auch: *Orthmann* in: Stober/Orthmann, Compliance, § 16 Rn. 1667.

185 OLG Brandenburg, a.a.O; OLG Düsseldorf, NZBau 2003, 578, (580); vgl. auch *Dreher/Hoffmann*, NZBau 2012, 265 (268); *VK Niedersachsen*, Beschl. v. 24.3.2011 – VgK-04/2011.

186 Vgl. *Dreher/Hoffmann*, NZBau 2014, 67 (72); OLG Düsseldorf, Beschl. v. 28.7.2005 – Verg 42/05; *Dreher/Hoffmann*, NZBau 2012, 265 (268).

187 Vgl. OLG München, Beschl. v. 22.11.2012, Verg 22/12.

Es sei diesbezüglich zu begutachten gewesen, ob der Bieter Vorsorge dafür getroffen habe, dass erneute Verfehlungen verhindert werden könnten. Dazu zählten neben einer Sachverhaltsaufklärung, ohne die eine künftige Vermeidung von Verfehlungen nicht möglich sei, auch personelle und organisatorische Maßnahmen, die verhindern, dass diejenigen, die an den Vorgängen beteiligt gewesen seien, erneut kriminelle Handlungen vornähmen. In diesem Zusammenhang seien auch Maßnahmen gegen leitende Angestellte erforderlich.

Die Selbstreinigungsmaßnahmen seien auf den konkreten Auftrag hin zu bewerten. Da sich die dem Geschäftsführer L. zur Last gelegten Verstöße erheblich auf die Kalkulation eines Angebotes auswirken konnten, bei Angebotskalkulation die Selbstreinigungsmaßnahmen noch nicht in die Wege geleitet gewesen seien und im Ausschreibungsverfahren eine Nachkalkulation von Preisen und eine damit verbundene Abänderung eines Angebotes nicht zulässig sei, könnten sich die nachträglich vorgenommenen Maßnahmen, welche den Geschäftsführer beträfen, auf den verfahrensgegenständlichen Auftrag nicht ausgewirkt haben.

b) Zwischenergebnis

Es wurde folglich gezeigt, dass die Grundsätze der Selbstreinigung in der Vergangenheit maßgeblich durch die Rechtsprechung geprägt wurden, wenngleich diese Grundsätze damals keine unmittelbare Kodifizierung erfuhren.

Insgesamt zeigt sich, dass auch das OLG München in der vorstehend genannten Entscheidung im Ergebnis die organisatorischen Maßnahmen in Anlehnung an die Rechtsprechung des OLG Brandenburg als unabdingbare Voraussetzung einer gelungenen Selbstreinigung erachtet, gleichzeitig aber nicht definiert, was (neben den personellen Maßnahmen) als organisatorische Maßnahme konkret zu treffen ist. Vielmehr stellt sich auch diese Entscheidung als eine – auf die Entscheidung des OLG Brandenburg Bezug nehmende – Einzelfallentscheidung dar, welche aber jedenfalls nochmals die Bedeutung personeller Maßnahmen unterstreicht und klar macht, dass das „Aussitzen" der im Raum stehenden Vorwürfe eines Unternehmens bereits in der Vergangenheit keine Option neben einer erfolgreichen Selbstreinigung darstellte.[188]

Die Entscheidungsgründe insbesondere des OLG Brandenburg und des OLG München zeigen allerdings auch auf, dass vor allem personen- und organisationsbezogene Maßnahmen zur Wiederherstellung der Zuverlässigkeit in der Zukunft generell geeignet waren und in Zusammenwirken mit der

188 Vgl. zu Anmerkungen des Urteils des OLG München auch *Hötzel*, VergabeR 2013, 498 (506) m.w.N..

Sachverhaltsaufklärung eine entsprechende Selbstreinigung ermöglichten. Dabei wird deutlich, dass es sich bei der Selbstreinigung und insbesondere bei den organisatorischen Maßnahmen um auf die Zukunft gerichtete Maßnahmen handelte, die von den betreffenden Bietern getroffen wurden „um durch Transparenz und Kontrolle künftige Verfehlungen zu verhindern“[189], und „diejenigen, die an den Vorgängen beteiligt waren, an der erneuten Vornahme der inkriminierten Handlungen zu hindern“[190].[191]

Dabei gilt es im Einklang mit der Rechtsprechung zu berücksichtigen, dass der Auftraggeber die Selbstreinigungsmaßnahmen stets auf den konkreten Auftrag hin zu bewerten und die konkrete Verfehlung, die dem Unternehmen vorgeworfen wurden, zu berücksichtigen hatte. Als Folge der Rechtsprechung wurde ein bloßes Bekenntnis zur Etablierung von Selbstreinigungsmaßnahmen nach der bis 2016 geltenden Rechtslage nicht als ausreichend erachtet. Das Unternehmen musste vielmehr aktiv tätig werden.[192]

4. Heutiger Begriff der Selbstreinigung

Die Selbstreinigung wird nach der Vergaberechtsnovelle 2016, wie auch in der Vergangenheit als reaktives Instrument zur Wiedererlangung der Zuverlässigkeit verstanden.[193] Aufgrund der mit einem Verfahrensausschluss einhergehenden erheblichen wirtschaftlichen Nachteile ergibt sich für die Unternehmen ein hohes Interesse an der Wiederzulassung für laufende oder künftige Ausschreibungen.[194] Dabei kommt auch dem Bedürfnis nach Rechtssicherheit eine entscheidende Bedeutung zu. Nunmehr haben im Zuge der Vergaberechtsnovelle 2016 sowohl die fakultativen und die zwingenden Ausschlussgründe als auch die Selbstreinigung eine eigene Kodifizierung im GWB erfahren, auf die in den

---

189 OLG Brandenburg, a.a.O.

190 OLG München, a.a.O. m.w.N.

191 Vgl. zur Zukunftsgerichtetheit auch *Dreher/Hoffmann*, NZBau 2014, 67 (71); *Dreher/Hoffmann*, NZBau 2012, 265 (267).

192 So im Ergebnis auch. VK Lüneburg, Beschl. v. 24. 3. 2011 – VgK-4/2011, NZBau 2011, 574, in der eine pauschale Eigenerklärung zu Selbstreinigungsmaßnahmen mit dem Inhalt „Darüber hinaus haben wir in unserem Unternehmen Maßnahmen getroffen, um auch in Zukunft wettbewerbskonformes Verhalten sicherzustellen.“ für eine positive Zuverlässigkeitsprognose als nicht ausreichend erachtet wurde.

193 Vgl. *Mutschler-Siebert/Dorschfeld*, BB 2015, 642 (642).

194 Vgl. *Ulshöfer*, VergabeR 2016, 327 (332), der von der Wiedererlangung der Zuverlässigkeit spricht, was, wie noch gezeigt werden wird, der Abschaffung der Zuverlässigkeit im Rahmen der Eignungsprüfung nicht vollständig Rechnung trägt.

einzelnen Vergabeverordnungen[195] (und der EU VOB/A[196]) verwiesen wird. Dies stellt zumindest gesetzessystematisch einen wesentlichen Unterschied zur alten Rechtslage dar. Zu untersuchen sind im Folgenden auch die inhaltlichen Unterschiede zu ursprünglich von der Rechtsprechung entwickelten Grundsätzen der Systematik der Selbstreinigung.

a) *Auswirkungen des Wegfalls der Zuverlässigkeit auf den § 125 GWB n.F.*

Wie bereits vorstehend (s. B.I.1.) erläutert, ist – anders als noch nach dem § 97 Abs. 4 S. 1 GWB a.F. – die Zuverlässigkeit als Solche kein Eignungsmerkmal mehr und wird explizit weder von dem nunmehr geltenden § 122 GWB n.F. noch von § 97 GWB n.F. aufgegriffen. § 122 GWB n.F. legt insoweit die Eignungskriterien abschließend fest.[197] Der Ausschluss eines Bieters wegen eines Ausschlussgrundes nach §§ 123, 124 GWB ist mithin von der Eignungsprüfung als solcher und damit im Ergebnis auch von der Selbstreinigung entkoppelt.[198] Insbesondere wird dies durch den sich aus dem Wortlaut ergebenden zweischrittigen Aufbau des § 122 Abs. 1 S. 1 GWB n.F. deutlich, wonach öffentliche Aufträge an geeignete Unternehmen vergeben werden (1.), die nicht nach §§ 123, 124 GWB ausgeschlossen worden sind (2.).

Insoweit besteht bereits ein systematischer Unterschied zur alten Rechtslage vor Inkrafttreten der neuen Gesetzesregelungen im Jahr 2016 dahingehend, dass auch die Selbstreinigungsmaßnahmen nunmehr nicht mehr im Rahmen der Eignungsprüfung (Eignungskriterium der Zuverlässigkeit) im engeren Sinne berücksichtigt werden, sondern einer eigenständigen Prüfung nach Maßgabe des § 125 GWB i.V.m. §§ 123, 124 GWB unterliegen. Daher ist bereits aufgrund der Gesetzessystematik eine klare Entkopplung der Selbstreinigung (§ 125 GWB) von der Eignungsprüfung (§ 122 GWB) erkennbar.[199] Durch die systematische Trennung der Ausschlussgründe nach §§ 123, 124 GWB und der Selbstreinigung (§ 125 GWB) nebst zeitlicher Begrenzung von dauerhaften Sperren vom Verfahren in den §§ 125, 126 GWB ist mithin eine stringente Differenzierung zwischen

---

195 Vgl. etwa: § 42 Abs. 1 VgV, § 21 Abs. 1 VSVgV und 25 KonzVgV. Abweichend hier lediglich die SektVO.

196 § 6 EU Abs. 2 VOB/A; § 6f EU VOB/A.

197 Vgl. insb. Gesetzesbegründung zu § 122 GWB BT-Drs. 16/6281, S. 100.

198 Siehe zur Systematik vor der Vergaberechtsnovelle auch insoweit auch B.I.1. u. B. II. 3; *Roth*, NZBau 2016, 672 (672 f.).

199 Siehe zur Systematik vor der Vergaberechtsnovelle insg. B.I.1. u. B. II. 3.

Wegfall und Wiederherstellung der vergaberechtlichen Eignung gelungen.[200] Auch die Gesetzesbegründung flankiert diese Auslegung dergestalt, dass klargestellt wird, dass „*[unter] Selbstreinigung […] Maßnahmen zu verstehen [sind], die ein Unternehmen ergreift, um seine Integrität widerherzustellen und eine Begehung von Straftaten zu verhindern.*[201] Dabei verwundert es, dass es weiter heißt, dass „*Selbstreinigungsmaßnahmen […] eine Wiederherstellung der Zuverlässigkeit dauerhaft gewährleisten*" sollen.[202] Diese Terminologie ist indes lediglich auf die wörtliche Übernahme aus Art. 57 Abs. 6 RL 2014/24/EU zurückzuführen, in dem es heißt, dass „*trotz Vorliegens eines einschlägigen Ausschlussgrundes [die] Zuverlässigkeit [nachgewiesen werden kann].*" Da der nationale Gesetzgeber sich gegen das erneute Aufgreifen des Merkmals der Zuverlässigkeit entschieden hat, führt der Wortlaut der Richtlinie und die insoweit nicht mit dem Gesetzeswortlaut kongruente Terminologie in der Gesetzesbegründung zu keinem anderen Ergebnis. Durch den Wortlaut und die Systematik der §§ 122 bis 126 GWB wird deutlich, dass die Selbstreinigungsmaßnahmen terminologisch korrekt nicht mehr der Wiederherstellung der Zuverlässigkeit, sondern vielmehr der vergaberechtlichen Integrität bei Vorliegen von Ausschlussgründen nach §§ 123, 124 GWB dienen. Es bleibt dabei, dass der Begriff der Zuverlässigkeit ausweislich der Gesetzesterminologie wegfallen sollte.

Dieser systematische Unterschied bildet somit aus dogmatischer wie faktischer Sicht einen zentralen Gesichtspunkt der Neugestaltung der vergaberechtlichen Selbstreinigung als von der Eignungsprüfung im engeren Sinne abgekoppeltes Verfahren, welches vielmehr auf die Reaktion von Ausschlussgründe nach §§ 123, 124 GWB abzielt.

---

200 *Radu* in: Müller-Wrede, GWB Vergaberecht, § 125 Rn. 3; *Prieß/Simonis* in: Kulartz/Kus/Portz/Prieß, Kommentar zum GWB-Vergaberecht, § 125 Rn. 3, in dem allerdings – systematisch inkorrekt – davon die Rede ist, dass zwar die Selbstreinigung untrennbar mit den Ausschlussgründen verbunden ist, die im Rahmen der Selbstreinigung zu ergreifenden Maßnahmen indes auf die Wiedererlangung der vergaberechtlichen Zuverlässigkeit dienen soll; *Friton* in: Friton/Bayer, Gabriel/Mertens/Prieß/Stein BeckOK Vergaberecht GWB § 125 Rn. 5.

201 Vgl. Gesetzesbegründung zu § 125 GWB, BT-Drs. 18/6281 S. 107.

202 Vgl. Gesetzesbegründung zu § 125 GWB, BT-Drs. 18/6281 S. 107.

b) *Voraussetzung der Selbstreinigung nach dem VergRModG*[203]

Im Rahmen der Vergaberechtsmodernisierung 2016 in Gestalt der neuen Vergaberichtlinien sowie dem GWB n.F. wird nunmehr ein einheitlicher rechtlicher Rahmen für die Selbstreinigung geschaffen. Art. 57 Abs. 6 RL 2014/24/EU stellt dabei Anforderungen an eine effektive Selbstreinigung auf, welche nahezu 1:1 in die nationale Umsetzung in Deutschland in Gestalt des GWB Einzug gefunden haben.[204] § 125 GWB n.F. kodifiziert nun erstmals konkrete Anforderungen entsprechender Maßnahmen.[205] Erfüllt ein Bieter einen oder mehrere Ausschlussgründe der §§ 123, 124 GWB, kann er dem Ausschluss sowie einer Vergabesperre (§ 126 GWB) gemäß § 125 GWB n.F. durch Nachweis der dort kodifizierten Maßnahmen entgehen. Zugunsten des Unternehmens besteht ausweislich der Gesetzesbegründung insoweit ein Rechtsanspruch, nicht vom weiteren Vergabeverfahren ausgeschlossen zu werden, obgleich die Anforderungen an die Selbstreinigung bei obligatorischen Ausschlussgründen nach § 123 GWB n.F. strenger sein dürften als bei fakultativen nach § 124 GWB n.F.[206] Auch mit Blick auf das Feld der Compliance-Maßnahmen ist es angezeigt, die Anforderungen an die Regelungsdichte entsprechender, auf die Zukunft gerichteter, Präventivmaßnahmen im Detail zu untersuchen. Dies vor dem Hintergrund, dass der Compliance im Gegensatz zur insoweit reaktiven Selbstreinigung grundsätzlich eine Präventivfunktion in Bezug auf die Verhinderung von Schäden und Sanktionen für das betreffende Unternehmen zukommt.[207]

Ausweislich des Wortlauts des § 125 Abs. 1 GWB n.F. schließt der öffentliche Auftraggeber einen Wirtschaftsteilnehmer, bei dem ein Ausschlussgrund nach § 123 GWB oder § 124 GWB vorliegt, nicht vom weiteren Vergabeverfahren aus, wenn die dort genannten drei Voraussetzungen kumulativ vorliegen. Sofern die Voraussetzungen für eine erfolgreiche Selbstreinigung seitens des Unternehmens, welches insoweit die Darlegungs- und Beweislast hat, nachgewiesen wurden, besteht ein Rechtsanspruch auf Prüfung der Maßnahmen und

---

203 Gesetz zur Modernisierung des Vergaberechts (Vergaberechtsmodernisierungsgesetz – VergRModG) BGBl 2016 I Nr. 8, 203 ff. v. 23.02.2016.

204 Vgl. *Mutschler-Siebert/Dorschfeld*, BB 2015, 642 (645).

205 Vgl. Gesetzesbegründung zu § 124 Abs. 1 GWB, BT-Drs. 18/6281, S. 107.

206 Vgl. Gesetzesbegründung zu § 124 Abs. 1 GWB, BT-Drs. 18/6281, S. 110; *Ulshöfer*, VergabeR 2016, 327 (334).

207 Vgl. *Stober/Orthmann*, Compliance, § 1 Rn. 6; vgl. zur Zukunftsgerichtetheit der Selbstreinigung nach bisherigem Verständnis auch B. II. 3. c).

die weitere Teilnahme am Verfahren.[208] Die Maßnahmen stehen dabei nicht in einem Alternativ- sondern vielmehr in einem Kumulativverhältnis.[209] Auch der Wortlaut weist auf ein entsprechendes Verhältnis hin, vgl. § 125 Abs. 1 S. 1 Nr. 2 GWB a.E. *„und"*.

Im Grundsatz deuten sowohl Art. 57 Abs. 6 RL 2014/24/EU als auch § 125 GWB darauf hin, dass die Selbstreinigung jedem der unter §§ 123, 124 GWB genannten Ausschlussgründe entgegengehalten werden kann. Dabei ist allerdings der Vollständigkeit halber bereits an dieser Stelle festzustellen, dass der wortlautgetreue Anwendungsbereich des § 125 GWB erkennbar zu weit gefasst ist, weshalb im Ergebnis nicht alle fakultativen Ausschlussgründe einer Selbstreinigung zugänglich sind. So knüpft zunächst § 124 Abs. 1 Nr. 2 GWB an die Zahlungsunfähigkeit des Unternehmens und damit nicht unmittelbar an ein vorangegangenes Fehlverhalten des betreffenden Unternehmens an. Dasselbe gilt im Ergebnis für Ausschlussgründe, welche an eine Interessenkollision (§ 124 Abs. 1 Nr. 5 GWB) oder an die Projektantenstellung (§ 124 Abs. 1 Nr. 6 GWB) anknüpfen sowie für den Fall, dass das Unternehmen in Bezug auf Ausschlussgründe oder Eignungskriterien unzutreffende Angaben gemacht hat (§ 124 Abs. 1 Nr. 5 GWB). In all diesen genannten Fällen können gegebenenfalls getroffene Selbstreinigungsmaßnahmen die Integrität des öffentlichen Auftraggebers nicht ohne weiteres nachträglich wiederherstellen, sodass der Anwendungsbereich der Sache nach begrenzt ist.[210]

c) Maßgeblicher Zeitpunkt/Beweislast

Ein weiterer systematischer Unterschied in Bezug auf die Selbstreinigung im Vergleich zur ursprünglichen Rechtslage resultiert aus dem Umstand, dass die vergaberechtliche Selbstreinigung nunmehr nicht mehr Teil der Eignungsprüfung im engeren Sinne ist. Maßgeblich für die die Selbstreinigungsmaßnahmen etablierenden Bieterunternehmen ist daher, ob nunmehr eine Verpflichtung des öffentlichen Auftraggebers zur Berücksichtigung von Selbstreinigungsmaßnahmen

---

208 vgl. Gesetzesbegründung zu § 124 Abs. 1 GWB, BT-Drs. 18/6281, S. 107; vgl, auch: Erwägungsgrund 102 RL 2014/24/EU., der auf ein Prüfrecht des Unternehmens insbesondere hinsichtlich der getroffenen Compliance-Maßnahmen Bezug nimmt.

209 Vgl. VK Bund, Beschl. v. 12.07.2015 – VK 2-31/15.

210 Vgl. *Prieß/Simonis* in: Kulartz/Kus/Portz/Prieß, Kommentar zum GWB-Vergaberecht, § 125 Rn. 5; *Opitz* in: Burgi/Dreher, Beck'scher Vergaberechtskommentar, § 125 Rn. 7; *Roth*, NZBau 2016 672 (675).

bis zur Zuschlagserteilung oder aber nur bis zum Abschluss der Eignungsprüfung gemäß § 122 GWB besteht.

Kam es früher – wie vorstehend erläutert – in diesem Zusammenhang auf den Zeitpunkt der Prognoseentscheidung, also auf den Zeitpunkt der Eignungsprüfung an,[211] gibt § 125 GWB n.F. einen exakten Zeitpunkt für die Durchführung von Selbstreinigungsmaßnahmen nicht explizit vor. Sofern in der Gesetzesbegründung zu § 125 GWB davon die Rede ist, dass die Rechtsprechung und Literatur die neue Kodifizierung des § 125 GWB mit geprägt haben, so ist dennoch zu berücksichtigen, dass das überkommende Eignungsverständnis, wonach die Bieter durch die vergaberechtliche Selbstreinigung ihre Zuverlässigkeit hinsichtlich der konkret zu vergebenden Aufträge nachweisen konnten, aufgegeben wurde. Konsequenterweise hat der deutsche Gesetzgeber im Rahmen der Umsetzung des Art. 57 Abs. 6 RL 2014/24/EU die Formulierung der Richtlinie nicht aufgegriffen, wonach der Bieter trotz des Vorliegens einschlägiger Ausschlussgründe seine *„Zuverlässigkeit [nachweisen kann]“*.[212] Insoweit greift der Gesetzgeber lediglich in der Gesetzesbegründung zu § 125 GWB die Spruchpraxis bezüglich der Wiederherstellung der Zuverlässigkeit durch einschlägige Selbstreinigungsmaßnahmen auf.[213] Dies verdeutlicht allerdings nur den Willen des Gesetzgebers, die ursprünglich geltenden und von der einschlägigen Spruchpraxis etablierten Grundelemente einer vergaberechtlichen Selbstreinigung beizubehalten ohne die Zuverlässigkeitsprüfung im eigentlichen Sinne weiterhin bestehen zu lassen. Die mögliche Dauer von Vergabesperren bei nicht ausreichenden Selbstreinigungsmaßnahmen wirkt gemäß dem neu Kodifizierten § 126 GWB im Übrigen absolut, das heißt für sämtliche der Verurteilung oder Verfehlung nachfolgende Verfahren mit bis zu fünf Jahren.[214] Gerade dies unterstreicht auch am Maßstab des Vergaberechts nach der Vergaberechtsnovelle 2016 die enorme Relevanz der Selbstreinigung für die Bieterunternehmen aus wirtschaftlicher Sicht. Denn die wirksam etablierten Maßnahmen schützen demnach nicht nur vor dem Verfahrensausschluss in Bezug auf das konkrete Verfahren bei Vorliegen von Ausschlussgründen nach §§ 123, 124 GWB sondern auch vor länger wirkenden und die wirtschaftliche Stellung in signifikantem Maße tangierenden Vergabesperren nach § 126 GWB nach neuem Recht.

---

211 Vgl. insoweit auch obenstehende Ausführungen zur alten Rechtslage, B.II.3.c); *Wimmer*, Zuverlässigkeit im Vergaberecht, S. 206.

212 Vgl. *Roth*, NZBau 2016, 672 (675).

213 Vgl. Gesetzesbegründung zu § 125, BT-Drs. 18/6281, S. 107.

214 Vgl. *Roth*, NZBau 2016, 672 (676).

Es sind vor diesem Hintergrund auch nach neuem Recht alle Selbstreinigungsmaßnahmen zu berücksichtigen, die das Unternehmen bis zum Abschluss des anhängigen Vergabeverfahrens etabliert hat. Es genügt dabei auch die Einleitung derartiger Maßnahmen, sofern zu erwarten ist, dass sie bis zum Zeitpunkt der Auftragsausführung entsprechend umgesetzt und damit wirksam werden.[215] Auch erst während des Nachprüfungsverfahrens ergriffene Selbstreinigungsmaßnahmen sind zu berücksichtigen. Entscheidend ist, dass die Integrität des betreffenden Bieterunternehmens noch im laufenden Vergabeverfahren wiederhergestellt wird.[216] Dieses weite Verständnis der Selbstreinigung in zeitlicher Hinsicht wird auch durch den Umstand gestützt, dass durch die Selbstreinigung gemäß § 125 Abs. 1 S. 1 GWB ein Ausschluss in Fällen des Vorliegens eines Ausschlussgrundes nach §§ 123, 124 GWB verhindert werden kann. Eben dieser Ausschluss ist aber ausweislich des Wortlauts der §§ 123 Abs. 1 S. 1 und 124 Abs. 1 S. 1 GWB *„zu jedem Zeitpunkt des Vergabeverfahrens"* möglich. Spiegelbildlich muss daher auch die Selbstreinigung zur Abwendung des Ausschlusses zu jedem Zeitpunkt des Vergabeverfahrens, das eben erst mit Zuschlagserteilung endet, möglich sein. Die Einleitung der Maßnahmen bis zum Abschluss des anhängigen Vergabeverfahrens genügt, sofern zu erwarten ist, dass diese bis zum Zeitpunkt der Auftragsausführung wirksam werden.[217]

Dabei bleibt bereits an dieser Stelle festzustellen, dass sich hinsichtlich des Zeitpunkts der zu berücksichtigenden Selbstreinigungsmaßnahmen die neue Regelung in § 125 GWB im Ergebnis nicht signifikant von der ursprünglich vor

215 Vgl. *Radu* in: Müller-Wrede, GWB Vergaberecht, § 125 Rn. 26. f.; *Dreher/Hoffmann*, NZBau 2014, 67 (70); *Prieß/Simonis* in: Kulartz/Kus/Portz/Prieß, Kommentar zum GWB-Vergaberecht, § 125 Rn. 57 f..

216 Vgl. *Radu* in: Müller-Wrede, GWB Vergaberecht, § 125 Rn. 26, der aber wiederrum in inkonsequenter Weise von der Wiederherstellung der vergaberechtlichen Eignung spricht.

217 Vgl. *Radu* in: Müller-Wrede, GWB Vergaberecht, § 125 Rn. 26; zum Streitstand nach aktuellem Rechtsstand mit Blick auf den Zeitpunkt der Berücksichtigung von Selbstreinigungsmaßnahme auch *Gabriel/Ziekow*, VergabeR 2017, 199, wonach unter anderem auch darauf hingewiesen wird, dass es nach einer dort zitierten Meinung Sinn und Zweck des Vergabeverfahrens sei, schrittweise Bewerber auszusondern, die für eine Auftragsdurchführung nicht in Frage kämen, sodass es diesen Zweck konterkarieren würde, würden Bewerber, die rechtmäßig abgelehnt worden seien, wegen nachträglicher Tatsachen, wieder in den Bieterkreis aufgenommen werden. Nach der hier vertretenen Auffassung wird indes in diesem Zusammenhang der systematische Unterschied nach Rechtslage nach der Vergaberechtsnovelle 2016 und mithin die Entkoppelung der Selbstreinigung von der Eignungsprüfung im engeren Sinne verkannt.

der Vergaberechtsreform bestehenden Rechtslage auf Grundlage der von der Rechtsprechung etablierten Vorgaben unterscheidet.[218] Der letztmögliche ausschlaggebende Zeitpunkt für die Berücksichtigung von Selbstreinigungsmaßnahmen durch die Vergabestelle ist damit die letzte mündliche Verhandlung in einem Nachprüfungsverfahren.[219] Es ist stets der Sachverhalt maßgeblich, wie er sich im Zeitpunkt der Eignungsprüfung darstellt, wobei dieser Zeitpunkt je nach Verfahrensart (etwa offenes Verfahren oder Verhandlungsverfahren) variieren kann.[220]

Festgestellt werden kann daher im Ergebnis, dass nach dem gesetzgeberischen Willen ausweislich der Gesetzesbegründung dem Grunde nach die von Rechtsprechung und Literatur entwickelten Grundsätze einer effektiven Selbstreinigung herangezogen werden können. Obgleich sich die Systematik des § 125 GWB von der ursprünglichen Eignungsprüfung unterscheidet, ändert dies jedenfalls nichts an der Tatsache, dass die Unternehmen in zeitlicher Hinsicht nach alter wie nach neuer Gesetzeslage über einen großen Zeitkorridor zur Etablierung ihrer Selbstreinigungsmaßnahmen verfügen. Den Unternehmen verbleiben somit eine gewisse zeitliche Flexibilität, was letztlich auch dem Sinn und Zweck der Selbstreinigung Rechnung trägt.

Grundsätzlich obliegt es dem Unternehmen, die seinerseits ergriffenen Selbstreinigungsmaßnahmen gegenüber der prüfenden Stelle (Auftraggeber) nachzuweisen. Folglich hat nicht der öffentliche Auftraggeber von Amts wegen zu ermitteln, ob die Selbstreinigungsmaßnahmen erfolgreich sind und der Verfahrensausschluss trotz Vorliegens der Ausschlussgründe nach §§ 123, 124 GWB ungerechtfertigt ist. Die Geeignetheit der Maßnahmen für eine erfolgreiche Selbstreinigung ist seitens des Unternehmens vielmehr durch Berichte

---

218 Vgl. zum Zeitpunkt, bis zu dem Selbstreinigungsmaßnahmen durchgeführt und berücksichtigt werden konnten oben B.II.3.c).

219 Vgl. zur alten Rechtslage OLG München, Beschl. v. 22.11.2012, Verg 22/12.

220 Vgl. *Prieß/Simonis* in: Kulartz/Kus/Portz/Prieß, Kommentar zum GWB-Vergaberecht, § 125 Rn. 57; *Radu* in: Müller-Wrede, GWB Vergaberecht, § 125 Rn. 26; vgl. insb. auch VK Bund, Beschl. v. 12.06.2015 – VK 1-31/15, in der deutlich gemacht wurde, dass jedenfalls im Verhandlungsverfahren mit Teilnahmewettbewerb nach Ablauf der Teilnahmefrist eingetretene Sachverhaltsfortentwicklung, nämlich die Abberufung der beiden Geschäftsführer mit Wirkung zum 20. April 2015, im Rahmen der Eignungsprüfung nicht mehr für ihre Entscheidungsfindung herangezogen werden müsse. Schon allein aus verfahrenstechnischen Gesichtspunkten sei für den Ablauf des Vergabeverfahrens ein Nachschieben neuer Eignungsaspekte durch einen Bewerber nicht möglich, da der Auftraggeber nach Ablauf der Teilnahmefrist die Eignung verbindlich prüfen müssen. Freilich gilt dies nicht für das offene Verfahren

oder anderweitige Präsentation gegenüber der Vergabestelle nachzuweisen.[221] Der Beleg muss geeignet sein, das Vorbringen als überwiegend wahrscheinlich erscheinen zu lassen. Eines Beweises im prozessualen Sinne bedarf es hierzu nicht. Es genügt die prozessrechtliche Glaubhaftmachung, die es dem öffentlichen Auftraggeber erlaubt, eine auf ausreichender Tatsachengrundlage beruhende Prüfung der Maßnahmen gemäß § 125 Abs. 2 GWB vorzunehmen.[222]

d) Die Selbstreinigungsmaßnahmen im Einzelnen

In Anknüpfung an die vorgestellten Ausführungen zur Systematik der Selbstreinigung werden im Folgenden die kumulativen Voraussetzungen des § 125 Abs. 1 Nr. 1–3 GWB n.F. analysiert werden. Der Schwerpunkt der Begutachtung wird dabei auf die Berücksichtigung von organisatorischen Selbstreinigungsmaßnahmen – konkret von Compliance-Programmen – bei der Bestimmung der erforderlichen Selbstreinigungsmaßnahmen gelegt werden wenngleich der Vollständigkeit halber auch auf die übrigen Selbstreinigungstatbestände einzugehen ist. Dabei soll die Verknüpfung von alter und neuer Rechtslage in Zusammenhang mit der vergaberechtlichen Selbstreinigung berücksichtigt und an den einander abweichenden Stellen dargestellt werden.

Auf diese Weise wird neben der Klärung der Anforderungen an eine vergaberechtliche Compliance-Struktur auch der in der Rechtsprechung und Literatur bisher nicht detailliert behandelte Einfluss gesellschaftsrechtlich etablierter Grundelemente der Compliance erörtert werden. Die Erörterung der einzelnen Maßnahmen dient der Analyse möglicher Rechtsunsicherheiten infolge tatbestandlicher Unklarheiten im Rahmen des § 125 Abs. 1 Nr. 1–3 GWB.

aa) Rechtsanspruch auf Prüfung

Auch zukünftig besteht eine Verpflichtung des öffentlichen Auftraggebers, bei der Prognose über die Integrität eines Unternehmens, Selbstreinigungsmaßnahmen zwingend zu berücksichtigen. Wie sich bereits aus dem Erwägungsgrund 102 der RL 2014/24/EU sowie der Gesetzesbegründung zu § 125 GWB[223] ergibt, sollen die Unternehmen auf Antrag die in Bezug auf das Vergabeverfahren

---

221 Vgl. *Radu* in: Müller-Wrede, GWB Vergaberecht, § 125 Rn. 50; Gesetzesbegründung zu § 125 GWB, BT-Drs. 18/6281, S. 108; zur bisherigen Rechtslage auch *Dreher/Hoffmann*, NZBau 2014, 150 (154).

222 Vgl. *Radu* in: Müller-Wrede, GWB Vergaberecht, § 125 Rn. 51; vgl. zur Glaubhaftmachung auch BGH, Beschl. v. 11.09.2003 – IX ZB 37/03.

223 Vgl. Gesetzesbegründung zu § 125 Abs. 1 GWB, BT-Drs. 18/6281, S. 107, 108.

etablierten Compliance-Systeme durch die Auftraggeber überprüfen lassen können. Das Unternehmen trägt indes die Beweislast für eine erfolgreiche Selbstreinigung. Ein vom konkreten Vergabeverfahren losgelöstes, selbstständiges Prüfungsrecht gibt es nicht.[224] Dabei ist aus Rechtsschutzgesichtspunkten für die Unternehmen von zentraler Bedeutung, welche Überprüfungsmöglichkeiten den Unternehmen zustehen, sollten die getroffenen Selbstreinigungsmaßnahmen als nicht zureichend im Sinne des § 125 Abs. 2 GWB erachtet werden. Diese Problematik ist indes erst im Nachgang der Analyse der einzelnen Selbstreinigungsmaßnahmen unter III. (Abschnitt 3) dieser Arbeit zu beantworten.

bb) Schadenswiedergutmachung

§ 125 Abs. 1 S. 1 Nr. 1 GWB fordert zunächst einen Ausgleich oder eine Verpflichtung zum Ausgleich des durch die Straftat oder ein Fehlverhalten verursachten Schadens. Dieses Erfordernis war in der Vergangenheit teils umstritten. Vor der Vergaberechtsnovelle wurde in Rechtsprechung und Literatur zum Teil vertreten, dass ein Schadensausgleich keinen erforderlichen Bestandteil einer Selbstreinigung darstelle.[225] Teilweise wurde hingegen ein Schadensausgleich als Bestandteil der Selbstreinigung gefordert.[226] Der eindeutige Wortlaut des § 125 Abs. 1 S. 1 Nr. 1 GWB n.F. in Umsetzung des gleichlautenden Art. 57 Abs. 6 UAbs. 2 RL 2014/24/EU hat diesen Streit nunmehr zugunsten der letztgenannten Ansicht entschieden.

Nach § 125 Abs. 1 S. 1 Nr. 1 GWB hat das betreffende Unternehmen nachzuweisen, dass es für jeden durch das Fehlverhalten verursachten Schaden einen Ausgleich gezahlt oder sich zur Zahlung eines Ausgleichs verpflichtet hat. Der teils geübten rechtspolitischen Kritik an dieser Verpflichtung[227] kann insoweit entgegengehalten werden, dass ein Unternehmen, das nach einem schadensträchtigen Fehlerverhalten weiterhin bei der Vergabe öffentlicher Aufträge berücksichtigt werden möchte, zulässigerweise zum Ausgleich des von ihm

224 Vgl. Gesetzesbegründung zu § 125 Abs. 1 GWB, BT-Drs. 18/6281, S. 108.

225 Vgl. OLG München, Beschl. v. 22. 11.2012 – Verg 22/12; KG Berlin, Urteil vom 17.01.2011, 2 U 4/06 Kart; *Dreher/Hofmann*, NZBau 2012, 265 (269) m.w.N..

226 Vgl. LG Berlin, Urt. v. 22.03.2006, 23 O 118/04; VK Lüneburg, 24.03.2011 – VgK-4/2011; vgl. zur alten Rechtslage auch oben B.II.3.b).

227 Vgl.*Radu* in: Müller-Wrede, GWB Vergaberecht, § 125 Rn. 28 m.w.N; *Dreher/Hoffmann*, NZBau 2012, 265 (270).

verursachten Schaden verpflichtet werden kann, da nur so die Verantwortung für sein Handeln übernommen werden kann.[228]

Entsprechende Rechtssicherheit für die Unternehmen resultiert dabei zunächst aus dem Umstand, dass ausweislich der Gesetzesbegründung zu § 125 GWB die Unternehmen lediglich zum Ausgleich einer rechtskräftig festgestellten Schadensforderung verpflichtet sind. Unabhängig vom Vorliegen einer rechtskräftigen Entscheidung müssen sie dennoch nachweisen, dass sie den durch die Straftat oder das Fehlverhalten verursachten Schaden ersetzen bzw. die Schadensersatzpflicht anerkennen. Der Gesetzgeber trägt insoweit dem offensichtlichen Umstand Rechnung, dass von einem Unternehmen nicht verlangt werden kann, dass es Schadensersatzforderungen anerkennt oder ausgleicht, die gegebenenfalls nicht substantiiert dargelegt oder unbegründet sind, nur um den etablierten Selbstreinigungsmaßnahmen zum Erfolg zu verhelfen.[229] Es wäre aus Gründen der Rechtssicherheit sowie dem Sinn und Zweck der Selbstreinigungsmaßnahmen äußerst fragwürdig, diese als Druckmittel zur Zahlung von dem Grunde oder der Höhe nach streitigen Schadensersatzforderungen heranzuziehen. Es bestände mithin die Gefahr, dass ein Unternehmen eine strittige Forderung anerkennt oder befriedigt, nur um sich auf diese Weise die Wiederzulassung zum Vergabeverfahren kraft erfolgreicher Selbstreinigung zu „erkaufen".[230] Aus praktischer Sicht bietet sich daher an, auf die hinreichenden Erfolgsaussichten des Verteidigungsvorbringens des betreffenden Unternehmens abzustellen. Soweit die seitens des Unternehmens erhobenen Einwendungen gegen die streitgegenständliche Schadensersatzforderung hinreichende Aussicht auf Erfolg versprechen, kann dem betreffenden Unternehmen ein Nichtausgleich der Forderung nicht zum Vorwurf gemacht werden und eine Selbstreinigung in der Konsequenz auch nicht mit dieser Begründung verneint werden. § 125 Abs. 1 S. 1 Nr. 1 GWB stellt somit im Ergebnis eine Abweichung von der bisherigen Entscheidungspraxis dar. Mithin ist im Einzelfall bei Nichtanerkennen einer Schadensersatzforderung durch ein Bieterunternehmen die betreffende Schadensersatzforderung und deren Bestehen seitens des öffentlichen Auftraggebers summarisch zu prüfen, um das Verhalten des betreffenden Unternehmens in Bezug auf die Selbstreinigung sachgerecht bewerten zu können. Es besteht eine

---

228 Vgl. *Prieß/Simonis* in: Kulartz/Kus/Portz/Prieß, Kommentar zum GWB-Vergaberecht, § 125 Rn. 24, *Radu*, a.a.O. Rn. 28; *Prieß/Pünder/Stein*, in: Pünder/Prieß/Arrowsmith, Self-Cleaning in Public Procurement Law, 51 (77).

229 Vgl. Gesetzesbegründung zu § 125 GWB, BT-Drs. 18/6281, S. 108;

230 Vgl. *Ulshöfer*, VergabeR 2016, 327 (336); KG Berlin, Urt. v. 17.01.2011 – 2 U 4/06; *Opitz* in: Dreher/Burgi Beck´scher Vergaberechtskommentar, § 125 Rn. 17 m.w.N..

Mitwirkungspflicht des Bieterunternehmens zur Aufklärung – insbesondere zur Schadenshöhe.[231]

cc) Aktive und umfassende Aufklärung

Darüber hinaus ist gemäß § 125 Abs. 1 Nr. 2 GWB erforderlich, dass das betreffende Bieterunternehmen die Tatsachen und Umstände, die mit der Straftat oder dem Fehlverhalten und dem dadurch verursachten Schaden in Zusammenhang stehen, durch eine aktive Zusammenarbeit mit den Ermittlungsbehörden und dem öffentlichen Auftraggeber umfassend geklärt hat. Wie vorstehend erörtert[232], war bereits in der einschlägigen Rechtsprechung zur alten Rechtslage im Rahmen einer erfolgreichen Selbstreinigung neben der Schadenswiedergutmachung darauf abzustellen, ob das Unternehmen sich ernsthaft und nachdrücklich – etwa unter Zuhilfenahme externer Prüfstellen – darum bemüht hat, die Umstände, die das Vorliegen eines Ausschlussgrundes begründen, aufzuklären.[233]

§ 125 Abs. 1 Nr. 2 GWB n.F. greift in Umsetzung des Art. 57 Abs. 6 UAbs. 2 RL 2014/24/EU diesen Aspekt nunmehr ausdrücklich auf und verlangt, dass das betreffende Unternehmen die Tatsachen und Umstände, die mit der Straftat oder dem Fehlverhalten und dem dadurch verursachten Schaden in Zusammenhang stehen, durch eine aktive Zusammenarbeit sowohl mit den Ermittlungsbehörden als auch dem öffentlichen Auftraggeber umfassend aufgeklärt hat. Ausweislich der Gesetzesbegründung ist ohne umfassende Sachverhaltsaufklärung durch das betreffende Unternehmen gegenüber dem Auftraggeber und den Ermittlungsbehörden eine Verhinderung künftiger Straftaten bzw. künftigen Fehlverhaltens nicht möglich. Mit Blick auf den Umfang der Aufklärungsarbeit ist es danach erforderlich, dass sich das Unternehmen aktiv, ernsthaft und erkennbar um eine umfassende Sachverhaltsaufklärung bemüht, wobei im Kern die zu einem Ausschlussgrund oder einem strafrechtlich relevanten Verhalten führenden Tatsachen und Umstände aufzuklären sind. Einer Eiräumung sämtlicher Vorwürfe durch das Unternehmen bedarf es – korrespondierend zu der Regelung des § 125 Abs. 1 Nr. 1 GWB dabei nicht.[234]

---

231 Vgl. Gesetzesbegründung zu § 125 GWB, BT-Drs. 18/6281, S. 109.

232 B.II.3. c)

233 Vgl. Gesetzesbegründung zu § 125 Abs. 1 GWB, BT-Drs. 18/6281, S. 109; OLG München, Beschl. v. 22. 11.2012 – Verg 22/12; OLG Düsseldorf, Beschl. v. 09.04.2003 – Verg 66/02.

234 Vgl. Gesetzesbegründung zu § 125 Abs. 1 GWB, BT-Drs. 18/6281, S. 109.

Bemerkenswert in diesem Zusammenhang ist, dass die deutsche Umsetzung des Art. 57 Abs. 6 UAbs. 2 RL 2014/24/EU in Gestalt des § 125 Abs. 1 Nr. 2 GWB insoweit über den Wortlaut der Richtlinie hinaus geht, als dass die Richtlinie lediglich eine „aktive Zusammenarbeit mit den Ermittlungsbehörden" und nicht explizit eine Solche mit dem öffentlichen Auftraggeber verlangt. Die Gesetzesbegründung zu § 125 Abs. 1 Nr. 2 GWB bemüht sich unter Rückgriff auf die vergangene Entscheidungspraxis[235] erkennbar darum, unter Zugrundelegung andere Sprachfassungen der Richtlinie auch den öffentlichen Auftraggeber selbst unter den Begriff der „Ermittlungsbehörde" zu subsumieren.[236]

Aus der Perspektive der Rechtssicherheit jedenfalls scheint insoweit aufgrund des eindeutigen Wortlauts des § 125 Abs. 1 Nr. 2 GWB klar, dass den Bieterunternehmen auch die Pflicht zur Aufklärungsmitwirkung gegenüber dem öffentlichen Auftraggeber obliegen dürfte. Die Frage, ob der nationale Gesetzgeber befugt ist, strengere Anforderungen an die Selbstreinigung zu stellen, als die Richtlinie vorsieht, hat die Vergabekammer Südbayern jüngst dem EuGH zur Entscheidung vorgelegt.[237] Die Vergabekammer argumentierte insoweit, dass öffentliche Auftraggeber keine Ermittlungsbehörden seien, da ihnen – anders als das Bundeskartellamt oder Staatsanwaltschaft – von ihrer Funktion her nicht die Aufgabe zukomme, allgemein wegen etwaiger Verfehlungen Ermittlungen vorzunehmen. Vertretbar erscheine allenfalls eine Verpflichtung des betreffenden Bieterunternehmens gegenüber dem öffentlichen Auftraggeber zur Sachverhaltsaufklärung insoweit, dass dieser beurteilen könne, ob die ergriffenen Selbstreinigungsmaßnahmen (technische, organisatorische und personelle Maßnahmen sowie die Schadenskompensation) geeignet und ausreichend seien. Dies scheint insoweit überzeugend, als dass der öffentliche Auftraggeber soweit umfassende Sachverhaltskenntnis erlangen muss, dass ihm eine Beurteilung darüber möglich ist, ob die Selbstreinigungsmaßnahmen zur Wiederherstellung der Integrität geeignet und ausreichend sind.[238]

Der EuGH hat über die Vorlagefrage der VK Südbayern unter anderem dahingehend, ob das deutsche Vergaberecht dem EU-Recht widerspricht, indem es über die Richtlinie hinausgeht, inzwischen mit Urteil vom 24.10.2018 entschieden. Der EuGH entschied, dass ein Bieterunternehmen die Tatsachen und

---

235 Vgl. stellverstretend OLG Düsseldorf, Beschl. v. 09.04.2003, Verg66/02; Beschl. v. 28.07.2004, Verg 42/05; LG Berlin, Urt. v. 22.03.2006 – 23 O 118/04.

236 Vgl. Gesetzesbegründung zu § 125 Abs. 1 GWB, BT-Drs. 18/6281, S. 109; vgl. zur Problematik auch *Ulshöfer*, VergabeR 2016, 327 (337 f.).

237 VK Südbayern, Beschl. v. 07.3.2017, Z3-3-3194-1-45-11/16.

238 Vgl. *Ulshöfer*, VergabeR 2016, 327 (337).

Umstände, die mit der Straftat oder dem begangenen Fehlverhalten in Zusammenhang stehen, durch eine aktive Zusammenarbeit nicht nur mit der Ermittlungsbehörde, sondern auch mit dem öffentlichen Auftraggeber umfassend klären müsse, um Letzterem den Nachweis der Wiederherstellung seiner Zuverlässigkeit [gemeint ist wohl streng genommen seiner Integrität] zu erbringen. Die Pflicht zur Zusammenarbeit sei allerdings auf die Maßnahmen beschränkt, die für die betreffende Prüfung unbedingt erforderlich seien.[239] Welche Art von Zusammenarbeit bzw. welcher Umfang der Auskunftserteilung danach „unbedingt erforderlich" ist, ließ der EuGH offen, sodass in diesem Bereich wohl weiterhin gestritten werden wird.

Es muss daher im Ergebnis der Sinn und Zweck der Bewertung der Selbstreinigungsmaßnahmen durch den öffentlichen Auftraggeber im Auge behalten werden, wonach letztlich die Integrität der für den Zuschlag vorgesehenen Unternehmen sichergestellt sein muss. Die entscheidungserheblichen Tatsachen müssen dem öffentlichen Auftraggeber insoweit vorliegen, um eine abschließende Entscheidung zu ermöglichen.

dd) Zwischenergebnis

Zusammenfassend kann bereits an dieser Stelle festgehalten werden, dass die unter §§ 125 Abs. 1 und 2 GWB kodifizierten Tatbestände klare Voraussetzungen festlegen, die von den Bieterunternehmen zu erfüllen sind. Insoweit beinhaltet die Norm keine unbestimmten Rechtsbegriffe, die einer für die Bieterunternehmen schwer zu leistenden Auslegung bedürfen. Einige der anhand der früheren Entscheidungspraxis streitigen Tatbestände wie etwa in Bezug auf die Schadenswiedergutmachung, haben insoweit eine eindeutige gesetzliche Regelung erfahren, die eine Auslegung für die Rechtsanwender und insbesondere auch die Bieterunternehmen erleichtern.

ee) Konkrete technische, organisatorische und personelle Maßnahmen

§ 125 Abs. 1 Nr. 3 GWB n.F. sieht in Umsetzung des Art. 57 Abs. 6 RL 2014/24/EU als dritte Voraussetzung einer erfolgreichen Selbstreinigung vor, dass das betroffene Unternehmen konkrete „technische, organisatorische und personelle Maßnahmen" zur Vermeidung weiterer Straftaten oder weiteren Fehlverhaltens ergriffen hat. Die Maßnahmen müssen konkret geeignet sein, einer erneuten Begehung von Straftaten entgegenzuwirken und eine ausreichende Garantie für

239 EuGH, Urt. v. 24.10.2018 – C – 124/17.

zukünftig rechtmäßiges Verhalten zu liefern, was der öffentliche Auftraggeber im Rahmen der ihm zuteilwerdenden Prognoseentscheidung zu bewerten hat.[240]

Die genannten technischen, organisatorischen und personellen Maßnahmen umfassen ein breites Spektrum an infrage kommenden Handlungsmöglichkeiten. Die Erforderlichkeit entsprechender Maßnahmen hängt dabei entscheidend vom Einzelfall ab. Es handelt sich hierbei ausweislich der Gesetzesbegründung des § 125 GWB n.F. um *„Compliance-Maßnahmen im weitesten Sinne"*.[241] Erwägungsgrund 102 der RL 2014/24/EU zählt beispielhaft und nicht abschließend die infrage kommenden Compliance-Maßnahmen auf. Danach kann es sich insbesondere um *„Personal- und Organisationsmaßnahmen handeln, wie den Abbruch aller Verbindungen zu dem an dem Fehlverhalten beteiligten Personen oder Organisationen, geeignete Personalorganisationsmaßnahmen, die Einführung von Berichts- und Kontrollsystemen, die Schaffung einer internen Audit-Struktur zur Überwachung der Compliance oder die Schaffung interner Haftungs- und Entschädigungsregelungen."*[242].[243] Diese Aufzählung bedarf aufgrund der Vielzahl der in Betracht kommenden Maßnahmen sowie mit Blick auf die bereits im Bereich des Gesellschaftsrechts etablierten Compliance-Management-Systeme im Folgenden einer näheren Konkretisierung, gegebenenfalls auch unter Beachtung des Einflusses kartellrechtlicher Compliance.[244] Aus der Gesetzesbegründung des § 125 Abs. 1 Nr. 3 GWB ergibt sich jedenfalls, dass die in den Erwägungsgründen genannten Maßnahmen beispielhaft und nicht abschließend sind. Unter anderem werden als Voraussetzung Personalmaßnahmen sowie Organisationsmaßnahmen genannt, insbesondere die Einführung eines Compliance-Management-Systems abhängig von Größe und Struktur des Unternehmens sowie der Art des Verstoßes.[245]

(1) Technische und organisatorische Maßnahmen

Die technischen und organisatorischen Maßnahmen müssen zunächst separat betrachtet werden. Unter den im Gesetzeswortlaut des § 125 GWB genannten technischen und organisatorischen Maßnahmen sind strukturelle und organisatorische Maßnahmen zu verstehen, die weitere Straftaten oder Fehlverhalten

---

240 Vgl. *Ley* in: Reidt/Stickler/Glahs, § 125 Rn. 57 m.w.N.
241 Vgl. Gesetzesbegründung zu § 125 Abs. 1 GWB, BT-Drs. 18/6281, S. 109.
242 Erwägungsgrund 102 RL 2014/24/EU; vgl. auch: *Maibaum*, CB 2015, 104 (106).
243 Vgl. Gesetzesbegründung zu § 125 Abs. 1 GWB, BT-Drs. 18/6281, S. 109f.
244 Vgl. *Mutschler-Siebert/Dorschfeld*, BB 2015, 642 (642).
245 Vgl. Gesetzesbegründung zu § 125 Abs. 1 GWB, BT-Drs. 18/6281, S. 110.

wirksam verhindern und der rechtstreuen und vergaberechtskonformen Verhaltensweise innerhalb eines Unternehmens dienen.[246] Es handelt sich somit um präventive Maßnahmen, mit denen zukünftige Straftaten oder zukünftiges Fehlverhalten vermieden werden soll.[247] Konkret ist in diesem Zusammenhang an die Einrichtung sogenannte Compliance-Management-Systeme (bzw. Anpassung bestehender Systeme) zu denken, wobei Faktoren wie Größe, Struktur und Unternehmensbranche sowie die Art des (strafbaren) Fehlverhaltens entscheidende Bedeutung zukommen sollen.[248] Eine trennscharfe Abgrenzung der in Betracht kommenden Maßnahmen technischer und organisatorischer Natur ist dabei nicht möglich, da die Maßnahmenkategorien im Ergebnis ineinandergreifen. Aus diesem Grund ist hier kein offensichtlicher Widerspruch zwischen den Kategorien erkennbar. Denn IT-basierte Kontrollmaßnahmen oder Datenzugriffsbeschränkungen für bestimmte Personalgruppen können in diesem Kontext einerseits als organisatorische oder andererseits als technische Maßnahmen anzusehen sein.[249]

Den Unternehmen steht ein Beurteilungsspielraum hinsichtlich der Auswahl der einzelnen Maßnahmen zu. Diesbezüglich wird teilweise vertreten, dass es den Unternehmen anzuraten ist, sich bei den Selbstreinigungsmaßnahmen und mithin auch den Compliance-Maßnahmen nicht an den am Markt üblichen, durchschnittlichen Maßnahmen zu orientieren, sondern darüber hinauszugehen.[250]

Unter dem Aspekt der Rechtssicherheit betrachtet, ist für die betreffenden Bieterunternehmen somit von entscheidender Bedeutung, ob angesichts der Gesetzessystematik und der einschlägigen Entscheidungspraxis die „technischen und organisatorischen Maßnahmen" mit Inhalt gefüllt werden können, um den Erfolg einer Selbstreinigungsmaßnahme nach § 125 Abs. 1 Nr. 3 GWB möglichst planbar und rechtssicher voranzutreiben.

---

246 Vgl. *Gabriel/Ziekow*, VergabeR 2017, 119 (126); *Dreher/Hoffmann*, NZBau, 2014, 150; *Mutschler-Siebert/Dorschfeld*, BB 2015, 642 (647); *Hölzl/Ritzenhoff*, NZBau 2012, 28 (30).

247 Vgl. Gesetzesbegründung zu § 125 Abs. 1 GWB, BT-Drs. 18/6281, S. 109; *Radu* in: Müller-Wrede, GWB Vergaberecht, § 125 Rn. 40.

248 Vgl. Gesetzesbegründung zu § 125 Abs. 1 GWB, BT-Drs. 18/6281, S. 110.f.

249 Vgl. *Ley* in: Reidt/Stickler/Glahs, § 125 Rn. 90; *Prieß/Smonis* in Kulartz/Kus/Portz/Prieß, Kommentar zum GWB, § 125 Rn. 41.

250 Vgl. hierzu *Prieß/Smonis* in Kulartz/Kus/Portz/Prieß, Kommentar zum GWB-Vergaberecht, § 125 Rn. 38; 40 m.w.N..

Schwerpunktmäßig wird mit Blick auf die technisch-organisatorische Komponente daher der Weg von der Risikoanalyse über die interne Kommunikation bis hin zur Überwachungsmöglichkeit etablierter Systeme beleuchtet werden (s.u. ff). Da insbesondere bei der Etablierung eines Compliance-Management-Systems vielfache Gestaltungsmöglichkeiten unter Zugrundelegung der im Gesellschaftsrecht etablierten Mechanismen denkbar sind, wird gerade in diesem Punkt (neben den möglicherweise daneben denkbaren technischen und organisatorischen Maßnahmen) ein Schwerpunkt der nachstehenden Prüfung liegen. Auf diese Weise soll herausgearbeitet werden, welche etablierten Compliance-Maßnahmen aus dem Gesellschaftsrecht im vergaberechtlichen Kontext in Betracht kommen und ob sich aus der Vorschrift des § 125 Abs. 1 Nr. 3 GWB Rechtsunsicherheiten für die Unternehmen ergeben, die es aufzulösen gilt.

(2) Personelle Maßnahmen

Neben den technischen und organisatorischen Maßnahmen nennt die Vorschrift des § 125 Abs. 1 Nr. 3 GWB auch so genannte „personelle Maßnahmen". Ziel aller personellen Selbstreinigungsmaßnahmen ist es, dass ein persönliches Fehlverhalten von in dem betreffenden Bieterunternehmen tätigen Personen, welches letztlich zum Ausschluss vom konkreten Vergabeverfahren geführt hat, für die Zukunft vermieden wird.[251] Nach der vor der Vergaberechtsnovelle vertretenen Auffassung in der Rechtsprechung und Literatur, galt die personelle Trennung als unabdingbare Voraussetzung einer erfolgversprechenden Selbstreinigung. Seitens des betreffenden Bieterunternehmens waren diejenigen Arbeitnehmer, leitenden Angestellten und Geschäftsführer zu entlassen oder jeglicher Einflussnahmemöglichkeit zu entheben, die durch ihr Fehlverhalten für den Ausschluss vom Verfahren verantwortlich waren.[252]

Dies gilt auch nach der aktuell geltenden Rechtslage nach Inkrafttreten der Vergaberechtsnovelle 2016. Dabei ist mit Blick auf die zu treffenden Maßnahmen immer der jeweilige Einzelfall zu betrachten.[253] Der Erwägungsgrund 102 der RL 2014/24/EU nennt dabei insbesondere den „*Abbruch aller Verbindungen zu an dem Fehlverhalten beteiligten Personen oder Organisationen [sowie] geeignete Personalorganisationsmaßnahmen.*". Dabei müssen die ergriffenen Maßnahmen

---

251 Vgl. *Radu* in: Müller-Wrede, GWB Vergaberecht, § 125 Rn. 46.

252 Vgl. OLG Düsseldorf, Beschl. v. 28.07.2005, Verg. 42/05; *Dreher/Hoffmann*, NZBau 2014, 67, 72; *Dreher/Hoffmann*, NZBau 2012, 265 (268); vgl. auch Ausführungen unter B.II.3.cc).

253 Vgl. Gesetzesbegründung zu § 125 GWB, BT-Drs. 18/6281, S. 110.

stets im Verhältnis zu der Schwere des Vergehens, zum Umfang der Täterschaft sowie der Position des Mitarbeiters in dem Unternehmen[254] und im Einklang mit den arbeitsrechtlichen Bestimmungen stehen.[255] Es handelt sich auch hierbei – wie im Rahmen sämtlicher Selbstreinigungsmaßnahmen – um eine konkrete Einzelfallentscheidung in Bezug auf das laufende Vergabeverfahren.[256]

Sofern die verantwortlichen Mitarbeiter zugleich Gesellschafter oder Anteilseigner des betreffenden Unternehmens sind, ist es zwingend erforderlich, dass eine Distanzierung des Unternehmens von der betreffenden Person erfolgt und sämtliche Einflussnahmemöglichkeiten auf das operative Geschäft sowie die Weisungsbefugnisse entzogen werden.[257] Hierfür kommen verschiedene Möglichkeiten wie etwa der unwiderruflichen Verzicht auf (sämtliche) Gesellschafterrechte oder die Übertragung der Gesellschaftsanteile an einen Treuhänder in Betracht. Letzteres ist aber nur dann effektiv, wenn der Schlüsselperson trotz verbliebener formaler Gesellschafterstellung in faktischer Sicht keinerlei Einflussmöglichkeiten mehr verbleiben.[258] Ein lediglich formaler Rückzug des betreffenden Gesellschafters aus dem operativen Geschäft ist indes nicht ausreichend. Dies insbesondere dann, wenn er auf indirektem Wege beispielsweise über Familienangehörige nach wie vor Einfluss auf die Geschäftstätigkeiten des Unternehmens hat.[259] Das OLG Düsseldorf hielt es vor diesem Hintergrund nicht für ausreichend, dass der Beschuldigte zwar seine Geschäftsführerstellung aufgegeben hatte, als neuer Geschäftsführer indes ein Familienangehöriger (Vater) des Beschuldigten sowie ein langjähriger Mitarbeiter eingesetzt wurden. Auch hatte der Beschuldigte über Treuhandverträge nach wie vor bestimmenden Einfluss

254 Vgl. Gesetzesbegründung zu § 125 GWB, BT-Drs. 18/6281, S. 110; *Gabriel/Ziekow*, VergabeR 2017, 119 (126).

255 Vgl. *Dreher/Hoffmann*, NZBau 2014, 67 (72).

256 Vgl. *Opitz* in: Burgi/Dreher, Beck´scher Vergaberechtskommentar § 125 Rn. 31; Gesetzesbegründung zu § 125 GWB, BT-Drs. 18/6281, S. 110.

257 Vgl. zur personellen Trennung im Rahmen personeller Selbstreinigungsmaßnahmen beispielsweise OLG Brandenburg, Beschl. v. 14. 12. 2007 – Verg W 21/07 sowie OLG München, Beschl. v. 22.11.2012 – Verg 22/12, in der unter anderem die Abmahnung der betreffenden Mitarbeiter sowie konkrete Handlungsanweisungen für die Zukunft und die Abberufung des Geschäftsführers Bezug genommen wird; so auch OLG Düsseldorf, Beschl. v. 18.04.2018, VII-Verg 28/17.

258 Vgl. OLG Düsseldorf, Beschl. v. 18.04.2018, VII-Verg 28/17; *Gabriel/Ziekow*, VergabeR 2017, 119 (126)

259 vgl. *Radu* in: Müller-Wrede, GWB Vergaberecht, § 125 Rn. 48; OLG München, Beschl. v. 22.11.2012 – Verg 22/12.

auf die Geschäftstätigkeiten der Gesellschaft.[260] Diese Grundsätze gelten auch nach aktueller Rechtslage.

Das vorstehend genannte Erfordernis liegt dabei auf der Hand, stellt doch die Trennung von den handelnden Personen, deren Straftaten oder Fehlverhalten dem Unternehmen zuzurechnen sind, in der Regel die effektivste Form der Verhinderung der Wiederholung eben dieses Verhaltens dar. Als rechtliche Umsetzungsmöglichkeiten einer Trennung von belasteten Mitarbeitern, stehen grundsätzlich unabhängig von der Stellung im Unternehmen beispielsweise die Kündigung des bestehenden Arbeitnehmer- oder Gesellschaftsverhältnisses (sofern möglich) oder aber entsprechende Aufhebungsverträge zur Verfügung. Dies dürfte jedenfalls bei schweren Verfehlungen wie Korruption erforderlich sein. Stets sind aber in weniger gravierenden Fällen die weniger einschneidende Maßnahmen wie eine Abmahnung oder ordentliche Kündigung sowie konkrete Dienstanweisungen und die Zuweisung anderer Aufgabenbereiche zu prüfen. Dies insbesondere, sofern der betreffenden Mitarbeiter lediglich mit Hilfstätigkeiten betraut war oder bloße Kenntnis der Sachverhalte hatte. Dabei geht es letztlich stets um eine Prognose dahingehend, ob der Mitarbeiter künftig keiner Verfehlung begehen wird.[261] Auf diese Weise wird dem im gesamten Vergaberecht zu beachtenden Verhältnismäßigkeitsgebot gemäß § 97 Abs. 1 GWB Rechnung getragen.[262]

Auch der „Leitfaden zur Berücksichtigung von Selbstreinigungsmaßnahmen bei der Vergabe öffentlicher Bauaufträge“ des Bundesministeriums für Umwelt, Naturschutz, Bau und Reaktorsicherheit vom 06.09.2017[263] orientiert sich an diesen in Rechtsprechung und Literatur entwickelten Grundsätzen und nennt als mögliche personelle Maßnahmen:

- *„Kündigung bzw. Vertragsauflösung*
- *Abberufung des Geschäftsführers bzw. Entzug der Leitung bei Betriebsleiter*

---

260 Vgl. OLG Düsseldorf 28.7.2005 – VII-Verg. 42/05; *Opitz* in: Burgi/Dreher, Beck´scher Vergaberechtskommentar § 125 Rn. 31.

261 Vgl. *Ley* in: Reidt/Stickler/Glahs, § 125 Rn. 78.

262 Vgl. *Radu* in: Müller-Wrede, GWB Vergaberecht, § 125 Rn. 47; OLG Düsseldorf, Beschl. v. 09.04.2003, VII-Verg 43/02; *Dreher/Hoffmann* NZBau 2014, 67 (72), die insoweit auf den einzuhaltenden Verhältnismäßigkeitsgrundsatz Bezug nehmen.

263 „Forschungsprojekt „Leitfaden zur Berücksichtigung von Selbstreinigungsmaßnahmen bei der Vergabe öffentlicher Bauaufträge“ – Vorgang 81063.09/05-2017/000006, abrufbar unter https://www.schleswig-holstein.de/DE/Fachinhalte/V/vergaberecht/Downloads/leitfaden_Selbstreinigungsmassnahmen.pdf?__blob=publicationFile&v=1, (Letzter Abruf: 29.03.2020).

- *Entzug der Prokura bzw. Vollmacht*
- *Gesellschafter verzichtet auf die Ausübung von Gesellschafterrechten*"[264]

Zweckmäßigerweise kann nach der hier vertretenen Auffassung die Etablierung der vorstehend genannten Maßnahmen durch eine Eigenerklärung des Bieterunternehmens gegenüber dem öffentlichen Auftraggeber erfolgen. Dieser wird dann im Zweifel weitere Nachweise seitens des Bieterunternehmens fordern. Die Eigenerklärung schafft hier einen sinnvollen Ausgleich zwischen den Informationsinteressen des öffentlichen Auftraggebers und der Beweispflicht der betreffenden Unternehmen.

Der Leitfaden des Ministeriums gibt – in Anlehnung an das Forschungsprogramm des Ministeriums „Zukunft Bau" jedenfalls für den Bereich der Bauvergabe Orientierungspunkte für eine erfolgreiche Selbstreinigung und deren rechtliche Überprüfung durch die jeweilige Vergabestelle nach § 125 Abs. 2 GWB. Die dort genannten Ansätze haben zwar mangels Gesetzeskraft keinen unmittelbar bindenden Charakter für die öffentlichen Auftraggeber (sowohl im Baubereich oder aus anderen Beschaffungsbereichen), sie können jedoch auch über die Bauvergaben hinaus entsprechende Handlungsvorschläge darstellen, die die Arbeit für die Vergabestellen bei der Prüfung aber auch der Bieter bei der Etablierung von Selbstreinigungsmaßnahmen erleichtern.

Allerdings bleibt diesbezüglich aus Bietersicht zu beachten, dass die von § 125 Abs. 1 Nr. 3 GWB geforderten personellen Selbstreinigungsmaßnahmen mit der unter § 125 Abs. 1 Nr. 2 GWB geforderten Aufklärungs- und Mitwirkungsobliegenheit des betreffenden Bieterunternehmens in Konflikt geraten können. Erfolgt eine zu frühe arbeitsrechtliche Trennung von den beschuldigten Mitarbeitern, ist häufig eine umfassende Sachverhaltsaufklärung nicht mehr möglich oder erheblich erschwert, sodass die Erforschung der Motive und Ursachen des Fehlverhaltens zugunsten einer zukunftsgerichteten Selbstreinigung unmöglich oder zumindest erheblich behindert wird. Häufig steht daher die Option eines Entgegenkommens gegenüber dem Mitarbeiter im Raum, der diesem Anreize gibt, im Falle einer milderen Bestrafung die entsprechend benötigten Informationen preiszugeben (sog. Amnestie- oder Kronzeugenregelung).[265]

---

264 Forschungsprojekt „Leitfaden zur Berücksichtigung von Selbstreinigungsmaßnahmen bei der Vergabe öffentlicher Bauaufträge" – Vorgang 81063.09/05-2017/000006, S. 8 Ziff. (3), abrufbar unter https://www.schleswig-holstein.de/DE/Fachinhalte/V/vergaberecht/Downloads/leitfaden_Selbstreinigungsmassnahmen.pdf?__blob=publicationFile&v=1, (Letzter Abruf: 29.03.2020).

265 Vgl. *Opitz* in: Burgi/Dreher Beck´scher Vergaberechtskommentar § 125 Rn. 33; *Wimmer*, Zuverlässigkeit im Vergaberecht, S. 181 f.

Gleichzeitig begegnen jedoch einer solchen Regelung gegebenenfalls gesellschaftsrechtliche und/oder vergaberechtliche Probleme. Problematisch erscheint ein Entgegenkommen des Bieterunternehmens gegenüber der beschuldigten Person aus gesellschaftsrechtlicher Sicht vor allem mit Blick auf den Auftrag der Geschäftsführung stets zum Wohle der Gesellschaft zu handeln, vgl. § 93 AktG, § 43 GmbHG. Durch den Verzicht auf Sanktionen gegenüber dem für das Fehlverhalten verantwortlichen Mitarbeiter/Gesellschafter könnte eine Pflichtverletzung der Geschäftsführer gegenüber der Gesellschaft liegen, welche in der Folge Schadensersatzforderungen der Gesellschaft gegen den Vorstand oder die Geschäftsführung nach sich ziehen könnte. Hierbei ist im konkreten Einzelfall mit Blick auf die Business Judgement Rule abzuwägen, ob das Interesse der Gesellschaft an der Aufklärung des Sachverhalts größer ist als das Interesse an den zu treffenden arbeitsrechtlichen Sanktionen.[266]

Neben den gesellschaftsrechtlichen Aspekten ist aus vergaberechtlicher Sicht kritisch zu betrachten, dass es in der Natur einer Amnestieregelung liegt, dass das Unternehmen sich selbst die Möglichkeit nimmt, sich personell von dem für den zu ermittelnden Verstoß verantwortlichen Mitarbeiter vollumfänglich zu trennen. Wird dem zur Aussage bereiten Mitarbeiter versprochen, dass auf arbeitsrechtliche Maßnahmen wie einer Kündigung verzichtet wird, so kann eine wirksame „personelle Maßnahme" der Selbstreinigung nach § 125 Abs. 1 Nr. 3 GWB nicht mehr durchgeführt werden. Somit kann die eine Selbstreinigungsmaßnahme, nämlich die Sachverhaltsaufklärung nach § 125 Abs. 1 Nr. 2 GWB nur unter Teilverzicht auf personelle Maßnahmen erfüllt werden. Hinsichtlich der Konkordanz zwischen umfassender Aufklärung und personellen Maßnahmen hat sich die einschlägige Entscheidungspraxis bisher nicht eindeutig positioniert. Denkbar wäre allerdings, dass jedenfalls die Leitungsorgane des Unternehmens von einer Amnestieregelung ausgenommen würden und sich möglicherweise „einfache" Disziplinarmaßnahmen wie Abmahnungen oder Versetzung von Mitarbeitern unabhängig von einem Verzicht eventueller arbeitsrechtlicher Schritte vorbehalten würden. Hier muss im Einzelfall ein Kompromiss gefunden werden, der alle Umstände des Einzelfalls berücksichtigt und zu geeigneten Ergebnissen führt.[267]

---

266 Vgl *Wimmer*, Zuverlässigkeit im Vergaberecht, S. 182, 183; *Breßler/Kuhnke/Schulz/Stein* NZG 2009, 721 (723).

267 Vgl. *Wimmer*, Zuverlässigkeit im Vergaberecht, S. 183 f.; *Breßler/Kuhnke/Schulz/Stein* NZG 2009, 721 (727).

Im Ergebnis kann somit festgestellt werden, dass die neue Rechtslage nach der Vergaberechtsnovelle 2016 im Wesentlichen die Aspekte einer personellen Selbstreinigung nach alter Rechtslage aufgreift und keine signifikant neuen Anforderungen stellt. Auch wenn es angesichts der zahlreichen in Rechtsprechung und Literatur entwickelten Grundsätze zur personellen Selbstreinigung eindeutige Vorgaben zu geben scheint, zeigen insbesondere die vorstehenden Ausführungen, das es im Einzelfall nichtsdestotrotz zu einer Einzelfallabwägung (praktische Konkordanz) zwischen der Sachverhaltsaufklärung und den persönlichen Selbstreinigungsmaßnahmen kommen muss. Zwar scheint es nach alter wie neuer Rechtslage unstreitig, dass sich das betreffende Unternehmen von den belasteten Mitarbeitern trennt. Gerade wenn das entsprechende Fehlverhalten allerdings – man denke an Korruption – bereits über einen langen Zeitraum im Unternehmen unentdeckt blieb, ist die Mitarbeit der betroffenen Mitarbeiter für eine vollumfängliche Sachverhaltsaufklärung häufig unumgänglich. Das Unternehmen muss daher sowohl aus gesellschaftsrechtlicher Sicht (man denke an die sich aus § 93 AktG, § 43 GmbHG ergebenden Pflichten) als auch vergaberechtlicher Sicht eine im Einzelfall rechtskonforme Lösung wählen. Dies gestaltet sich insbesondere aus vergaberechtlicher Sicht vor dem Hintergrund problematisch, dass § 125 Abs. 1 Nr. 1–3 GWB allen dort genannten Selbstreinigungsmaßnahmen einen identischen Stellenwert zumisst und die Maßnahmen kumulativ vorliegen müssen, sodass es sich bereits vor diesem Hintergrund verbietet, regelmäßig eine Amnestieregelung zur ausreichenden Sachverhaltsaufklärung zur etablieren, sofern die personellen Selbstreinigungsmaßnahmen in diesen Fällen zurückstehen. Folglich ergeben sich daher aus dem Gesetz bei näherer Betrachtung keine allgemeinverbindlichen und vor allem praktisch relevanten Grundsätze zur Etablierung erfolgreicher personeller Selbstreinigungsmaßnahmen im Unternehmen. Es ist damit für die betroffenen Bieterunternehmen nicht von vornherein rechtssicher abzuschätzen, ob sich ihre Entscheidung in Bezug auf die personellen Selbstreinigungsmaßnahmen als „erfolgreich" aus Sicht des diese Maßnahme bewertenden öffentlich Auftraggebers darstellen werden. Einen objektiven Maßstab geben damit weder der Wortlaut des § 125 Abs. 1 Nr. 3 GWB noch die einschlägige Rechtsprechung und Literatur vor.

ff) Die in Betracht kommende Compliance-Maßnahmen gemäß § 125 Abs. 1 Nr. 3 GWB im Einzelnen – gesellschaftsrechtlicher Einfluss

Nachdem vorstehend die Grundzüge der technischen, organisatorischen und personellen Maßnahmen dargestellt wurden[268], soll nunmehr der Fokus auf

268 Vgl. Ausführungen unter B.II.4.d) ee).

die konkret in Betracht kommenden Compliance-Maßnahmen im Kontext der organisatorischen Maßnahmen gemäß § 125 Abs. 1 Nr. 3 GWB gelegt werden. In diesem Zusammenhang gilt es zunächst die Voraussetzungen an den Compliance-Begriff sowie die Struktur von Compliance-Maßnahmen aus gesellschaftsrechtlicher Sicht zu klären. Dabei soll beispielhaft auf das im Rahmen des Vergaberechts praxisrelevante Beispiel einer Ausgestaltung der Compliance-Organisation in der Aktiengesellschaft sowie der GmbH eingegangen werden.

(1) Grundlagen des Compliance-Begriffs

Bevor die einzelnen in Betracht kommenden organisatorischen Maßnahmen im Sinne des § 125 Abs. 1 Nr. 3 GWB dargestellt werden, wird zunächst der Entwicklung des Compliance-Begriffs sowie dessen Bedeutung für die Privatwirtschaft und seine Funktion dargestellt werden. Dies ist wichtig, möchte man eine Aussage zur Reichweite der zu etablierenden Compliance-Programme treffen. Es existiert keine eigene deutsche Bezeichnung für den Compliance-Begriff, obgleich sich in der Fachwelt ein praktizierter übereinstimmender Sprachgebrauch herauskristallisiert hat, welchem aber wiederum kein einheitliches Begriffsverständnis zugrunde liegt.[269] Der Compliance-Begriff entstammt der angelsächsischen Rechtsterminologie, aus der eine Übernahme in das deutsche Wirtschaftsrecht erfolgte.[270] Im deutschsprachigen Rechts- und Wirtschaftsraum zeigt sich die Etablierung des Begriffs vor allen bei Wortzusammensetzungen wie Corporate-Compliance, Compliance-System, Compliance-Management und Compliance-Officer.[271] Compliance wird in diesem Kontext definiert als *„die Gesamtheit aller Maßnahmen, die erforderlich sind, um ein rechtmäßiges Verhalten des Unternehmens, seiner Organmitglieder und Mitarbeiter hinsichtlich der gesetzlichen Ge- und Verbote zu gewährleisten."*[272] Das Unternehmen hat sich somit entsprechend regelkonform im Geschäftsverkehr zu verhalten.[273] Allgemein lässt sich somit feststellen, dass Compliance-Maßnahmen im jeweiligen Unternehmen dazu dienen, Rechtsverstößen vorzubeugen, diese zu erschweren

---

269 Vgl. *Stober*, in: Stober/Orthmann, Compliance, § 1 Rn. 3.

270 Vgl. *Hauschka/Moosmayer/Lösler* in: Hauschka/Moosmayer/Lösler, Corporate Compliance, § 1 Rn. 2; *Stober* in: Stober/Orthmann, Compliance, § 1 Rn. 4.

271 Vgl. *Stober*, aaO, § 1 Rn. 4.

272 Definition von *Harbath*, ZHR 179 (2015), 136, 138. Vgl. auch die Definition von *Spindler* in MünchKomm AktG, § 91 Rn. 52 m.w.N.; *Mertens/Cahn* in: KölnKomm/AktG, § 91 Rn. 34.

273 Vgl. *Hauschka/Moosmayer/Lösler* in: Hauschka/Moosmayer/Lösler, Corporate Compliance, § 1 Rn. 2.

und allgemein zu einer besseren Aufdeckung von Fehlverhalten beizutragen.[274] Im engeren Sinne handelt es sich bei den im Rahmen der Compliance einzuhaltenden Normen um straf- und bußgeldbewehrte Verbotsnormen wie das Verbot von Bestechung, Steuerhinterziehung oder verbotenen Kartellabsprachen. Compliance meint im weiteren Sinne aber auch die Einhaltung sonstiger Verbotsnormen, auch jenseits des Straf- und Ordnungswidrigkeitenrechts. Dabei geht es insbesondere um die Einhaltung sonstiger Verbotsnormen wie Betrug, Datenmissbrauch oder Wirtschaftsdelikte.[275] Compliance versteht durch Unternehmensorgane und Mitarbeiter begangene Rechtsverstöße als wirtschaftliches Risiko für die einzelnen Unternehmen und versucht dem straf- und zivilrechtlichen Haftungsrisiko durch vorbeugende unternehmensinterne Organisationsmaßnahmen zu begegnen. Das insoweit von der Compliance etablierte Risikomanagement umfasst sowohl die Identifikation als auch die Analyse und Steuerung der bestehenden Risiken.[276] Von besonderer Bedeutung sind hier im Einzelnen die in Betracht kommenden Haftungsrisiken für Unternehmen sowie ihre Organe und Mitarbeiter. Die genaue Definition und rechtliche Einordnung des Compliance-Begriffs sowie die sich daraus ergebenden unternehmerischen Pflichten dienen als Grundlage der nachfolgend beschriebenen und zu etablierenden Compliance-Management-Systeme.

(a) Gesetzliche Grundlagen der Compliance

Anknüpfend an die Definition des Compliance-Begriffs stellt sich mithin die Frage nach den rechtlichen Grundlagen der Compliance. Dies insbesondere vor dem Hintergrund, dass es im Grundsatz doch Ausdruck einer jeden Unternehmenskultur sein sollte, sich rechtskonform zu verhalten.[277] Dies unabhängig von einer gegebenenfalls zu untersuchenden vergaberechtlichen Sichtweise. Die nachstehenden Ausführungen sollen sich daher mit der gesetzlichen Stütze einer Compliance Struktur befassen um die vom Gesetzgeber verfolgten Intentionen einer expliziten Regelung einer grundsätzlich als selbstverständlich

274 Vgl. zur Definition des Compliance-Begriffs auch *Wimmer*, Zuverlässigkeit im Vergaberecht, S. 186; m.w.N.

275 Vgl. *Fuhrmann*, NZG 2016, 881 (881).

276 Vgl. *Hauschka/Moosmayer/Lösler* in: Hauschka/Moosmayer/Lösler, Corporate Compliance, § 1 Rn. 7,8.

277 Vgl. *Rieder/Falge* in: Inderst/Bannenberg/Poppe, Compliance Aufbau, Management, Risikobereiche, Kapitel 2 Rn. 2.; *Hauschka/Moosmayer/Lösler*, ebda. § 1 Rn. 2.; *Bicker*, AG 2012, 542 (543)

vorausgesetzten Praxis eingehender zu beleuchten. Konkret geht es um die sich aus der rechtlichen Grundlage ergebenden, konkreten Handlungspflichten.

Da Compliance, wie eingangs erläutert, lediglich die Beachtung des geltenden Rechts bedeutet, stellt auch gerade jenes Recht die primärrechtliche Grundlage der Compliance dar.[278] Bei der Frage nach rechtlichen Organisationsvorschriften, aus denen sich eine Pflicht zur Compliance ableiten lässt, stößt man insbesondere auf solche des Straf- und Ordnungswidrigkeitsrechts, des Gesellschafts- und Wertpapierrechts aber auch auf spezialgesetzliche Compliance-Vorschriften. [279]Der gesellschaftsrechtliche Bezug zeigt sich vor allem mit Blick auf Ziffer 4.1.3 des Corporate Governance-Kodex (DCGK)[280] in dem es heißt: *„Der Vorstand hat für die Einhaltung der gesetzlichen Bestimmungen und der unternehmerischen Richtlinien zu sorgen und wirkt auf deren Beachtung durch die Konzernunternehmen hin (Compliance)“*. Die Verwendung des Begriffs „Konzern“ deutet hier im Speziellen auf ein gesellschaftsrechtliches Verständnis hin,[281] auf das im Rahmen der nachstehenden Ausführungen maßgeblich Bezug genommen werden soll.[282] Neben den gesetzlichen Bestimmungen wird der DCGK konkreter und enthält explizit den Begriff der Compliance.

Die insoweit erste unter Compliance-Gesichtspunkten relevante Vorschrift war der § 33 WpHG.[283] Für börsennotierte Unternehmen verlangt die Vorschrift explizit angemessene Organisationsstrukturen sowie insbesondere die Einrichtung eines Compliance-Systems (vgl. § 33 Abs. 1 Nr. 1 WpHG) und deren effektive Überwachung (vgl. § 33 Abs. 1 Nr. 6 WpHG).

Im Rahmen des Strafrechts wird es für das Management vor allem um die Täterschaft/Teilnahme von Vermögensdelikten gemäß § 263 f. StGB sowie § 266 f. StGB gehen. Ferner handelt ordnungswidrig gemäß §§ 9, 30, 130 OWiG, wer als vertretungsberechtigtes Organmitglied schuldhaft die zur Verhinderung von Rechtsverstößen durch Arbeitnehmer im Rahmen der betrieblichen Tätigkeit erforderlichen Aufsichtsmaßnahmen unterlässt.[284]Daher wird teils vertreten,

---

278 Vgl. *Hauschka/Moosmayer/Lösler*, ebda., § 1 Rn. 28.

279 Vgl. *Poppe* in: Inderst/Bannenberg/Poppe, Compliance Aufbau, Management, Risikobereiche, Kapitel 1 Rn. 43 f.

280 In der Fassung vom 07.02.2017, abrufbar unter: https://www.dcgk.de//files/dcgk/usercontent/de/download/kodex/170424_Kodex.pdf (letzter Aufruf: 02.11.2018).

281 Vgl. *Stober/Orthmann*, Compliance, § 1 Rn. 5.

282 Vgl auch: *Fleischer*, CCZ 2008, 1 (1).

283 Vgl. *Lösler*, NZG 2005, 104; *Hauschka/Moosmayer/Lösler*, ebda., § 1 Rn. 29; *Poppe* in: Inderst/Bannenberg/Poppe, ebda.., Kapitel 1 Rn. 43f.

284 Vgl. *Hauschka/Moosmayer/Lösler*, ebd. § 1 Rn. 28.

dass die §§ 130, 9 OWiG unabhängig von der Unternehmensform als rechtliche Grundlage der Compliance herangezogen werden kann.[285]

Die Pflicht zur Schaffung von Überwachungsstrukturen ergibt sich auch aus dem Aktienrecht, §§ 93 Abs. 1 S. 1, 91 Abs. 2 AktG, wonach der Vorstand geeignete Maßnahmen sowie eine Überwachungsstruktur zu etablieren hat, um den Bestand der Gesellschaft gefährdende Entwicklungen frühzeitig zu erkennen und die Sorgfalt eines gewissenhaften Geschäftsleiters anzuwenden hat. Laut Gesetzesbegründung zu § 91 AktG, welche 1998 durch das Gesetz zur Kontrolle und Transparenz im Unternehmensbereich (KonTraG)[286] eingeführt wurde, entfaltet zumindest dieser auch Ausstrahlungswirkung auf die GmbH.[287] Ob die Pflicht zur Compliance-Organisation ihre Rechtsgrundlage letztlich in § 91 Abs. 2 AktG hat, der auf bestandsgefährdende Risiken abstellt, oder aber unmittelbar mit der Legalitätspflicht des Vorstandes nach §§ 76 Abs. 1, 93 Abs. 1 S. 1 AktG einhergeht, ist dabei von geringer praktischer Relevanz.[288]

Zudem gilt für börsennotierte Unternehmen die Regelung des § 317 HGB, sowie der § 289 Abs. 1 S. 4 HGB.[289] Für den Bereich der Selbstreinigung sind die vorstehenden Grundlagen von Bedeutung, sind es doch in der Regel begangene Wirtschaftsdelikte innerhalb des Bieterunternehmens, welche einen Ausschluss des Unternehmens nach sich gezogenen und eine Selbstreinigung erst erforderlich gemacht haben.

(b) Verhältnis zwischen Risikomanagement und Compliance

Insbesondere mit Blick auf den aktienrechtlichen Konzern gilt es der Vollständigkeit halber den Begriff der Compliance vom Begriff des Risikomanagements abzugrenzen Der Begriff „Risikomanagement" statuiert zunächst die Pflichtenstellung der Geschäftsleitung gegenüber der Gesellschaft (§ 91 Abs. 2 AktG). Der Compliance-Begriff geht in seiner Bedeutung weiter und meint allgemeiner die Einhaltung von Rechts- und Verhaltensregeln, welche nicht nur Schutzwirkungen gegenüber der Gesellschaft, sondern darüber hinaus auch

---

285 Vgl. *Moosmayer*, Compliance 2010, S. 6; *Spindler* in: MünchKomm AktG, § 91 Rn. 52.

286 BGBl I 1998, 786.

287 Vgl. BT-Drs. 13/9712, S. 15.

288 Vgl. *Mertens/Kahn* in: KölnKomm/AktG, Aufl. 2010, § 91 Rn. 35; *Bicker*, AG 2012, 542 (544); *Spindler* in: MünchKomm AktG § 91 Rn. 52; F*leischer* in Spindler/Stilz AktG § 91 Rn. 49 f.; *Hauschka/Moosmayer/Lösler* in: Hauschka/Moosmayer/Lösler, Corporate Compliance, § 1 Rn. 29.

289 *Vgl. Poppe* in: Inderst/Bannenberg/Poppe, Compliance Aufbau, Management, Risikobereiche, Kapitel 1 Rn. 49.

Drittschutz beinhalten können.[290] Compliance und Risikomanagement weisen daher Schnittmengen auf. Zum einen können Compliance-Maßnahmen Teil des Risikomanagements sein[291], zum anderen ist die Beachtung der rechtlichen Anforderungen an das Risikomanagement auch Teil der Compliance, da diese die Aufgabe hat, das Risikomanagement zu überwachen.[292] Obgleich somit beide Begriffe im Rahmen rechtskonformen Verhaltens innerhalb der Kapitalgesellschaft eine Rolle spielen, schließen sie sich gegenseitig nicht aus sondern ergänzen sich in vielerlei Hinsicht.

(2) Unternehmerische Pflichten/Reichweite der Legalitätspflicht des Vorstandes

Unabhängig von den Besonderheiten der vergaberechtlichen Selbstreinigung bestehen bereits gesellschaftsrechtlich motivierte unternehmerische Verpflichtungen in Bezug auf die Etablierung von Compliance-Maßnahmen im Unternehmen. Diese sollen der Vollständigkeit halber zunächst beleuchtet werden, um die Schnittpunkte zwischen dem Gesellschafts- und Vergaberecht in diesem Bereich zu verdeutlichen.

Da die interne Organisationsstruktur eines Unternehmens hier maßgeblich ist und sowohl für die AG und die GmbH (und auch alle anderen Gesellschaftsformen, egal ob Personen- oder Kapitalgesellschaften) vergleichbare Grundsätze gelten dürften[293], soll im Folgenden zur Erläuterung der Zielsetzung an Compliance beispielhaft auf die organisatorische Umsetzung der Compliance in der Aktiengesellschaft sowie im aktienrechtlichen Konzern sowie die Pflichten der Leitungsorgane eingegangen werden. Es gehört zu den Kernaufgaben des Vorstandes, sich im Innen- wie im Außenverhältnis gesetzestreu zu verhalten.[294] Art und Größe des Unternehmens sowie die Zahl der Beschäftigten und unter anderem auch der Konjunkturlage kommen dabei eine entscheidende Bedeutung zu.[295] Dieser Grundsatz gilt auch für die GmbH abhängig von ihrer

---

290 Vgl. *Teichmann*, Compliance, 2. Kapitel Rn. 32 f.;

291 Vgl. *Spindler* in: MünchKomm AktG § 91 Rn. 67

292 Vgl. *Spindler* in: MünchKomm AktG § 91 Rn. 67; *Dreher*, FS Hüffer, S. 161, 174 f.

293 Vgl. zur Vergleichbarkeit von AG und GmbH im Zusammenhang mi der Einführung von Compliance-Strukturen: *Rieder/Falge* in: Inderst/Bannenberg/Poppe, Compliance Aufbau, Management, Risikobereiche, Kapitel 2 Rn. 19; Spindler in: MünchKomm AktG § 91 Rn. 80.

294 Vgl.*Mertens/Cahn* in: KölnKomm/AktG, § 93 Rn. 10 f.; *Spindler*, in: MünchKommAktG, § 93 Rn. 21; B*icker*, AG 2012, 542 (543).

295 Vgl.*Spindler*, in MünchKomm AktG, § 93 Rn. 25.

Größe.[296] Zur Rechtstreue gehört nicht nur die Haftung Dritten gegenüber (beispielsweise nach § 823 BGB sowie § 831 BGB[297]), sondern auch die im Innenverhältnis nach § 43 Abs. 2 GmbHG/ § 93 Abs. 2 AktG bestehende Haftung.[298] Dies gilt sowohl für den Vorstand der Aktiengesellschaft als auch für den Geschäftsleiter der GmbH, dessen Verantwortung zwar insoweit abgemildert ist, als eine wirksame und rechtmäßige Weisung der Gesellschafter zur Enthaftung der Geschäftsführung führt[299]. Dieser Umstand ändert indes nichts an der Tatsache, dass auch im Rahmen einer GmbH die Einrichtung funktionierender Compliance-Strukturen angezeigt sein dürfte, will man eine gesetzestreue Gesellschaftsführung dauerhaft etablieren.[300]

Die Legalitätskontrollpflicht oder auch grundsätzliche Compliance-Organisationspflicht bei entsprechendem Gefahrenpotential leitet sich dogmatisch aus der Leitungsverantwortung des Vorstandes gemäß §§ 76 Abs. 1, 93 Abs. 1 AktG her.[301] Die Wahrnehmung der Compliance-Verantwortung fällt folglich in den Kernbereich der Leitungsverantwortung und ist vom Gesamtvorstand selbst wahrzunehmen.[302] Gestützt wird dieser Gedanke ebenso durch den Wortlaut von Ziff. 4.1.3 DCGK, welcher den klaren Auftrag des Vorstandes zur Etablierung von Compliance-Strukturen statuiert (s.o.). Die Pflicht zum rechtstreuen Verhalten des Vorstandes stellt eine gebundene Entscheidung dar, die kein unternehmerisches Ermessen beinhaltet.[303] Dies gilt ebenso für die Pflicht, bei entsprechenden Verdachtsmomenten eine unternehmensinterne Untersuchung einzuleiten („Internal Investigation“). Hier steht dem Vorstand allenfalls

---

296 Vgl. *Teichmann*, Compliance, Kapitel 2 Rn. 30 f.; *Fleischer* in: Spindler/Stilz AktG § 91 Rn. 40, der an die Größe, Komplexität und finanzielle Lage der GmbH anknüpft; *Spindler* in: MünchKomm AktG § 91 Rn. 80.

297 Vgl. zum Verhältnis von § 93 AktG zu anderen Haftungsvorschriften: *Mertens/Cahn* in: KölnKomm/AktG, § 93 Rn. 3f.

298 Vgl. *Poppe* in: Inderst/Bannenberg/Poppe, Compliance Aufbau, Management, Risikobereiche, Kapitel 1 Rn. 33.

299 Vgl. *Zoelner/Noack* in: *Baumbach/Hueck* § 43 Rn. 33, 34 m.w.N.

300 Vgl. *Rieder/Falge* in: Inderst/Bannenberg/Poppe, ebda. Kapitel 2 Rn. 19.

301 Vgl. *Spindler* in: MünchKomm AktG, § 93 Rn. 73, § 91; *Mertens/Cahn* in: KölnKomm/AktG, § 91 Rn. 35f.; Schneider, ZIP 2003, 645 f.; *Fleischer*, in: Spindler/Stilz, AktG, § 91 Rn. 47; *Bicker*, AG 2012, 542 (543); *Fleischer*, NZG 2014, 321 (322); vgl. LG München I, Urt. v. 10.12.2013, 5HK O 1387/10.

302 *Fleischer* in: Spindler/Stilz AktG § 91 Rn. 63; Fleischer, CCZ 2008, 1 (3).

303 Vgl. *Mertens/Cahn*, in: KölnKomm/AktG § 93 Rn. 17; *Hoffmann/Schieffer*, NZG 2017, 401 (403); *Bicker*, AG 2012, 542 (543); BGH, Urt. v. 21.04.1997 – II ZR 175/95, BGHZ 135, 244.

ein Beurteilungsspielraum zu, ob ein hinreichender Verdacht besteht, der entsprechend umfangreiche investigative Maßnahmen rechtfertigen.[304]Die Compliance-Verantwortung des Vorstandes verpflichtet diesen nach der insoweit herrschenden Auffassung, jedenfalls bei entsprechendem Gefahrenpotential eine auf Haftungsvermeidung und Risikokontrolle angelegte Compliance-Organisation innerhalb des Unternehmens einzurichten.[305] Das Maß der Überwachungsintensität richtet sich dabei allgemein nach der Art sowie der Größe und Organisation des betreffenden Unternehmens.[306] Die konkrete Ausgestaltung „Wie" der Compliance-Organisation steht im Ermessen des Leitungsorgans, wobei die Grenzen der Business Judgement Rule[307] zu beachten sind.[308]

Eine Rechtspflicht für alle Unternehmen, gleich welcher Größe und Struktur, ein umfassendes Compliance-System einzurichten, kann folglich jedenfalls aus gesellschaftsrechtlicher Sicht nicht ausnahmslos angenommen werden.[309] Dies, obwohl klarzustellen ist, dass auch seitens der Rechtsprechung zumindest im Großunternehmen in einer Entscheidung die Etablierung und Überwachung eines Compliance-Management-Systems bei entsprechender Gefährdungslage als Teil des Legalitätspflicht des Vorstandes angesehen worden ist.[310]Teilweise wird eine Compliance-Organisationspflicht dogmatisch auch aus § 91 Abs. 2 AktG hergeleitet, wonach der Vorstand geeignete Maßnahmen, insbesondere in Gestalt der Einrichtung eines Überwachungssystems zu etablieren hat, welche den Fortbestand der Gesellschaft gefährdende Entwicklungen schneller erkennbar machen soll. Hierunter können auch Compliance-Maßnahmen fallen, sofern sie sich auf die Einschränkung bestandsgefährdender Risiken beziehen. Dabei

---

304 Vgl. *Fuhrmann*, NZG 2016, 881 (881).

305 Vgl. *Fleischer* in: Spindler/Stilz AktG § 91 Rn. 47.

306 Vgl. *Fleischer*, CCZ 2008, 1 (2); BGHZ,127, 336, 347; *Bicker*, AG 2012, 542 (544).

307 Danach muss der Vorstand anhand angemessener Informationsgrundlage und zum Wohl der Gesellschaft sowie frei von sachfremden Erwägungen und Eigeninteressen handeln.

308 Vgl. Mertens/Cahn in KölnKomm AktG, § 91 Rn. 35 ff.; *Bachmann*, ZIP 2014, 579, 580 f.; *Bicker*, AG 2012, 542, (544, 545 ff.); Spindler in: MünchKomm AktG § 91 Rn. 66; *Hoffmann/Schieffer*, NZG 2017, 401 (403).

309 Vgl. *Mertens/Cahn* in KölnKomm AktG § 91 Rn. 36; H*auschka/Moosmayer/Lösler* in: Hauschka/Moosmayer/Lösler, Corporate Compliance, § 1 Rn. 28; Bicker, AG 2012, 542 (544).

310 Vgl. LG München I, Urteil v. 10.12.2013 – 5 HKO 1387/10; zustimmend auch: *Mertens/Cahn* in: KölnKomm/AktG, § 91 Rn. 36; *Hoffmann/Schieffer*, NZG 2017, 401 (403) m.w.N.; vgl. zum Umfang der Legalitätskontrollpflicht auch *Bicker*, AG 2012, 542 (544).

gilt es allerdings zu berücksichtigen, dass die Compliance in ihrem Anwendungsbereich nicht auf bestandsgefährdende rechtliche Risiken beschränkt ist und neben der präventiven Komponente auch Maßnahmen zur Beseitigung erkannter Risiken beinhalten kann.[311] Als weiterer dogmatischer Ansatz kommt eine Gesamtanalogie zu den aufsichtsrechtlichen Compliance-Vorschriften, wie zum Beispiel § 33 Abs. 1 S. 1 Nr. 1 WpHG, § 25 a ABs. 1 KWG, § 64a Abs. 1 VAG sowie § 14 Abs. 1 und 2 GwG in Betracht. Eine vorbehaltslose Übertragung der branchenspezifischen Vorschriften scheint allerdings nicht unproblematisch und damit diskussionswürdig.[312]

Mangels entgegenstehender besonderer gesetzlicher Regelungen im Vergaberecht gelten die vorstehend erläuterten dogmatischen Grundsätze folglich ebenso im Vergabeverfahren und mithin unabhängig von der vergaberechtlichen Selbstreinigung. Aus der abhängig von Art, Größe und Organisation des Unternehmens bestehenden Verpflichtung zur Einrichtung von Compliance-Strukturen in der AG wird bereits deutlich, dass es nicht in jedem Fall erforderlich sein dürfte, ein vollständig neues Compliance-Management-System innerhalb des Bieterunternehmens im Rahmen der Selbstreinigung zu etablieren. Teils dürfte bereits ein bestehendes, den gesellschaftsrechtlichen Grundsätzen entsprechendes Compliance-Management-System bestehen, das als Basis genutzt und gegebenenfalls zum Zwecke effektiver Selbstreinigung weiterentwickelt werden muss. Es besteht insoweit keine generelle Vermutung dahingehend, dass jedes bestehende System sich als für eine erfolgreiche Selbstreinigung untauglich erweist.

Es muss folglich bei der Frage, welche organisatorischen (Compliance-) Maßnahmen im Sinne des § 125 Abs. 1 Nr. 3 GWB etabliert werden können und müssen, stets die unabhängig vom Vergaberecht bestehenden Compliance-Organisationspflichten, sowie die Reichweite der Legalitätspflicht, berücksichtigt werden. Die Verpflichtung zur Etablierung eines Compliance-Management-Systems als Teil der Legalitätskontrollpflicht der Leitungsorgane des Unternehmens ist zwar dogmatisch von der Schaffung von Compliance-Strukturen im Zuge der vergaberechtlichen Selbstreinigung zu trennen, fließt jedoch faktisch in diese ein, sodass es mithin im Falle der Selbstreinigung ausreichen sein kann, das bereits bestehende System weiterzuentwickeln und auf die konkreten Verstöße

---

311 Vgl. *Mertens/Cahn* in: KölnKomm/AktG, § 91 Rn. 36; *Fleischer* in: Spindler/Stilz AktG, § 91 Rn. 43.

312 Vgl. *Bicker*, AG 2012, 542 (544); *Fleischer*, NZG, 2014, 321 (322); *Fleischer* in: Spindler/Stilz, AktG § 91 Rn. 50, 61.

hin anzupassen. Bereits an dieser Stelle offenbart sich die enge Verzahnung von Gesellschafts- und Vergaberecht im Kontext der Compliance-Organisation, welche es im Folgenden näher zu erörtern gilt um Schnittmengen und Unterschiede herauszustellen.

(3) Compliance-Organisationsstruktur im Einzelnen – Geltung auch im Rahmen der vergaberechtlichen Selbstreinigung nach § 125 Abs. 1 Nr. 3 GWB

Nachdem in einem ersten Schritt das spezifische Compliance-Risikoprofil des Unternehmens ermittelt worden ist[313], kann auf Grundlage dieser Informationen eine entsprechend individuelle Organisationsstruktur im Unternehmen etabliert werden. Da das individuelle Gefahrenpotential abhängig von der Unternehmensstruktur und – größe sowie der Branche sein dürfte, lassen sich allgemein verbindliche Leitlinien zur Ausgestaltung eines Compliance-Management-Systems naturgemäß schwer aufstellen, sodass hier ein Gestaltungsspielraum des betreffenden Bieterunternehmens bestehen dürfte.[314] Dabei gilt es für den im Rahmen der vorliegenden Untersuchung maßgeblichen Zusammenhang zwischen vergaberechtlicher Selbstreinigung und gesellschaftsrechtlichen Compliance-Maßnahmen zu beachten, dass auch das Vorliegen eines Ausschlussgrundes nach §§ 123, 124 GWB, welcher eine Selbstreinigung nach § 125 GWB indiziert, nicht zwangsläufig rein vergaberechtsspezifisch sein muss. Vergaberechtlich kodifizierte Besonderheiten, die im Bereich der Selbstreinigungsmaßnahem speziell für die Umsetzung vom Compliance-Programmen und Maßnahmen zu beachten und gegenüber den allgemeinen gesellschaftsrechtlichen Grundsätzen vorrangig sind, sind nicht ersichtlich, sodass nachfolgend auf die allgemeinen gesellschaftsrechtlich etablierten Compliance-Maßnahmen Bezug genommen werden wird.[315]

Trotz des vorstehend erwähnten unternehmerischen Ermessens bei der Ausgestaltung von Compliance-Management-Systemen, stellen Rechtsprechung und Literatur an derartige Strukturen gewisse Anforderungen, welche im Folgenden im Detail erörtert werden. Die Analyse soll als Grundlage für die spätere

---

313 Vgl. hierzu: *Pauthner/Stephan* in: Hauschka/Moosmeyer/Lösler, 2. Abschnitt § 16 Rn. 42f.; *Bicker*, AG 2012, 542 (545); *Mutschler-Sieber/Dorschfeld*, BB 2015, 642(647); *Hauschka/Greeve*, BB 2007, 175 (166).

314 Vgl. *Fleischer* in: Spindler/Stilz AktG, § 91 Rn. 54, 56; *Mertens/Cahn* in: KölnKomm/AktG, § 91 Rn. 36; *Fleischer*, AG 2003, 291 (298).

315 Vgl. *Wimmer*, Zuverlässigkeit im Vergaberecht, S. 193.

Darstellung verschiedener, in der Praxis etablierter Compliance-Organisationsmodelle dienen und der Analyse praktischer Umsetzungsmöglichkeiten als theoretische Grundlage vorausgehen. Dabei wird jeweils untersucht werden, ob, und wenn ja welche vergaberechtlichen Besonderheiten im Kontext der Etablierung einzelner gesellschaftsrechtlicher Compliance-Maßnahmen im Kontext der vergaberechtlichen Selbstreinigung zu beachten sind. Insofern soll das Zusammenspiel der gesellschaftsrechtlich etablierten Compliance mit den gegebenenfalls einschlägigen vergaberechtlichen Bestimmungen sowie eventuelle Schnittmengen der Rechtsgebiete beleuchtet werden.

(a) Compliance als Leitungsaufgabe

Die Verantwortlichkeit für Compliance-Aufgaben muss klar verteilt sein. Sie fällt – wie vorstehend erörtert – in den Kernbereich der Leitungsaufgaben (§ 76 Abs. 1 AktG) und ist somit zwingend dem Gesamtvorstand zugewiesen.[316] Dies gilt sowohl für die Verteilung innerhalb des Vorstandes (horizontale Delegation) als auch die nachgeordneten Unternehmensebenen (vertikale Delegation).[317] In diesem Zusammenhang bedarf zum einen die Form der Aufgabenverteilung durch Satzung sowie die Überwachung durch den Vorstand einer näheren Erläuterung. Im Rahmen der vertikalen Arbeitsteilung sollte zweckmäßigerweise ein Compliance-Beauftragter oder eine Compliance-Stelle mit entsprechendem Mandat und Eingriffsbefugnissen ausgestattet werden, welcher das Compliance System aufbauen und weiterentwickeln sowie die Organisationspflichten überwachen.

(b) Risikoanalyse

Wie sich bereits aus den gesellschaftsrechtlichen Grundsätzen zur Etablierung von Compliance-Maßnahmen ergibt, ist die Festlegung von Compliance-Zielen nicht ohne vorherige Risikoanalyse sinnvoll, in der die risikobehafteten Geschäftsaktivitäten herausgearbeitet und dokumentiert werden.[318] Die Risikoanalyse bildet die Basis für das spätere Compliance-Management Systems.[319] Auch bei der Etablierung von Compliance-Maßnahmen im Kontext der vergaberechtlichen Selbstreinigung ist in einem ersten Schritt das spezifische Compliance-Risikoprofil des Unternehmens sorgfältig zu ermitteln. Die Analyse dieses

---

316 Vgl. *Fleischer*, in: Spindler/Stilz, § 91 Rn. 63; LG München I, Urt. V. 10.12.2013, 5HK O 1387/10; *Bicker*, AG 2012, 542,(546).

317 Vgl. *Bicker*, AG 2012, 542 (544).

318 Vgl. *Schorn* in: Hauschka/Moosmayer/Lösler § 13 Rn. 33; *Dittrich/Matthey* in: Hauschka/Moosmayer/Lösler § 26 Rn. 57.

319 Vgl. *Wilbert*, CCZ 2015, 213 (215).

Profils dient als Informationsgrundlage für die weiteren unternehmerischen Entscheidungen des Vorstandes im Zusammenhang mit der Etablierung von Compliance-Strukturen.[320]

Dass die konkrete Unternehmenssituation und eine individuelle Risikoanalyse Grundlage der zu treffenden Compliance-Maßnahmen sein muss, ergibt sich auch aus der Gesetzesbegründung, in der zum Ausdruck kommt, dass Faktoren wie die Größe, die Struktur und der Tätigkeitsbereich des Unternehmens, die Art des Delikts oder Fehlverhaltens sowie die Funktion der belasteten Mitarbeite eine wesentliche Rolle bei der Beurteilung der im Einzelfall erforderlichen Selbstreinigungsmaßnahmen spielen.[321]

Es muss in diesem Zusammenhang berücksichtigt werden, dass in den Fällen, in denen eine vergaberechtliche Selbstreinigung akut wird, bereits konkrete Rechtsverstöße im betreffenden Bieterunternehmen festgestellt worden sind oder entsprechend konkrete Verdachtsmomente bestehen. Aus diesem Grund sind zunächst schädliche Verhaltensmuster aufzudecken, bevor zur Unterbindung anhaltender Rechtsverstöße durch Maßnahmen wie Schulungen und personelle Maßnahmen eine Beibehaltung der Rechtstreue sichergestellt werden kann.[322] Nur so kann der Nachweis der vergaberechtlich relevanten Unternehmensintegrität sinnvollerweise gelingen.

Zugunsten der Unternehmen darf dabei jedoch ein risikoorientierter Ansatz gewählt werden. Im Rahmen der konkreten Ausgestaltung der Compliance-Maßnahmen ist daher eine Beschränkung auf solche Risiken gerechtfertigt, die aus Sicht der Bieterunternehmen als „wesentlich" angesehen werden können. Als „wesentlich" können beispielsweise Compliance-Risiken angesehen werden, die im Falle ihrer Verwirklichung zu erheblichen wirtschaftlichen Nachteilen oder Reputationsschäden für das betroffene Bieterunternehmen führen können oder Organe und Mitarbeiter des Unternehmens einer straf- oder bußgeldrechtlichen Verfolgung aussetzen. In Bezug auf das Vergaberecht kann als „wesentliches" Compliance-Risiko auch der drohende Ausschluss des Unternehmens von öffentlichen Aufträgen sein.[323] Auch im Rahmen der Selbstreinigung fließt

---

320 Vgl. *Bicker*, AG 2012, 542 (542 (545).

321 Vgl. Gesetzesbegründung zu § 125 GWB, BT-Drs.. 18/6281, S. 110; *Opitz* in: Burgi/Dreher Beck´scher Vergaberechtskommentar § 125 Rn. 28; *Prieß/Smonis* in Kulartz/Kus/Portz/Prieß, Kommentar zum GWB-Vergaberecht, § 125 Rn. 36.

322 Vgl. *Wimmer*, Zuverlässigkeit im Vergaberecht, S. 193.

323 Vgl. *Hauschka/Moosmayer/Lösler* in: Hauschka/Moosmayer/Lösler, Anhang Leitlinien für die Tätigkeit in der Compliance-Funktion im Unternehmen (für Compliance Officer außerhalb regulierter Sektoren) Ziff. 2.2 „Compliance-Risiko-Analyse".

daher der Aspekt künftiger Ausschlüsse von Vergabeverfahren in die Planung der Unternehmen bezüglich ihres Compliance-Programms ein.

Die Risikoanalyse bildet mithin die unerlässliche bieterspezifische und individuelle Grundlage für die im Rahmen der vergaberechtlichen Selbstreinigung zu treffenden Compliance-Maßnahmen. Das Erfordernis einer Risikoanalyse unterstreicht den in der Gesetzesbegründung des § 125 GWB aufgegriffenen Gedanken einer individuellen und auf den konkreten Einzelfall zugeschnittenen organisatorischen Selbstreinigung[324] und bildet folglich die Basis entsprechenden Handelns.

(c) Umstrukturierung des Unternehmens

Eine in der Praxis besonders wirksame Maßnahme zur Änderung von Unternehmensabläufen stellt die Umorganisation des Unternehmens dar. Dabei stellt die am weitesten reichende Maßnahme in diesem Zusammenhang die organisatorische Trennung von Unternehmensbereichen durch Neugründung einer juristischen Person dar. Wie bereits das OLG Brandenburg in seiner Rechtsprechung zur vergaberechtlichen Selbstreinigung vor der Vergaberechtsnovelle 2016 dargestellt hat[325], kann dabei insbesondere auch die Trennung von Verwaltung und operativem Bereich einen wesentlichen Beitrag zur Selbstreinigung leisten. Die organisatorische Trennung von Unternehmensbereichen durch Neugründung einer juristischen Person stellt dabei insgesamt die weitreichendste Maßnahme dar.[326] Sie wird gegebenenfalls nicht in allen Fällen erforderlich sein. Oftmals wird es ausreichen, unternehmensinterne Compliance-Maßnahmen, welche im Folgenden erörtert werden, zu etablieren. Jedenfalls kann nicht angenommen werden, dass jedes Bieterunternehmen eine Umstrukturierung des Unternehmens unabhängig vom Konkreten Einzelfall vorzunehmen hat, wenngleich es sich hierbei um eine nach außen besonders gut erkennbare Selbstreinigungsmaßnahme handeln dürfte.

(d) Zuordnung der Zuständigkeiten

Ebenso wie die Risikoanalyse setzt eine effektive Compliance-Organisation im Unternehmen eine klare Zuordnung der Verantwortlichkeiten für alle mit der Compliance-Organisation im Zusammenhang stehenden Aufgaben voraus. Dies gilt sowohl für den Vorstand als auch die nachgeordneten Unternehmensebenen.

---

324 Vgl. BT-Drs. 18/6281, S. 109.

325 OLG Brandenburg, Beschl. v. 14.12.2007 – Verg W 21/07;
vgl. insoweit auch die vorstehenden Ausführungen unter B.II.3. a).

326 Vgl. *Ley* in: Reidt/Stickler/Glahs, § 125 Rn. 66; *Dreher/Hoffmann*, NZBau 2014, 150 (150).

Sinnvollerweise wird hier ein mit speziellen Befugnissen ausgestatteter Compliance-Beauftragter eingesetzt, der die Effizienz der etablierten Compliance-Maßnahmen sicherstellt, deren Stellenwert im Unternehmen verdeutlicht und als Anlaufstelle für Mitarbeiter und Leitungsorgane dient.[327] Dieser so genannte Chief-Compliance- Officer sollte mit entsprechenden Eingriffskompetenzen ausgestattet sein sowie klare Berichtspflichten an die Leitungsorgane der Gesellschaft haben.[328] Ferner empfiehlt es sich, ein System zu etablieren, welches regelmäßige Personalrotation in sensiblen Unternehmensbereichen vorsieht.[329]Die mit der Compliance-Verantwortung betrauten Personen dürfen dabei weder am operativen Geschäft des Unternehmen beteiligt sein, noch darf ihre Unvoreingenommenheit durch die spezielle Ausgestaltung ihrer Vergütung beeinträchtigt sein.[330] Die mangelnde Überwachung der Compliance-Strukturen im Unternehmen kann unter Umständen eine Pflichtverletzung des Vorstandes gegen die Gesellschaft begründen, im Aktienrecht etwa nach § 93 Abs. 2 S. 1 AktG.[331]

Auch im vergaberechtlichen Kontext ergibt sich hier keine andere Bewertung. Es ist nicht ersichtlich, dass durch die Überwachungspflicht eine überzogene Anforderung an die Unternehmen mit Blick auf die Teilnahme am Vergabeverfahren statuiert wird. Insbesondere kann es angezeigt sein, eine Clearing-Stelle einzurichten, die die Angebots- und Auftragsstrategien prüft und somit die Risiken rechtzeitig erkennen und auf diese aufmerksam machen kann.[332] Aus diesem Grund gelten auch hier die allgemeinen gesellschaftsrechtlichen Grundsätze zur Compliance-Überwachungspflicht.

---

327 Vgl. *Bicker*, AG 2012, 542 (546); *Radu* in: Müller-Wrede, GWB Vergaberecht, § 125 Rn. 45; *Prieß/Smonis* in Kulartz/Kus/Portz/Prieß, Kommentar zum GWB-Vergaberecht, § 125 Rn. 46.; *Dreher/Hoffmann*, NZBau 2014, 150 (152); *Ohrtmann*, NZBau 2007, 278 (281).

328 Vgl. *Bicker*, AG 2012, 542 (546); *Fleischer*, CCZ 2008 (1 (2); *Radu* in: Müller-Wrede, GWB Vergaberecht, § 125 Rn. 45 m.w.N..

329 Vgl. *Wimmer*, Zuverlässigkeit im Vergaberecht, S. 191; *Gabriel/Ziekow*, VergabeR 2017, 119 (127); *Hölzl/Ritzenhoff*, NZBau 2012, 28 (30).

330 Vgl. *Prieß/Smonis* in Kulartz/Kus/Portz/Prieß, Kommentar zum GWB-Vergaberecht, § 125 Rn. 46.

331 Vgl. insoweit die richtungsweisende Entscheidung des LG München I, LG München I, Urt. v.10.12.2013 · Az. 5HK O 1387/10, 5HK O 1387/10.

332 Vgl. *Gabriel/Ziekow*, VergabeR 2017, 119 (127) m.w.N.; *Dreher/Hoffmann* NZBau 2014, 150 (151); OLG Brandenburg, Beschl. v. 14.12.2007 – Verg W 21/07; *Ley* in: Reidt/Stickler/Glahs, § 125 Rn. 66.

(e) Tone from the Top und Unternehmenskultur

Darüber hinaus müssen die Mitarbeiter im Alltag zu regelkonformen Verhalten angehalten werden, was das Vorleben normgerechten Verhaltens durch das Führungspersonal voraussetzt („Tone from the Top").[333] Idealerweise eignen sich hierfür nach Auffassung von Rechtsprechung und Literatur ein Verhaltenskodex oder die Festlegung von Compliance-Richtlinien und Handlungsanweisungen im gesamten Unternehmen, durch die die Unternehmensleitung ein ehrliches und wiederholtes Bekenntnis zur Rechtstreue abgibt und deutlich zum Ausdruck bringt, dass rechtswidriges Verhalten strikt missbilligt und nicht toleriert wird.[334]

Zwar kann insoweit regelmäßig nicht verlangt werden, dass das Unternehmen ein „Compliance-Handbuch" oder „Compliance-Manuals erstellt. Allerdings ist anzuraten, dass beispielsweise in international tätigen Aktiengesellschaften der festgelegte Compliance-Kodex in den gängigen Landessprachen zur Verfügung gestellt wird. Es versteht sich dabei von selbst, dass die etablierten Unternehmensrichtlinien nicht lediglich auf dem Papier stehen dürfen, sondern im Unternehmen aktiv „gelebt" werden müssen.[335]

Mit Blick auf die vergaberechtliche Selbstreinigung ist das klare Bekenntnis zur Rechtstreue elementarer Bestandteil einer positiven Prognoseentscheidung der Vergabestelle hinsichtlich der Wiedererlangung der Integrität des Bieterunternehmens.[336] Den Mitarbeitern können in diesem Zusammenhang durch die vorstehend genannten Unternehmensrichtlinien verbindliche Verhaltensregeln beispielsweise für den Umgang mit Einladungen von Geschäftspartnern oder die Annahme von Geschenken im geschäftlichen Umfeld gegeben werden. Gerade mit Blick auf die vergaberechtliche Selbstreinigung müssen den Mitarbeitern nicht nur praxisbezogene Compliance- und strafrechtliche Kenntnisse sondern

333 Vgl. *Teichmann*, Compliance, Kapitel 1 Rn. 17; *Mutschler-Siebert/Dorschfeld*, BB 2015, 642 (647); *Rieder/Falge* in: Inderst/Bannenberg/Poppe, Compliance Aufbau, Management, Risikobereiche, Kapitel 2 Rn. 40.

334 Vgl. *Bicker*, AG 2012, 542, 546; *Ley* in: Reidt/Stickler/Glahs, § 125 Rn. 70 f.; *Hauschka/Greeve*, BB 2007, 165 (167,170); *Mutschler-Siebert/Dorschfeld*, BB 2015, 642 (648); *Gabriel/Ziekow*, VergabeR 2017, 119 (126); *Wimmer*, Zuverlässigkeit im Vergaberecht, S. 190 f.; OLG München, Beschl. v. 22.11.2012 – Verg 22/12; OLG Frankfurt, Beschl. v. 22.07.2004 – 11 Verg 6/04; VK Lüneburg, Beschl. v. 18.12.2015-VgK-45/15.

335 Vgl. *Bicker*, AG 2012; *Moosmayer*, Compliance 2010, S. 2

336 Vgl. wenn auch unter Bezugnahme auf den veralteten Zuverlässigkeitsbegriff OLG München, Beschl. v. 22.11.2012 – Verg 22/12; OLG Frankfurt, Beschl. v. 20.07.2004 – 11 Verg 6/04;.*Mutschler-Siebert/Dorschfeld*, BB 2015, 642 (648).

insbesondere auch kartell- und vergaberechtliche Kenntnisse vermittelt werden, sofern sie in den einschlägigen Fachabteilungen nicht bereits vorhanden sind.[337] Hierzu gehört es insbesondere auch, neben dem strafrechtlich relevanten Verhalten auf die Besonderheiten des vergaberechtlichen Geheimwettbewerbs[338] und die Folgen von Preisabsprachen (Ausschluss vom weiteren Verfahren oder sogar dauerhafte Vergabesperre) mit anderen Unternehmen aufmerksam zu machen.

Gleichzeitig kann seitens der Unternehmensleitung auch die Einführung eines Integritätsprogramms als organisatorische Maßnahme etabliert werden.[339] In Bezug auf eine erfolgreiche Selbstreinigung ist dabei seitens der einschlägigen Entscheidungspraxis insbesondere die Einführung eines Wertemanagements in der gesamten Unternehmensgruppe sowie der Beitritt zu Verbänden anerkannt worden, welche sich der wirtschaftlichen Ethik verpflichtet fühlen.[340]

(f) Umfang der Ressourcenzuteilung

Im Rahmen der personellen Delegation und der Etablierung von internen Kommunikationskonzepten ist die angemessene Versorgung mit finanziellen und personellen Mitteln seitens der Unternehmensleitung sicherzustellen.[341] Weder die einschlägige Entscheidungspraxis noch die Literatur geben bislang verbindliche Vorgaben dahingehend vor, welche personellen Ressourcen eine Compliance-Organisation im Regelfall haben sollte. Es muss eine angemessene personelle und finanzielle Ausstattung der Compliance-Organisation erforderlich.[342] Im Hinblick auf das Erfordernis der Gleichbehandlung der Bieter im Vergabeverfahren (§ 97 Abs. 2 GWB) sowie dem Grundsatz der Verhältnismäßigkeit ist auch hier sicherzustellen, dass den Bieterunternehmen diesbezüglich keine überzogenen Anforderungen auferlegt werden. Es ist unternehmensindividuell herauszustellen und zu bestimmen, was abhängig von der Unternehmensgröße und –struktur sowie dem individuellen Risikoprofil des Unternehmens

---

337 Vgl. *Prieß/Smonis* in Kulartz/Kus/Portz/Prieß, Kommentar zum GWB-Vergaberecht, § 125 Rn. 42 m.w.N..

338 Vgl. zum Grundsatz des Geheimwettbewerbs im Vergabeverfahren *Opitz* in: Burgi/Dreher Beck´scher Vergaberechtskommentar § 124 Rn. 61 f.

339 Vgl. *Radu* in: Müller-Wrede, GWB Vergaberecht, § 125 Rn. 45; *Dreher/Hoffmann*, NZBau 2014, 150 (151).

340 Vgl. *Radu* in: Müller-Wrede, GWB Vergaberecht, § 125 Rn. 45; *Prieß/Smonis* in Kulartz/Kus/Portz/Prieß, Kommentar zum GWB-Vergaberecht, § 125 Rn. 44; OLG Brandenburg, Beschl. v. 14.12.2007 – Verg W 21/07; vgl. zu den Anforderungen der Rechtsprechung diesbezüglich auch obige Ausführungen unter B.II.3. a) cc).

341 Vgl. *Bicker*, AG 2012, 542 (546); *Fleischer*, CCZ 2008, 1 (2).

342 Vgl. *Bicker*, AG 2012, 542 (546); *Fleischer*, CCZ 2008, 1 (2).

vorausgesetzt werden kann und muss. So kann insbesondere bei Großunternehmen gegebenenfalls verlangt werden, eine Revisionsabteilung einzurichten, welche finanziell und sachlich ausreichend auszustatten ist.[343] Im Einzelfall einer kartellrechtlichen Streitigkeit entschied das KG Berlin, dass eine mit vier Personen besetzte Revisionsabteilung in einem Unternehmen mit mehr als 5.000 Mitarbeitern personell nur unzureichend ausgestattet sei.[344] Hierbei handelt es sich indes um keinen kodifizierten Grundsatz sondern allenfalls um eine richtungsweisende Einzelfallentscheidung.[345]

(g) Aufklären, Abstellen, Ahnden

Ferner sieht der Erwägungsgrund Nr. 102 der RL 2014/24 EU im Kontext der möglichen Compliance Maßnahmen auch

> *„die Einführung von Berichts- und Kontrollsystemen, die Schaffung einer internen Audit-Struktur zur Überwachung der Compliance oder die Einführung interner Haftungs- und Entschädigungsregelungen“*

vor. Auch die Gesetzesbegründung zu § 125 Abs. 1 Nr. 3 GWB[346] nimmt auf den Erwägungsgrund 102 Bezug, wenngleich keine nähere Konkretisierung der Maßnahmen erfolgt, sondern lediglich auf deren beispielhaften Charakter verwiesen wird.

Daher müssen vorliegend auch die Anforderungen an die unternehmensweite Compliance-Berichterstattungspflicht sowie die Kontrollpflicht des Vorstandes hinsichtlich der ergriffenen Maßnahmen unter Berücksichtigung der gesellschaftsrechtlichen Maßstäbe in den Fokus genommen werden.[347] Die Unternehmensleitung hat danach die Compliance-Organisation nicht nur regelmäßig und nicht anlassbezogen zu kontrollieren und hierzu entsprechende Berichts- und Kontrollpflichten und eine interne Audit-Struktur zu schaffen.[348] Vielmehr sind auch vergangen Vorkommnisse zu berücksichtigen und gegebenenfalls ein entsprechend verschärfter Kontroll- und Überwachungsmaßstab der Unternehmensleitung anzunehmen.[349] Treten im Unternehmen Verdachtsmomente für

---

343 vgl. *Fleischer*, CCZ, 2008, 1 (2).

344 KG, v. 25.07.1980 – Kart 26/79.

345 Vgl. *Bicker*, AG 2012, 542 (546).

346 BT-Drs.18/6281, S. 110.

347 Vgl. hierzu LG München I, Urt. v. 10.12.2013, 5 HK O 1387/10; *Fleischer*, CCZ 2008, 1 (6); *Bicker*, AG 2012, 542 (546).

348 Vgl. LG München ebda.; OLG Stuttgart, Urt. v. 07.09.1976 – 3 526/76, NJW 1977, 1410; *Fleischer*, CCZ 2008, 1 (2); *Bicker*, AG 2012, 542 (547).

349 Vgl. *Fleischer*, CCZ 2008, 1 (2); BayOblG, Beschl. v. 10.08.2001 – 3 ObOWi 51/01; *Bicker*, AG 2012, 542 (547).

Gesetzesverletzungen oder unternehmensinterne Verhaltensregeln auf, so haben die Compliance-Beauftragten den Sachverhalt aufzuklären, Bericht zu erstatten und das Fehlverhalten gegebenenfalls zu ahnden. Hinsichtlich der Aufklärungsmethode sowie der Ausgestaltung der Sanktionierung steht dem Compliance-Beauftragten bzw. dem Vorstand wiederrum ein Ermessen zu.[350] Im Rahmen des Auswahlermessens hinsichtlich der konkreten Aufklärungsmethode[351] kann die Hilfe der internen Revision, sowie externer Berater (bspw. Wirtschaftsprüfer, Rechtsanwälte) herangezogen werden.[352] Dies spiegelt abermals die Individualität der Compliance- Maßnahmen am Maßstab der unternehmensspezifischen Risikoanalyse wider.

Nur bei konsequenter Etablierung der vorstehend genannten Kontrollmechanismen sowie der Ahndung von Verstößen kann mit Blick auf die vergaberechtliche Selbstreinigung gegenüber dem öffentlichen Auftraggeber glaubhaft nachgewiesen werden, dass die Bekämpfung von Fehlverhalten ernst genommen und nicht geduldet wird. Neben der vorstehend genannten Benennung eines Compliance-Verantwortlichen (Compliance-Officer) kann diesbezüglich auch die Einrichtung einer Whistleblowing-Hotline zweckmäßig sein, die den Mitarbeitern den Rückhalt des Unternehmens im Falle des Meldens von Fehlverhalten zusichert.[353] Dabei rücken auch im Kontext der vergaberechtlichen Selbstreinigung für die Einrichtung eines funktionsfähigen Compliance-Managements Orientierungshilfen wie der IDW PS 980 oder die ISO 19600 in den Fokus.[354]

(h) Grundsätzliche Bedeutung von IDW-PS 980, ISO 19600 und DICO Leitlinie „Kartellrechtliche Compliance“

Im Zusammenhang mit der Etablierung funktionierender Compliance-Management-Systeme rücken – wie vorstehend angedeutet – auch die Bedeutung von unverbindlichen Regelwerken wie der IDW-Prüfungsstandard 980 vom März 2011 sowie die von der ISO[355] entwickelte ISO

350 Vgl. *Fleischer* in: Spindler/Stilz, § 91 Rn. 57 f.; LG München I, Urt. v. 10.12.2013, 5 HK O 1387/10.

351 Vgl. hierzu: *Arnold*, ZGR 2014, 76 (83); *Fleischer*, NZG 2014, 321 (326); *Fleischer* in: Spindler/Stilz AktG, § 91 Rn. 57.

352 Näher: *Arnold*, ZGR 2014, 76 (83); *Fleischer*, in Spindler/Stilz, § 91 Rn. 57; *Gabriel/Ziekow*, VergabeR 2017, 119 (126) m.w.N..

353 Vgl. *Gabriel/Ziekow*, VergabeR 2017, 119 (127) m.w.N.; *Ley* in: Reidt/Stickler/Glahs, § 125 Rn. 71..

354 Vgl. *Prieß/Smonis* in Kulartz/Kus/Portz/Prieß, Kommentar zum GWB-Vergaberecht, § 125 Rn. 46.

355 International Organization for Standardization (ISO).

19600:2014[356] oder die Leitlinie „Kartellrechtliche Compliance" der DICO[357] in den Fokus.[358] Daneben kann ergänzend auch auf das WpHG und die entsprechenden Durchführungsverordnungen verwiesen werden, die allerdings maßgeblich Anforderungen für ein wirksames Compliance-System von Investmentfirmen aufstellen und daher im Kontext der vergaberechtlichen Selbstreinigung eine untergeordnete Rolle spielen.[359] Beispielhaft soll daher mit Blick auf die vergaberechtliche Selbstreinigung auf die grundsätzliche Systematik des IDW-PS 980 sowie der ISO 19600 und der DICO-Leitlinie „Kartellrechtliche Compliance" eingegangen werden, um deren potentielle Bedeutung für die Bieterunternehmen im Kontext der vergaberechtlichen Selbstreinigung zu analysieren. Die grundsätzliche Bedeutung dieser Regelwerke für die Etablierung von Compliance-Management-Systemen ist von der Frage, ob der ein oder andere Standard seitens des öffentlichen Auftraggebers als verbindlich vorgegeben werden und gegebenenfalls eine enthaftende Wirkung angenommen werden kann, zu trennen und wird daher an späterer Stelle diskutiert werden.

Da nach der Gesetzesbegründung zu § 125 GWB für die Frage der im Einzelfall erforderlichen Selbstreinigungs- und Compliance-Maßnahmen insbesondere Faktoren wie Größe, Struktur und Tätigkeitsbereich des Unternehmens maßgeblich sind[360], besteht gerade für mittelständische Bieterunternehmen ein großes Interesse an Orientierungshilfen zur Etablierung entsprechender Maßnahmen. Dies gilt insbesondere bei Vergabeverfahren, die sich klassischerweise an mittelständische Unternehmen (etwa im Bau- oder Klinikbereich) richten. Entsprechend der vorstehenden Ausführungen dürfte es unstreitig sein, dass die Unternehmen sich mit dem Thema Compliance beschäftigen müssen. Wie entsprechende Strukturen – gemessen an der individuellen Risikoanalyse – jedoch konkret ausgestattet werden könnten, stellt eine rechtliche wie tatsächliche Herausforderung für viele Bieterunternehmen dar. Da oberstes Ziel der Unternehmen regelmäßig die Bezuschlagung des Angebotes zu ihren Gunsten sein dürfte, existiert im Zusammenhang mit den erforderlichen Compliance-Maßnahmen in der Regel das Bedürfnis nach pragmatischen und praxisgerechten Lösungen.

---

356 Veröffentlicht am 5.12.2014 und seitdem kostenpflichtig abrufbar unter www.iso.org/iso/catalogue_detail?csnumber=62342 (Abruf: 29.03.2020).

357 Deutsches Institut für Compliance (DICO)

358 Vgl. *Fleischer* in: Spindler/Stilz AktG § 91 Rn. 62; *Spindler* in: MünchKomm AktG § 91 Rn. 61; *Reimers/Hainz*: CCZ 2016, 188 f..

359 Vgl. *Prieß/Smonis* in Kulartz/Kus/Portz/Prieß, Kommentar zum GWB-Vergaberecht, § 125 Rn. 46.

360 Vgl. Gesetzesbegründung zu § 125 GWB, BT-Drs. 18/6281, S. 110.

In diesen Fällen kann auf verschiedene Regelwerke zur Orientierung eines Compliance-Management-Systems Bezug genommen werden. Zunächst ist diesbezüglich auf den Prüfungsstandard IDW-PS 980 einzugehen. Das Institut der Wirtschaftsprüfer in Deutschland e.V. (IDW) hat im März 2011 den IDW-PS 980 „Grundsätze ordnungsmäßiger Prüfung von Compliance Management Systemen" verabschiedet. Dieser Prüfungsstandard vermittelt den Compliance-Verantwortlichen in den Unternehmen eine Orientierung über die Etablierung eines Compliance-Management-Systems im konkreten Einzelfall. Durch die seitens der Wirtschaftsprüfer entwickelten möglichen Maßnahmen sollen die verantwortlichen Unternehmensorgane eine zusätzliche Sicherheit darüber erhalten, ob die im Unternehmen eingeführten Grundsätze und Maßnahmen zur präventiven Sicherstellung eines regelkonformen Verhaltens angemessen und wirksam sind[361]. Dabei darf allerdings nicht verkannt werden, dass es sich bei dem IDW-PS 980 um einen durch den Berufsstand der Wirtschaftsprüfer zu beachtenden Prüfungsstandard handelt, welcher an eben diese Berufsgruppe und nicht an einzelne Bieterunternehmen adressiert ist. Der Standard beinhaltet neben Anleitungen zur Auftragsannahme, Auftragsdurchführung und Berichterstattung auch grundlegende Hinweise zur Ausgestaltung von Compliance-Management-Systemen, die ebenfalls von Unternehmen als Orientierungshilfe bei der Etablierung eigener unternehmensinterner Compliance-Leitlinien herangezogen werden können. Der Standard kann folglich neben der Eigenschaft als Prüfrahmen die konzeptionelle Basis zur Ausgestaltung angemessener und wirksamer Compliance-Management-Systeme darstellen.[362]

Nach Maßgabe des IDW-PS 980 werden folgende Grundelemente eines Compliance-Management-Systems aufgestellt:

1. Compliance-Kultur
2. Compliance-Ziele
3. Compliance-Risiken
4. Compliance-Programm
5. Compliance-Organisation
6. Compliance-Kommunikation
7. Compliance-Überwachung und -Verbesserung.

---

361 Vgl. *Schmidt* in: Hauschka/Moosmayer/Lösler, Corporate Compliance, § 45 Rn. 6.

362 Vgl. *Schmidt/Wermelt/Eibelshäuser*, CCZ 2015, 18 (18); *Schmidt* in: Hauschka/Moosmayer/Lösler, Corporate Compliance, § 45 Rn. 112.

Dabei sind die Grundelemente unternehmensindividuell auszugestalten und weisen einen wechselseitigen Bezug zueinander auf.[363] Bei der individuellen Ausgestaltung der Grundsätze kann dabei auf Standards zur Errichtung von Compliance-Management-Systemen wie die ISO 19600 zurückgegriffen werden.[364] Die Grundelemente des IDW-PS 980 können folglich durch die Empfehlungen der ISO 19600 konkretisiert werden, da sie sich inhaltlich überschneiden.[365]

Bei der „ISO 19600 Compliance-Management Systems – Guidelines" handelt es sich um ein seitens der International Organization for Standardization (ISO) im Dezember 2014 entwickeltes Rahmenwerk für den Bereich Compliance und Risikomanagement. Der Standard wurde mit dem Ziel entwickelt, international einheitliche Empfehlungen für die Ausgestaltung von Compliance-Management-Systemen in der Praxis anzubieten und steht damit neben weiteren „generic guidelines" wie beispielsweise ISO 31000 (Risk management – Principles and guidelines) und ISO 26000 (Guidance on social responsibility).[366] Er beinhaltet Richtlinien und Empfehlungen für den Einsatz vom Compliance-Management-Systemen unter anderem in Unternehmen und enthält Hinweise zur Errichtung und Entwicklung sowie Umsetzung, Bewertung und Verbesserung dieser Systeme.[367] Der Standard stellt sich dabei aufgrund seines Empfehlungscharakters allerdings nicht als zertifizierbare Managementsystem-Norm dar, da er keine verbindlichen Anforderungen an Compliance-Management-Systeme aufstellt. Auf diese Weise wird dem Umstand Rechnung getragen, dass ein Compliance-Management-System stets unter Berücksichtigung der individuellen Risikoanalyse im Unternehmen etabliert werden muss. Die ISO 19600 kann daher mit einem „Schweizer Taschenmesser" verglichen werden, die es erlaubt, individuelle und für jedes Unternehmen maßgeschneiderte Compliance-Lösungen zu schaffen.[368] Gerade vor dem Hintergrund, dass die meisten bisher etablierten Konzepte zur Errichtung von Compliance-Management-Systemen von Großunternehmen entwickelt wurden, stellt eine 1:1 Übertragung in KMU

---

363 Vgl. *Schmidt* in: Hauschka/Moosmayer/Lösler, Corporate Compliance, § 45 Rn. 22, 23; *Schmidt/Wermelt/Eibelshäuser*, CCZ 2015, 18 (18); *Böttcher*, NZG 2011, 1054 (1055).

364 Vgl. *Schmidt/Wermelt/Eibelshäuser*, CCZ 2015, 18 (18).

365 Vgl. *Schmidt* in: Hauschka/Moosmayer/Lösler, Corporate Compliance, § 45 Rn. 115 f.; *Schmidt/Wermelt/Eibelshäuser*, CCZ 2015, 18 (18); *Böttcher*, NZG 2011, 1054 (1055).

366 Vgl. zur Definition *Schmidt* in: Hauschka/Moosmayer/Lösler, Corporate Compliance, § 45 Rn. 108; *Ziegler* in: Blum/Gassner/Seit, OWiG § 130 Rn. 42.

367 Vgl. *Ziegler* in: Blum/Gassner/Seit, OWiG § 130 Rn. 42.

368 Vgl. *Makowicz*, CB 10/2014, I (Editorial); *Schmidt* in: Hauschka/Moosmayer/Lösler, Corporate Compliance, § 45 Rn. 109.

diese vor praktische Probleme, da Strukturen wie ein institutionalisiertes Risikomanagement nicht etabliert sind und die verschiedenen Compliance-Aufgaben teils in Personalunion wahrgenommen werden, da anderenfalls eine wirtschaftliche Betriebsführung gefährdet wäre. Gerade in diesem Bereich stellt die ISO-Norm ein praxistaugliches Know-How zur Verfügung und kann somit zu einer Arbeitserleichterung für die Unternehmen gerade im Mittelstand werden.[369]

Anknüpfend an das Bedürfnis kleiner und mittlerer Unternehmen (KMU)[370] hat das Deutsche Institut für Compliance e.V. (DICO) im Mai 2016 die Leitlinie „Kartellrechtliche Compliance – Eckpunkte für effektive Compliance-Programme (Teil 1)“[371] veröffentlicht. Diese verfolgt in erster Linie das Ziel, den KMU eine Hilfestellung bei der Errichtung ihres unternehmensindividuellen Compliance-Programms zu geben. Darüber hinaus – und dies wird im Rahmen der vorliegenden Untersuchung besonders relevant – soll sie einen Beitrag zu den in Wissenschaft und Praxis laufenden Diskussionen um die Voraussetzungen an die vergaberechtliche Selbstreinigung liefern.[372] So heißt es in der DICO-Leitlinie insbesondere

> *„Viele Unternehmen ergänzen ihre kartellrechtlichen Compliance-Programme inzwischen zudem um Maßnahmen, die dem eigenen Schutz vor Kartellverstößen durch Lieferanten dienen […]. Hierzu kann beispielsweise die an Kartellanten gerichtete Forderung gehören, bei Beteiligung an Beschaffungsvorgängen eine erfolgreiche Selbstreinigung – einschließlich des Bestehens eines effektiven kartellrechtlichen Compliance-Programmes – nachzuweisen.*

---

369 Vgl. hierzu auch *Makowicz*, CB 2015, 89 (89); kritisch wird die Umsetzung seitens der Verbände Deutsches Institut für Compliance e.V. (DICO), Bundesverband der Unternehmensjuristen e.V. (BUJ) – Fachgruppe Compliance, Bundesverband Deutscher Compliance Officer e.V. (BDCO) gesehen, die darauf hinweisen, dass ISO-Normen Normen statt einer Erleichterung eine große Belastung insbesondere für KMUs darstellen, da diese mit verschiedenen Regelungen des deutschen Rechts und auch bereits bestehenden Compliance Standards kollidieren, und dadurch letztendlich die Entwicklung effektiver Compliance Programme behindern, vgl. hierzu die Stellungnahme der Verbände zu ISO Normen im Bereich Compliance, CCZ 2015, 21; *Sünner*, CCZ 2015, 2 (5).

370 Kleinstunternehmen, kleine und mittlere Unternehmen (KMU) werden in der EU-Empfehlung 2003/361/EG vom 06.05.2003 definiert. Danach zählt ein Unternehmen zu den KMU, wenn es nicht mehr als 249 Beschäftigte hat und einen Jahresumsatz von höchstens 50 Mio € erwirtschaftet oder eine Bilanzsumme von maximal 43 Mio € aufweist.

371 Nachfolgend: „DICO-Leitlinie“, erhältlich über die DICO-Geschäftsstelle (www.dico-ev.de).

372 Vgl. *Reimers/Hainz*, CCZ 2016, 188 (188).

Für öffentliche Auftraggeber folgt dies in Europa ohnehin bereits aus dem (Kartell-) Vergaberecht [vgl. insoweit Art. 57 Abs. 6 RL 2014/24/EU sowie § 125 GWB.]“[373]

Zwar bieten – wie vorstehend dargestellt – sowohl der IDW-PS 980 als auch die ISO 19600 eine konkrete Orientierungshilfe zur Entwicklung und Umsetzung individueller Compliance-Management-Systemen im Bieterunternehmen. In der Praxis stellen sich diese Standards aber insbesondere für kleine und mittlere Unternehmen als häufig zu allgemein und wenig substantiiert dar, sodass nach wie vor das Bedürfnis nach konkreten pragmatischen Lösungen und Orientierungshilfen besteht. Auf der anderen Seite stellt sich eben diese praxisrelevante Frage pragmatischer Orientierungshilfen auch aus Sicht derer, die entsprechende Compliance-Programme Dritter überprüfen – mithin der Auftraggeber und Nachprüfungsinstanzen. Auch hier hat die DICO-Leitlinie den Anspruch, entsprechend konkrete Eckpunkte zu formulieren. Diese in der Leitlinie formulierten Eckpunkte dienen dabei sowohl den Auftragnehmern bei der Etablierung und Weiterentwicklung bestehender Compliance-Systeme als auch den öffentlichen Auftraggebern und Nachprüfungsinstanzen bei deren Prüfung im Kontext der vergaberechtlichen Selbstreinigung.[374] Dabei stellt die Leitlinie insbesondere klar, dass die unter Abschnitt 2 formulierten Eckpunkte u.a. konkrete Kriterien darstellen, die einen Beitrag zur laufenden Diskussion um die Anforderungen an die vergaberechtliche Selbstreinigung darstellen, da gerade im Rahmen dieses Konstituts konkrete Kriterien erforderlich seien um eine „zügige Bewertung zur ermöglichen“.[375]

Bestandteil der Leitlinie ist diesbezüglich unter Abschnitt 2 ein Eckpunktekonzept, welches sich bestimmten Kernbestandteilen von Compliance-Programmen widmet und versucht, diesbezüglich durch konkrete pragmatische Lösungsansätze unter Anlehnung an bestehende Dokumente zur (kartellrechtlichen) Compliance, insbesondere die ISO 19600 oder den IDW-PS 980 den Zugang zur Compliance zu erleichtern. Dabei werden die ISO 19600 und der Prüfungsstandard IDW-PS 980 in bestimmter Hinsicht konkretisiert, teils sind jedoch auch gerade mit Blick auf kleine und mittlere Unternehmen entsprechend Kürzungen erforderlich. Das Eckpunktekonzept versteht sich folglich ausdrücklich nicht

373 Abschnitt 1 S. 4 der DICO-Leitlinie „Kartellrechtliche Compliance – Eckpunkte für effektive Compliance-Programme (Teil 1)“.

374 Vgl. *Reimers/Hainz*, CCZ 2016, 188 (188, 189); vgl. zum Anspruch der Leitlinie, auch die Überprüfung von Compliance-Programmen im Kontext der vergaberechtlichen Selbstreinigung zu erleichtern auch Abschnitt 2 S. 5 f. der Leitlinie.

375 Vgl. DICO-Leitlinie, Abschnitt 2 S. 5.

als abschließend. Zwar werden zu den Punkten „Führungskultur“ (Abschnitt 2 Ziff. 3.1 der Leitlinie), „Verantwortlichkeit und Organisation“ (Ziff. 3.2), „Risikoanalyse (Ziff. 3.3), „Regelwerk“ (Ziff. 3.4) und „Schulungen“ (Ziff. 3.5) praxisrelevante Ausgestaltungen für die Unternehmen aufgezeigt. Je nach Größe und Risikolage bzw. -bereitschaft des Bieterunternehmens kann es allerdings angezeigt sein, in Bezug auf die Punkte Risikoanalyse und Berichterstattung Änderungen und Ergänzungen vorzunehmen.[376]

Im Kontext der hier im Fokus stehenden vergaberechtlichen Selbstreinigung kann daher festgehalten werden, dass die Leitlinie einen Diskussionsbeitrag zu den Anforderungen an die Ausgestaltung der vergaberechtlichen Selbstreinigung darstellen kann. Sie gibt daher gerade in Bezug auf KMU einige praxisrelevante Beispiele, wobei jedoch auch hier stets die konkrete Risikoanalyse den Maßstab vorgeben dürfte. Sie stellt daher ein Mehr an praxisrelevanten Ausgestaltungsmöglichkeiten dar, ist allerdings normhierarchisch auf gleicher Höhe wie die ISO 19600 anzusiedeln und konkretisiert die hierin sowie im IDW-PS 980 festgelegten Anforderungen an Compliance-Management-Systeme. Ihre Bedeutung erschöpft sich daher auch aus vergaberechtlicher Sicht letztlich in der praktischen Vereinfachung der Etablierung und Weiterentwicklung von Compliance-Management-Systemen im Kontext der vergaberechtlichen Selbstreinigung nach § 125 Abs. 1 Nr. 3 GWB.

Einen weiteren Weg der Vereinfachung zeigt das Bundesministerium für Umwelt, Naturschutz, Bau und Reaktorsicherheit auf. Das Bundesministerium hat über die vorstehend genannten Regelwerke hinaus jüngst im Rahmen eines Forschungsprogramms („Zukunft Bau“) jedenfalls für den Bereich der Vergabe öffentlicher Bauaufträge einen „Leitfaden zur Berücksichtigung von Selbstreinigungsmaßnahmen bei der Vergabe öffentlicher Bauaufträge – Anlage 1 zum Schlussbericht“ erarbeiten lassen. Ziel des Leitfadens soll es sein, der Bundesbauverwaltung den praktischen Umgang mit der durch die Vergaberechtsreform 2016 erstmals in das nationale Vergaberecht eingeführte Möglichkeit der Selbstreinigung eines Bieters (§ 6f EU VOB/A, § 125 GWB) zu erleichtern.[377] Der Leitfaden ist an die Vergabestellen selbst und nicht originär an die Bieter adressiert. Ausweislich S. 1 des Leitfadens soll dieser *„den Vergabestellen die Prüfung der von*

---

376 Vgl. *Reimers/Hainz*, CCZ 2016, 188 (190, 191).

377 So auch „Forschungsprojekt „Leitfaden zur Berücksichtigung von Selbstreinigungsmaßnahmen bei der Vergabe öffentlicher Bauaufträge“ – Vorgang 81063.09/05-2017/000006, abrufbar unter http://www.verwaltungsvorschriften-im-internet.de/pdf/BMUB-B-20170906-SF-A001.pdf (zuletzt abgerufen am 29.03.2020).

Bewerbern bzw. Bietern durchgeführten Selbstreinigungsmaßnahmen bei der Vergabe öffentlicher Bauaufträge erleichtern."[378] Die Veröffentlichung des Leitfadens ist im Zusammenhang mit dem am 29.07.2017 in Kraft getretene Wettbewerbsregistergesetz (WRegG) zu sehen, welches die Prüfung von Selbstreinigungsmaßnahmen zukünftig unter bestimmten Voraussetzungen dem dieses Register führenden Bundeskartellamt zuweist.[379] Wie auch die Einleitung zum Leitfaden (S. 1) klarstellt[380], treten die im WRegG normierten Melde-, Abfrage und Prüfpflichten erst mit Veröffentlichung einer Rechtsverordnung gemäß § 10 WRegG in Kraft, welche unter anderem die Anforderungen an die vom Antragsteller vorzulegende geeignete Gutachten und Unterlagen zur Bewertung von Selbstreinigungsmaßnahmen (vgl. § 10 Nr. 7 i.V.m. § 8 Abs. 2 S. 3 Nr. 2 WRegG) verbindlich vorgibt. Primär erleichtert der Leitfaden bis dahin interimsweise den öffentlichen Auftraggebern die Prüfung von Selbstreinigungsmaßnahmen. Der Leitfaden enthält gesonderte Prüfblätter mit Handlungsanweisungen für jeden einschlägigen Ausschlussgrund. In den einzelnen Prüfblättern sind zur Vereinfachung der Prüfung die erforderlichen Prüfungsschritte schematisch nachgezeichnet. Die Prüfung gliedert sich danach in 3 Schritte, nämlich der Prüfung der Voraussetzungen für den Ausschluss (Schritt 1), der Analyse der möglichen Selbstreinigungsmaßnahmen (Schritt 2) und der Analyse der erforderlichen Nachweise (Schritt 3).[381] Dabei erfolgt ein expliziter Hinweis dahingehend, dass die Prüfung jeweils im Einzelfall erfolgen muss und hinreichend zu dokumentieren ist. Sodann werden die gemäß § 125 Abs. 1 Nr. 1-3 GWB erforderlichen Voraussetzungen (Sachverhaltsaufklärung, Schadenskompensation und das Ergreifen organisatorischer, technischer und personeller Maßnahmen tabellarisch dargestellt indem die erforderlichen Selbstreinigungsmaßnahmen genannt und zudem taugliche Nachweise vorgeschlagen werden.

Als Beispiele für organisatorische/technische Maßnahmen im Sinne des § 125 Abs. 1 Nr. 3 GWB werden unter anderem die Einrichtung bzw. Nachbesserung

---

378 „Leitfaden zur Berücksichtigung von Selbstreinigungsmaßnahmen bei der Vergabe öffentlicher Bauaufträge" – Vorgang 81063.09/05-2017/000006, S. 1 abrufbar unter http://www.verwaltungsvorschriften-im-internet.de/pdf/BMUB-B-20170906-SF-A001.pdf (zuletzt abgerufen am 29.03.2020).

379 Vgl. zur näheren Erörterung hinsichtlich der Bedeutung und Tragweite des WRegG für die vorliegenden Untersuchung die Ausführungen unter B.IV.1.c).

380 abrufbar unter: http://www.verwaltungsvorschriften-im-internet.de/bsvwvbund_06092017_B81063090520170000006.htm (letzter Abruf: 29.03.2020).

381 vgl. S. 2 lit. B des Leitfadens.

eines unternehmens- und straftatspezifischen Compliance-Systems, betriebliche Umstrukturierung, Mitarbeiterschulungen, unternehmensinterne Richtlinien und Kontrollmechanismen, Haftungsregelungen, Audit-Struktur sowie Chinese Walls genannt. Taugliche Nachweise sind gemäß dem Leitfaden unter anderem ein Zertifikat über Einrichtung eines Compliance-Management-System, Erklärungen Dritter (z.B. erfolgreiches Audit über Anwendung von Compliance Management Maßnahmen), die Vorlage interner Dokumentation, Erklärungen der Funktionsweise technischer Lösungen durch den Anbieter sowie eine substantiierte Eigenerklärung zu implementierten Maßnahmen.

Obwohl sich der Leitfaden in erster Linie an die prüfenden Vergabestellen und nicht an die Bieterunternehmen richtet, so weist er doch im Gegensatz zum IDW-PS 980 oder der ISO 19600 einen expliziten vergaberechtlichen Bezug auf. Ähnlich wie die DICO-Leitlinie ist er geeignet, die gegebenenfalls allgemeinen Ausführungen der Regelwerke IDW-PS 980 und ISO 19600 in gewisser Hinsicht mit Blick auf eine vergaberechtliche Fokussierung zu konkretisieren. Nichtsdestotrotz handelt es sich insbesondere bei den beispielhaft aufgeführten Selbstreinigungsmaßnahmen nach der hier vertretenen Auffassung um allgemeine Grundsätze, welche keine konkreten Handlungsempfehlungen aufzeigen. Dies gilt insbesondere auf den Umfang einer „betrieblichen Umstrukturieren" oder der „Einrichtung bzw. Nachbesserung eines unternehmens- und straftatspezifischen Compliance-Systems". Der Leitfaden gibt daher zwar Empfehlungen was gemacht werden muss, es fehlt aber an konkreten Empfehlungen des „Wie" der Etablierung. Er steht damit nach der hier vertretenen Auffassung diesbezüglich, was die Praxistauglichkeit angeht, hinter der DICO-Leitlinie zurück.

(i) Zwischenergebnis

Es kann somit festgestellt werden, dass dem geschäftsführenden Organ des Bieterunternehmens (etwa dem Vorstand) ein umfassender Ermessensspielraum bei der Umsetzung der Compliance-Anforderungen zusteht.[382] Gleichwohl können die gesellschaftsrechtlich etablierten Mindestanforderungen an die Compliance-Organisation und insbesondere der Etablierung eines funktionierenden

382 Vgl. hierzu zur Aktiengesellschaft auch *Bicker*, AG 2012, 542 (545), wo mit Blick auf den Vorstand der Aktiengesellschaft ergänzend auf die einzuhaltende Grenze der Business-Judgement-Rule Bezug genommen wird, wonach der Vorstand (1) auf Grundlage angemessener Informationen, (2) zum Wohl der Gesellschaft und (3) frei von Eigeninteressen und sachfremden Erwägungen handeln muss. Entsprechendes dürfte nach der hier vertretenen Auffassung auch für die GmbH und andere Gesellschaftsformen gelten.

Compliance-Management-Systems im Kontext der vergaberechtlichen Selbstreinigung herangezogen werden und die Chancen für deren Erfolg erhöhen. Dem Grunde nach besteht die Compliance-Struktur stets aus drei Elementen, nämlich der Prävention, dem Monitoring und der Aufklärung und damit letztlich der Reaktion und Ahndung aufgedeckter Verstöße.

Dabei ist stets zu berücksichtigen, dass es sich hierbei lediglich um allgemeine Leitlinien handeln kann und die Einrichtung eines ausgereiften Compliance-Management-Systems eine komplexe Aufgabe ist, die entsprechende Spezialkenntnisse voraussetzt, die seitens des Bieterunternehmens gegebenenfalls extern beschafft werden müssen. Die Compliance-Maßnahmen sind stets individuell am Maßstab der Risikoanalyse im Unternehmen zu etablieren und anzupassen. Allgemeine „one-fits-all"- Lösungen kann es jedenfalls aus gesellschaftsrechtlicher Sicht nicht geben, obgleich Prüfungsstandards wie der IDW PS 980 oder die ISO 19600 sowie die DICO–Leitlinie und der Leitfaden des Bundesministeriums zur Berücksichtigung von Selbstreinigungsmaßnahmen Orientierungshilfen insbesondere mit Blick auf die vergaberechtliche Selbstreinigung bieten können.[383] All den vorstehend genannten Regelwerken ist indes gemein, dass sie keine verbindliche Leitlinien, sondern Orientierungshilfen darstellen, anhand derer die Leitungsorgane – beispielsweise der Vorstand – ein funktionierendes Compliance-Management-System etablieren kann. Auch in Bezug auf das Vergabeverfahren erschöpft sich ihre abstrakte Bedeutung in der Hilfestellung zur Etablierung eines funktionierenden Compliance-Management-Systems und einer damit einhergehenden Erhöhung der Chancen einer erfolgreichen Selbstreinigung. Dabei können die Vorgaben insbesondere der ISO 19600 und des IDW-PS 980 sowie deren Konkretisierungen beispielsweise in der neuen DICO Leitlinie eine schnelle Etablierung und Prüfung der Selbstreinigungsmaßnahmen – unabhängig von ihrem Erfolg – gewährleisten. Sowohl den Bieterunternehmen, dem prüfenden Auftraggeber als auch den Nachprüfungsinstanzen wird es somit jedenfalls in der Theorie erleichtert, die Selbstreinigungsmaßnahmen innerhalb der im Vergaberecht geltenden kurzen Fristen zu etablieren bzw. zu überprüfen und somit dem Grundsatz der Verfahrensbeschleunigung (§ 167 GWB) Rechnung zu tragen.

Dies stellt freilich nur eine abstrakte Betrachtung der Anwendbarkeit der gesellschaftsrechtlichen Compliance-Grundsätze auf das Vergaberecht dar. Eine von dieser abstrakten Feststellung zu trennende Frage ist hingegen, welche

383 Vgl. im Ergebnis auch *Prieß/Smonis* in Kulartz/Kus/Portz/Prieß, Kommentar zum GWB-Vergaberecht, § 125 Rn. 47.

Rechtsfolgen und Rechtsunsicherheiten sich hieraus für die Bieterunternehmen konkret ergeben und wie sich die Bewertung des öffentlichen Auftraggebers gemäß § 125 Abs. 2 GWB im konkreten Fall gestalten muss, um Rechtsunsicherheiten für die Bieterunternehmen zu vermeiden. Hierbei wird von zentraler Bedeutung sein, wie streng oder weit der Beurteilungsspielraum des öffentlichen Auftraggebers sein darf und wie großzügig oder streng dieser gegebenenfalls etablierte Maßnahmen bewerten darf und muss. In diesem Kontext wird auch zu klären sein, ob gegebenenfalls der ein oder andere vorstehend erörterte gesellschaftsrechtliche Grundsatz oder Leitfaden verbindlich vorausgesetzt werden kann, sollten Selbstreinigungsmaßnahmen erforderlich werden. In diesem Zusammenhang schließt sich die Frage an, ob bei deren Nichtbefolgung ein Ausschluss allein aus diesem Grunde rechtmäßig sein darf und ob insoweit eine Enthaftungswirkung infolge der Beachtung bestimmter Regelungsstandards denkbar ist.[384]

gg) Zurechnung von Fehlverhalten (konzernweite Selbstreinigung)

Vor dem Hintergrund einer zunehmenden internationalen Vernetzung von Unternehmen stellt sich auch im Kontext des Vergaberechts die Frage, wie ein mögliches Fehlverhalten in Gestalt einer schweren Verfehlung einer Konzernmutter auf das sich am Vergabeverfahren beteiligende Tochterunternehmen in Deutschland auswirken kann. Konkret stellt sich in Bezug auf die Rechtssicherheit der Bieterunternehmen im Vergabeverfahren unter dem Gesichtspunkt der Selbstreinigung die Frage, wie das Fehlverhalten eines Mutterunternehmens sowie dessen gegebenenfalls veranlasste Selbstreinigungsmaßnahmen auf das Tochterunternehmen wirken und wie die Verantwortlichkeiten für die Selbstreinigung aus vergaberechtlicher Sicht im Konzern verteilt sind. Dies vor dem Hintergrund, dass bei der Eignungsprüfung grundsätzlich das einzelne Bieterunternehmen und nicht der Konzern als solcher im Mittelpunkt der Prüfung des öffentlichen Auftraggebers steht.[385] Die Frage nach der konzernübergreifenden Zurechnung von Fehlverhalten ist somit untrennbar mit den sich hieraus ergebenden Anforderungen an die vergaberechtliche Selbstreinigung verbunden. Darüber hinaus sind in diesem Zusammenhang auch die konzernübergreifenden aus gesellschaftsrechtlicher Sicht geltenden Compliance-Organisationspflichten von Bedeutung, welche im Folgenden ebenfalls Beachtung finden sollen.

---

384 Vgl. hierzu Ausführungen unter IV.2.

385 Vgl. *Dreher/Hoffmann*, NZBau 2014/67, (68).

(1) Grundsätze konzernweiter Zurechnung von Selbstreinigungsmaßnahmen

Zunächst sind die vergaberechtlichen und gesellschaftsrechtlichen Grundzüge konzernweiter Zurechnung von Handlungen natürlicher oder juristischer Personen zu umreißen. Sind gemäß § 18 Abs. 1 Hs. 1 AktG ein herrschendes und ein oder mehrere abhängige Unternehmen unter der einheitlichen Leitung des herrschenden Unternehmens zusammengefasst, so bilden sie einen Konzern. Sind rechtlich selbstständige Unternehmen, ohne dass das eine Unternehmen von dem anderen abhängig ist, unter einheitlicher Leitung zusammengefasst, so bilden sie ebenfalls einen Konzern und die einzelnen Unternehmen sind als Konzernunternehmen zu bezeichnen (§ 18 Abs. 2 AktG).

Die einzelnen Konzernunternehmen bleiben dabei rechtlich selbstständig unterliegen jedoch einer einheitlichen Konzernleitung. Der Konzern selbst bildet dabei keine eigene Rechtspersönlichkeit.[386] Die rechtliche Selbstständigkeit der Konzernunternehmen führt dazu, dass die mangelnde Integrität eines Konzernunternehmens nicht allein wegen der Konzernstruktur automatisch die mangelnde vergaberechtliche Integrität weiterer konzernangehöriger Unternehmen oder gar des ganzen Konzerns nach sich zieht.[387] Ein Automatismus, nach dem die Unzuverlässigkeit[388] eines Konzernunternehmens zur Unzuverlässigkeit aller mit ihm verbundenen Unternehmen führen würde, widerspräche dem Grundsatz der rechtlichen Selbstständigkeit der konzernangehörigen Unternehmen.[389] Denkbar – und in der Praxis häufig anzutreffen – ist der Fall, dass sich nur ein Teil des Konzerns – beispielsweise ein Tochterunternehmen und nicht die Konzernmutter oder gar der gesamte Konzern – an einem Vergabeverfahren beteiligt. Die Frage einer Zurechnung von Fehlverhalten und der Eignung des jeweiligen Bieterunternehmens wird dabei vor allem in den Fällen akut, in denen das Mutter- und/oder Schwesterunternehmen einen zum Ausschluss nach den Vorschriften der §§ 123, 124 GWB berechtigenden Rechtsverstoß begangen haben. Aus Gründen der Rechtssicherheit ist für die sich am Vergabeverfahren beteiligenden Unternehmen von entscheidender Bedeutung,

386 Vgl. *Koch* in: Hüffer/Koch, AktG, § 18 Rn. 2; *Wimmer*, Zuverlässigkeit im Vergaberecht, S. 79; *Schneider*, NZG 2009, 1321 (1323).

387 Vgl. diesbezüglich in Bezug auf die vor der Vergaberechtsreform 2016 geltenden Zuverlässigkeitsprüfung *Wimmer*, Zuverlässigkeit im Vergaberecht, S. 79 m.w.N..

388 nach heutiger Rechtslage wohl eher „Integrität"

389 Vgl. *Opitz* in: Burgi/Dreher Beck´scher Vergaberechtskommentar § 123 Rn. 45; *Dreher/Hoffmann*, NZBau 2014, 67 (68); *Hötzel/Ritzenhoff*, NZBau 2012, 28 (29).

wie ihre Selbstreinigungsmaßnahmen im Falle einer Zurechnung von Fehlverhalten ihrer Konzernmutter auszugestalten sind und wie entsprechend reagiert werden muss, um einem Verfahrensausschluss zu entgehen.

Bereits vor der Vergaberechtsreform 2016 wurde in Rechtsprechung und Literatur kontrovers darüber diskutiert, ob im Falle eines zum Ausschluss berechtigenden Fehlverhaltens eines Mutterunternehmens die (damals noch relevante[390]) Zuverlässigkeit des betreffenden (Tochter-) Bieterunternehmens angenommen werden konnte. Teils wurde unter Bezugnahme auf den geltenden Grundsatz verneint, dass es bei der Zuverlässigkeitsprüfung grundsätzlich auf das einzelne Bieterunternehmen ankomme. Für die Zuverlässigkeit des einzelnen Unternehmens kam es folglich auf die für sie verantwortlich handelnde Person an. Handelt eine Person, die eine Verfehlung begangen hat daher auch für andere Konzerngesellschaften verantwortlich, etwa weil sie Geschäftsführer mehrerer Konzerngesellschaften ist, folgte bereits aus allgemeinen Grundsätzen die Unzuverlässigkeit dieser Konzerngesellschaften.[391] Diesem Grundsatz entsprechend, ergibt sich auch aus den nunmehr geltenden §§ 124 Abs. 1 Nr. 3, 123 Abs. 3 GWB, dass grundsätzlich das Verhalten einer rechtskräftig verurteilten Person einem Unternehmen zuzurechnen ist, wenn diese Person als für die Leitung des Unternehmens Verantwortlicher gehandelt hat, wozu ausweislich § 123 Abs. 3 Hs. 2 GWB auch die Überwachung der Geschäftsführung oder die sonstige Ausübung von Kontrollbefugnissen in leitender Stellung gehört. Gleichwohl trifft diese Regelung keine unmittelbare Aussage zur Zurechnung konzerninternen Fehlverhaltens.

Auch das im Jahr 2017 verabschiedete WRegG[392], wonach den öffentlichen Auftraggebern Informationen über Ausschlussgründe nach §§ 123, 124 GWB in einem bundesweiten Wettbewerbsregister (vgl. etwa § 1 Abs. 2 WRegG zur Verfügung gestellt werden, trifft dem Grunde nach keine abweichende Aussage. Insbesondere trifft das WRegG ebenso wie § 123 Abs. 3 GWB keine direkte Aussage zu der Frage, welche Konsequenzen sich aus dem Fehlverhalten von Leitungspersonen im Konzernverbund ergeben.[393] Die Gesetzesbegründung zu § 2 WRegG führt hierzu im Allgemeinen aus, dass Auftraggeber bei Rechtsverstößen natürlicher Personen ein Unternehmen nur dann vom Vergabeverfahren

---

390 Vgl. zum überholten Zuverlässigkeitsbegriff die vorstehenden Ausführungen unter B.I.1.

391 Vgl. *Gabriel/Ziekow*, VergabeR 2017, 119 (127) m.w.N aus der Rechtsprechung; *Dreher/Hoffmann*, NZBau 2014, 67 (69); *Hötzl/Ritzenhoff*, NZBau 2012, 28 (29).

392 Siehe näher hierzu IV.1.c.

393 Vgl. *Rieder/Dammann*, NZKart 2013, 8, (10).

ausschließen können, „*wenn der Rechtsverstoß dem Unternehmen zuzurechnen ist. Eine Zurechnung erfolgt stets nur in Bezug auf eine konkrete natürliche oder juristische Person. Die Zurechnung von Rechtsverstößen im Konzern ist im Vergaberecht nicht vorgesehen.*"[394]

Nach § 2 Abs. 3 WRegG erfolgt die „*Eintragung von strafgerichtlichen Entscheidungen und Bußgeldentscheidungen nach Absatz 1 Nummer 1 und 2 und von Entscheidungen gegen eine natürliche Person nach Absatz 2 […] nur, wenn das Verhalten der natürlichen Person einem Unternehmen zuzurechnen ist. Das ist der Fall, wenn die natürliche Person als für die Leitung des Unternehmens Verantwortliche gehandelt hat, wozu auch die Überwachung der Geschäftsführung oder die sonstige Ausübung von Kontrollbefugnissen in leitender Stellung gehört.*"

Auch die Gesetzesbegründung zum WRegG erwähnt in Bezug auf die Zurechnung nach § 2 Abs. 3 WRegG bei verbundenen Unternehmen, dass lediglich dann die Obergesellschaft des Gesamtkonzerns einzutragen ist, „*wenn der Rechtsverstoß von einem Leitungsverantwortlichen des Konzerns, etwa dem Geschäftsführer oder einem Vorstandsmitglied des Gesamtkonzerns als für den Konzern Handelnden begangen wurde […]. Wenn dagegen der Geschäftsführer oder Prokurist eines rechtlich selbstständigen Konzernteils, beispielsweise eines Tochterunternehmens, bei dem Fehlverhalten für diesen Konzernteil gehandelt hat, ist* ***nur der Konzernteil*** *einzutragen.*"[395] Bereits diese Ausführungen zeigen, dass kein Automatismus einer konzernweiten Zurechnung von Fehlverhalten existiert.

Eine konzernweite Zurechnung von Entscheidungen gegen natürliche Personen erfolgt danach nur im Kontext der Leitungsverantwortung der betroffenen natürlichen Person. Dies etwa in dem Fall, dass die Leitungsverantwortung für den gesamten Konzern bzw. für mehrere Teile des gesamten Konzerns besteht.[396] Folglich gestaltet sich aus Sicht der Rechtssicherheit die Zurechnung persönlichen Fehlverhaltens jedenfalls in KMU deutlich einfacher als in weit verzweigten internationalen Konzernen mit vielschichtigen Zuständigkeitsebenen.[397]

Aus der vorstehend genannten Gesetzeslage sowie der Literatur geht indes nicht eindeutig hervor, wie es um die Zurechnung von Handlungen juristischer Personen innerhalb eines Konzerns steht. Entgegen der erörterten vorherrschenden

394 Gesetzesbegründung zu § 2 WRegG, BT-Drs. 18/12051, S. 27.

395 Gesetzesbegründung zu § 2 WRegG, BT-Drs. 18/12051, S. 28 [Hervorhebung durch Verfasser].

396 Vgl. *Rieder/Dammann*, NZKart 2013, 8, (10); vgl. zur Zurechnung persönlichen Verhaltens auch: *Opitz* in: Burgi/Dreher Beck´scher Vergaberechtskommentar § 123 Rn. 45; *Prieß/Friton* in: BeckOK Vergaberecht GWB § 123 Rn. 33.

397 Vgl. *Rieder/Dammann*, NZKart 2013, 8, (11) m.w.N.

Auffassung, rechnete die Vergabekammer Lüneburg in einer Entscheidung aus dem Jahr 2011 erstmals einem konzernangehörigen Bieterunternehmen das Verhalten einer anderen juristischen Person desselben Konzerns zu. Danach sollte eine Verhaltenszurechnung im Konzernverbund bei Prognoseentscheidungen über die Zuverlässigkeit dann geboten sein, wenn die konkrete Gefahr einer Einflussnahme durch die Konzernmutter, d.h. eine Konstellation, in der das Mutterunternehmen *„Einfluss auf das Geschäft [der Tochterunternehmen] nimmt, [oder] jedenfalls jederzeit nehmen kann*"[398], besteht. In der Entscheidung ging es um die Zurechnung von Verfehlungen innerhalb eines Mutterunternehmens auf ein 100%iges Tochterunternehmen desselben Konzerns. Ferner bestand in dem zu entscheidenden Fall Identität der Geschäftsführer von Mutter- und Tochterunternehmen. Die Zurechnung der Unzuverlässigkeit konzernverbundener Unternehmen gründet sich in der Entscheidung der VK Lüneburg auf insgesamt drei Voraussetzungen, nämlich erstens, dass Mutter- und Tochterunternehmen auf dem gleichen Markt tätig sind und dieser Markt von den Verfehlungen betroffen ist, zweitens Personenidentität des Geschäftsführers von Mutter- und Tochterunternehmen zum Zeitpunkt der schweren Verfehlung bestand und drittens gesellschaftsrechtlich beherrschender Einfluss des Mutterunternehmens auf die Tochter anzunehmen war.[399] Eine Zurechnung konnte nach Auffassung der VK Lüneburg folglich jedenfalls dann erfolgen, wenn alle drei der vorstehend genannten Voraussetzungen erfüllt waren. Ungeachtet dessen blieb stets eine Prüfung im Einzelfall in Bezug auf das konkrete Vergabeverfahren angezeigt, zumal selbst bei hundertprozentiger Kapitalbeteiligung einer Muttergesellschaft nur eine widerlegliche Vermutung für einen bestimmenden Einfluss bestehen dürfte.[400] Obgleich die Zuverlässigkeitsprüfung im eigentlichen Sinne im Zuge der Vergaberechtsreform 2016 gestrichen wurde[401], können die von der Kammer entwickelten Grundsätze auch auf die nunmehr bestehende Rechtslage angewendet werden.

Folglich kann zunächst festgehalten werden, dass das Konzernrecht in erster Linie der Haftung und Verantwortlichkeit im Verhältnis der jeweiligen Konzernunternehmen untereinander dient und mithin dem Schutz der abhängigen

---

398 VK Lüneburg, Beschl. v. 24.03.2011 – VkK-4/2011.

399 Vgl. VK Lüneburg, Beschl. v. 24.03.2011- VgK-4/2011; *Gabriel/Ziekow*, VergabeR 2017, 119 (128).

400 Vgl. EuGH, Urt. v. 10.09.2009 – C- 97/08 P Akzo Nobel.

401 Vgl. hierzu oben stehende Ausführungen unter B.I.1.; Gesetzesbegründung zu § 122, BT-Drs. 18/6281, S. 101.

Gesellschaften sowie ihrer Gläubiger und außenstehenden Aktionäre.[402] Die Zurechnung juristischer Personen innerhalb eines Konzerns orientiert sich daher grundsätzlich an der Zurechnung unter natürlichen Personen, bei denen eine faktisch verantwortliche Tätigkeit genügt, um deren Verhalten dem jeweiligen Unternehmen zuzurechnen.[403] Für die Zurechnung innerhalb eines Konzerns (beispielsweise von Verhalten der Konzernmutter gegenüber der Tochtergesellschaften) kommt es folglich entscheidend auf die Möglichkeit der faktischen Einflussnahmemöglichkeiten an.[404] Die VK Lüneburg hat dies in der vorstehend dargestellten Entscheidung mit überzeugender Begründung bestätigt. Ein Automatismus, nach dem die fehlende Integrität eines Konzernunternehmens infolge von Fehlverhalten zur Annahme der mangelnden Integrität aller mit ihm verbundenen Unternehmen führt, widerspräche jedenfalls dem Grundsatz der rechtlichen Selbstständigkeit der konzernangehörigen Unternehmen und kann in dieser pauschalen Form nicht angenommen werden.

(2) Umfang und Reichweite organisatorischer Selbstreinigungsmaßnahmen im Konzern/Konzernweite Dimension von Compliance

Dogmatisch von der Frage der Zurechnung von Fehlverhalten innerhalb eines Konzerns zu trennen ist die Frage nach dem Umfang und der Ausgestaltung von Selbstreinigungsmaßnahmen. Überträgt man die vorstehend von der Rechtsprechung entwickelten Grundsätze auf den Kontext der Selbstreinigung, so stellt sich die Frage, ob, und wenn ja inwieweit es geboten ist, konzernweit personelle, technische und organisatorische Selbstreinigungsmaßnahmen zu implementieren um das betreffende Konzernunternehmen (Bieterunternehmen) trotz des Vorliegens zurechenbarer Verfehlungen gemäß §§ 123, 124 GWB vor einem Verfahrensausschluss zu bewahren. Die Frage nach konzernweit zu implementierenden Selbstreinigungsmaßnahmen wird umso bedeutsamer, je intensiver die konzerninternen Bindungen und damit die Möglichkeiten der Einflussnahme des Mutterunternehmens ausgestaltet sind. Klar dürfte sein, dass, sofern die Konzernmutter die gleichen Personen zu Geschäftsführern mehrerer Tochtergesellschaften bestellt, diese Personen im Rahmen der personellen Selbstreinigungsmaßnahmen aus sämtlichen Gesellschaften zu entfernen sind um

---

402 Vgl. *Dreher/Hoffmann* NZBau 2014, 67 (69).

403 Vgl. OLG Düsseldorf, Beschl. v. 28.7.2005 – Verg 42/05; *Dreher/Hoffmann* NZBau 2014, 67 (69).

404 Vgl. *Dreher/Hoffmann*, NZBau 2014 (67 (69).

künftiges Fehlverhalten dieser Personen im gesamten Konzern für die Zukunft auszuschließen.[405]

Weit komplexer ist die Frage der Reichweite der organisatorischen (Compliance-) Maßnahmen im engeren Sinne gemäß § 125 Abs. 1 Nr. 3 GWB im gesamten Konzern. Spiegelbildlich zu der vorstehend erörterten Frage der Zurechnung von Fehlverhalten des Mutterunternehmen auf ein Tochterunternehmen gilt es zu klären, ob das Mutterunternehmen verpflichtet sein kann, konzernweite organisatorische Selbstreinigungsmaßnahmen (§ 125 Abs. 1 Nr. 3 GWB) in Gestalt von Compliance-Maßnahmen zu etablieren um den Ausschluss des Tochterunternehmens zu verhindern oder ob es ausreicht, dass diese Maßnahmen in dem jeweiligen einzelnen Konzernunternehmen, welches sich an der Ausschreibung beteiligt hat, etabliert werden.

Diese Frage, ob Selbstreinigungsmaßnahmen stets konzernweit zu etablieren sind, ist sowohl im Falle der Zurechnung von Fehlverhalten des Mutterunternehmens, aber auch unabhängig davon bedeutend, da der Wortlaut des § 125 GWB insoweit keinen Aufschluss über die Reichweite gibt, diese aber für die Bieterunternehmen aus Gründen der Rechtssicherheit von entscheidender Bedeutung ist. In diesem Kontext werden mangels vergaberechtlicher Spezialregelungen die gesellschaftsrechtlich etablierten Grundsätze zur konzernweiten Ausgestaltung der Compliance-Verantwortung bedeutsam.

Innerhalb eines Konzerns sind grundsätzlich die Geschäftsleiter der einzelnen konzernangehörigen Unternehmen verpflichtet, für rechtmäßiges Verhalten innerhalb der jeweiligen Gesellschaft Sorge zu tragen.[406] Der Gesetzeswortlaut des § 76 Abs. 1 AktG verdeutlicht in diesem Zusammenhang lediglich, dass der Vorstand die Gesellschaft unter eigener Verantwortung zu leiten hat. Insoweit differenziert der Gesetzeswortlaut nicht zwischen Leitungsorganen verbundener und unverbundener Gesellschaften.[407] Nach überwiegender Auffassung ist die Compliance-Verantwortung der Leitungsorgane der Konzernobergesellschaft („Muttergesellschaft") indes nicht auf das eigene Unternehmen beschränkt. Sie erstreckt sich vielmehr auch auf in- und ausländische Tochter- sowie Enkelgesellschaften.[408] Obgleich die Reichweite der Konzernleitungspflicht in der

405 Vgl. *Gabriel/Ziekow*, VergabeR 2017, 119 (128); *Dreher/Hoffmann*, NZBau 2014, 67 (68).

406 Vgl. *Bicker*, AG 2012, 542 (548)m.w.N..

407 Vgl. *Fleischer*, CCZ 2008, 1 (3).

408 Vgl. *Fleischer* in Spindler/Stilz, AktG, § 91 Rn. 70; *Bürkle*, BB 2007, 1797 (1799); *Bicker*, AG 2012, 542 (548); *Bürkle* in: in: Hauschka/Moosmayer/Lösler § 36 Rn. 82.

Vergangenheit insgesamt streitig war[409], ist jedenfalls anerkannt, dass der Geschäftsleitung der Konzernobergesellschaft die Pflicht gegenüber ihrer Gesellschaft obliegt, die Beteiligungen ordnungsgemäß zu verwalten und die Beteiligtenrechte in den Tochtergesellschaften gewissenhaft auszuüben.[410] Begründet wird dies unter anderem damit, dass der Beteiligungsbesitz zum Gesellschaftsvermögen gehört und der Vorstand seinen Einfluss nicht als bloße Finanzanlage betrachten darf.[411] Nach der aktuell herrschenden Ansicht erstreckt sich die Leitungsverantwortung des Konzernvorstandes folglich auch auf die übrigen Konzernunternehmen.[412]

Der Vorstand hat mithin eine ordnungsgemäße Compliance-Organisation im gesamten (aktienrechtlichen) Unternehmensverbund sicherzustellen, wenngleich er die Aufgaben im Wege organinterner Geschäftsverteilung an ein oder mehrere Vorstandsmitglieder übertragen darf.[413] Der Vorstand der Muttergesellschaft soll danach verpflichtet sein, für eine konzernweite Überwachung zur sorgen, welche auch die Überwachung und Sicherstellung rechtmäßigen Verhaltens in den einzelnen Konzerngesellschaften umfasst.[414] Zu den Gesamtleitungsaufgaben gehören unter anderem die Verabschiedung einheitlicher Konzernrichtlinien als Grundlage einer effektiven konzernweiten Compliance-Ordnung sowie die klare Zuweisung von Verantwortlichkeiten.[415] Wie weit diese Pflicht im Detail reicht, ist im Einzelnen umstritten.[416] Einen ersten Hinweis gib insoweit der Deutsche Corporate Governance Kodes. Ziff. 4.1.3 des DCGK[417] lautet in der bisherigen Fassung diesbezüglich wie folgt:

---

409 Vgl. zum Streitstand etwa *Fleischer* in Spindler/Stilz, AktG, § 76 Rn. 84 f. m.w.N..

410 Vgl. *Hoffmann/Schieffer*, NZG 2017, 401 (406); *Bicker*, AG 2012, 542 (548); *Fleischer* in Spindler/Stilz, AktG, § 76 Rn. 84; *Spindler* in: MünchKomm AktG, § 76 Rn. 42.

411 Vgl. *Fleischer*, CCZ 2008, 1 (3).

412 Vgl. *Fleischer* in Spindler/Stilz, AktG, § 76 Rn. 84 m.w.N; *Bicker*, AG 2012, 542 (548) m.w.N..

413 Vgl. *Fleischer* in Spindler/Stilz, AktG, § 91 Rn. 70 m.w.Nn; *Bürkle*, BB 2007, 1797 (1799); *Bicker*, AG 2012, 542 (548).

414 Vgl. *Spindler* in: MünchKomm AktG, § 91 Rn. 76 m.w.N.; *Fleischer* in Spindler/Stilz, AktG, § 76 Rn. 70; *Bürkle* in: Hauschka/Moosmayer/Lösler, Corporate Compliance, § 36 Rn. 82.

415 Vgl. *Fleischer* in Spindler/Stilz, AktG, § 91 Rn. 70 m.w.N..

416 Vgl. *Hoffmann/Schieffer*, NZG 2017, 401 (406); zum Streitstand auch: *Fleischer* in Spindler/Stilz, AktG, § 91 Rn. 70 f..

417 Deutscher Corporate Governance Kodex in der Fassung vom 07.02.2018, abrufbar unter http://www.dcgk.de//files/dcgk/usercontent/de/download/kodex/170424_Kodex.pdf (letzter Abruf: 02.11.2018)

> *„Der Vorstand hat für die Einhaltung der gesetzlichen Bestimmungen und der unternehmensinternen Richtlinien zu sorgen und* ***wirkt*** *auf deren Beachtung durch die Konzernunternehmen* ***hin*** *(Compliance). Er soll für angemessene, an der Risikolage des Unternehmens ausgerichtete Maßnahmen (Compliance Management System) sorgen und deren Grundzüge offenlegen. Beschäftigten soll auf geeignete Weise die Möglichkeit eingeräumt werden, geschützt Hinweise auf Rechtsverstöße im Unternehmen zu geben; auch Dritten sollte diese Möglichkeit eingeräumt werden."*
>
> [Hervorhebungen durch Verfasser]

Die in diesem Passus zum Ausdruck kommende Pflicht zum „Hinwirken" auf Compliance in den Konzernunternehmen betont im Grundsatz den Vorrang des Gesellschaftsrechts. Gleichzeitig stellt er jedoch klar, dass der Vorstand alle zur Verfügung stehenden gesellschaftsrechtlichen Einwirkungsmöglichkeiten ausschöpfen muss um der „Hinwirkungspflicht" ausreichend Rechnung zu tragen. Das Thema Compliance muss folglich im gesamten Konzern adressiert werden, wobei rechtlich oder tatsächlich Unmögliches nicht verlangt werden kann.[418] Inhalt und Grenze der Einwirkungspflicht auf die konzernangehörigen Unternehmen werden folglich durch die jeweilige Konzernstruktur bestimmt.[419] Dabei ist stets zu berücksichtigen, dass sich die Konzernleitungspflicht des Vorstandes des Mutterunternehmens unmittelbar auf die eigene Gesellschaft beschränkt. Nach überwiegender Ansicht in der Literatur[420] ist eine gesellschaftsübergreifende Konzernleitungspflicht gegenüber den abhängigen Tochter-/Enkelgesellschaften abzulehnen, wenngleich sich haftungsrechtliche Ansprüche (etwa §§ 309 Abs. 2 AktG im AG-Vertragskonzern und §§ 311, 317 Abs. 1, Abs. 3 AktG im faktischen AG-Konzern) der Tochtergesellschaften gegenüber ihrer Muttergesellschaft im Zusammenhang mit bestehenden Compliance-Defiziten ergeben können.[421]

Obwohl auch auf Konzernebene ein weiter Ermessensspielraum des Vorstandes hinsichtlich der Umsetzung der Legalitätskontrollpflicht besteht, lassen sich bestimmte Grundpflichten für den Konzernvorstand bestimmen, die der Vollständigkeit halber dargestellt werden sollen. Diese orientieren sich im Ergebnis an den Maßnahmen nicht verbundener Unternehmen:

---

418 Vgl. *Hoffmann/Schieffer*, NZG 2017, 401 (407); *Fleischer* in Spindler/Stilz, AktG, § 76 Rn. 84; *Bürkle* in: Hauschka/Moosmayer/Lösler, Corporate Compliance, § 36 Rn. 84.

419 Vgl. *Bicker*, AG 2012, 542 (548).

420 Vgl. zum Streitstand etwa: *Fleischer* in Spindler/Stilz, AktG, § 76 Rn. 85 f.; *Spindler* in: MünchKomm AktG, § 91 Rn. 73.

421 Vgl. *Bicker*, AG 2012, 542 (548; 552); *Koch* in: Hüffer/Koch, AktG, § 76 Rn. 21; *Fleischer*, CCZ 2008, 1 (3).

Als Ausfluss der Konzernleitungspflicht ergibt sich zunächst die Pflicht zur Begründung einer Zuständigkeit für die konzernweite Compliance. Diese muss sowohl auf Vorstands- als auch auf Mitarbeiterebene erfolgen. Zwingend sind darüber hinaus eine konzernweite Berichterstattungs- und Informationsstruktur als Teil des konzernweiten Compliance Programmes.[422]

Ebenso wie im nicht verbundenen Unternehmen hat der Konzernvorstand einen konzernweit geltenden Verhaltenskodex (tone from the top) zu erlassen, der in die verschiedenen Landessprachen der Konzernunternehmen zu übersetzen ist. Ferner hat er für eine angemessene Finanzierung und Ressourcenausstattung eines konzernweiten Compliance-Programms zu sorgen.[423] Sind entsprechende konzernweite Compliance-Programme geschaffen worden, so obliegt es grundsätzlich dem Vorstand der Konzernmutter, die Einhaltung der konzernweiten Vorgaben – etwa durch Stichproben – zu überprüfen.[424] Abhängig von dem Umstand, ob es sich um einen zentral oder dezentral strukturierten Konzern handelt, ist in Bezug auf die Überwachungspflichten zu differenzieren: Im Falle einer dezentralen Konzernleitung, also einer Konzernleitung, die sich lediglich auf Fragen der Personalpolitik und die Konzernfinanzierung beschränkt, hat der Konzernvorstand Sorge dafür zu tragen, dass seitens der Tochtergesellschaften eine Compliance-Organisation eingerichtet wird. Im Detail obliegt die Ausgestaltung dem Ermessen der Vorstände der Tochtergesellschaften im nachgeordneten Verhältnis. Im Falle eines zentral geführten Konzerns, in dem wesentliche Unternehmensfunktionen durch die Konzernspitze ausgeübt werden und darüber hinaus tief in das operative Tagesgeschäft der Tochterunternehmen eingegriffen wird, bestehen weitergehende Pflichten. In diesem Falle dürfte eine bloße Überwachung des Konzernvorstandes dahingehend, ob ein Compliance-Programm auf Ebene der Tochtergesellschaften etabliert wird, nicht ausreichen. Es dürfte seine Pflicht sein, auch für eine angemessen Umsetzung innerhalb des Tochterunternehmens zu sorgen und ggf. Sanktionen zu verhängen. Die organisatorischen Pflichten sind danach dem Inhalt nach bei Mutter- und Tochterunternehmen nicht unterschiedlich.[425]

Zusammengefasst erstreckt sich die Legalitätskontrollpflicht des Konzernvorstandes im Konzern mithin zwar sowohl auf in- und ausländische Tochter- und

422 Vgl. *Schneider*, NZG 2009, 1321 (1326; *Fleischer*, CCZ 2008 1 (6); *Bicker*, AG 2012, 542 (550).

423 Vgl. *Bicker*, AG 2012, 542 (550) m.w.N..

424 Vgl. *Fleischer*, CCZ 2008, 1 (6) m.w.N..

425 Vgl. *Schneider*, NZG 2009, 1321 (1326); *Bicker*, AG 2012, 542 (550, 551).

Enkelunternehmen. Eine hieraus resultierende Compliance-Pflicht besteht indes nur gegenüber der Muttergesellschaft und nach der herrschenden Meinung nicht im Verhältnis zu der jeweiligen Tochter- oder Enkelgesellschaft. Hieraus folgt, dass trotz der Compliance-Verantwortung der Muttergesellschaft für die untergeordneten Konzerngesellschaften die Compliance-Verantwortung der Leitungsorgane der Tochter- und Muttergesellschaften weiterhin fortbesteht und nicht suspendiert wird.[426] Die Compliance-Verantwortung in diesen nachgeordneten Konzernunternehmen steigt, je dezentraler der jeweilige Konzern organisiert ist.[427] Dabei bedeutet die bestehende originäre Compliance-Verantwortung des jeweiligen Konzernunternehmens indes nicht, dass jeweils eine eigenständige Compliance-Organisation aufgebaut werden muss. Dem Tochtervorstand ist es gestattet, auf vorhandene Compliance-Organisationen der Muttergesellschaft zurückzugreifen und die eigenen Compliance-Strukturen in deren konzernweites Compliance-System zu integrieren sofern dies zweckmäßig ist.[428]

Betrachtet man – dies vorausgeschickt – aus vergaberechtlicher Sicht die Frage, ob die Selbstreinigungsmaßnahmen stets konzernweit zu etablieren sind, so sind zwei Aspekte entscheidend:

Zum einen ist die Selbstreinigung grundsätzlich die Reaktion auf einen Verfahrensausschluss nach §§ 123, 124 GWB. Die Ausschlusstatbestände sind primär an die Bieterunternehmen selbst adressiert. So spricht der Wortlaut der Vorschriften selbst zwar nur allgemein von „Unternehmen“ und nicht „Bieterunternehmen“. Allerdings ergibt sich insbesondere aus der Gesetzesbegründung zu § 123 GWB, dass das jeweilige Bieterunternehmen, welches sich an dem konkreten Vergabeverfahren beteiligt, gemeint ist. Explizit heißt es in der Gesetzesbegründung, dass *„[d]ie in § 123 und § 124 geregelten Ausschlussgründe [...] festlegen, wann ein Bewerber oder Bieter im Rahmen der Auswahl der Teilnehmer eines Vergabeverfahrens von dem Vergabeverfahren ausgeschlossen werden kann bzw. werden muss.“*[429] Dies lässt nach der hier vertretenen Auffassung darauf schließen, dass grundsätzlich das betreffende Bieterunternehmen auszuschließen ist.[430]

---

426 Vgl. *Spindler* in: MünchKomm AktG, § 91 Rn. 73f.; *Bicker*, AG 2012, 542 (551).

427 Vgl. *Spindler*, WM 905 (916); *Bicker*, AG 2012, 542 (551); *Fleischer* in Spindler/Stilz, AktG, § 76 Rn. 72.

428 Vgl. *Spindler*, WM 905 (916); *Bicker*, AG 2012, 542 (551); *Fleischer* in Spindler/Stilz, AktG, § 76 Rn. 72.

429 Gesetzesbegründung zu § 123, BT-Drs. 18/6281, S. 102; unter Bezugnahme auf den Bieter vgl. auch *Stolz* in: Ziekow/Völlink, Vergaberecht 3. Aufl., § 123 Rn. 3; *Opitz* in: Burgi/Dreher Beck´scher Vergaberechtskommentar § 124 Rn. 2.

430 Vgl. hierzu aus kartellrechtlicher Sicht auch *Horn/Götz*, EuZW 2018, 13 (15) nach dessen Auffassung Konzerngesellschaften nicht vom Anwendungsbereich des § GWB § 124 GWB § 124 Absatz I Nr. GWB § 124 Absatz 1 Nummer 4 GWB erfasst werden sollen, wenn zwar ihre Muttergesellschaft aufgrund ihrer Beteiligung am Kartell

Spiegelbildlich muss dann aber auch das ausgeschlossene (Konzern-) unternehmen und nicht den gesamten Konzern, welcher sich in seiner Gesamtheit unter Umständen gar nicht am Vergabeverfahren beteiligt, die Verpflichtung zur Selbstreinigung nach § 125 GWB treffen. Anders ist die Rechtslage nach der hier vertretenen Auffassung zu bewerten, sofern dem sich am Vergabeverfahren beteiligenden Tochterunternehmen ein Fehlverhalten der Konzernmutter nach den vorstehend erörterten Grundsätzen zurechenbar ist. In diesem Fall muss die Konzernmutter konsequenterweise verpflichtet sein, konzernweite Compliance-Maßnahmen im Rahmen der Selbstreinigung zur Verhinderung entsprechenden Fehlverhaltens zu etablieren.

Zum anderen muss indes aus gesellschaftsrechtlicher Sicht berücksichtigt werden, dass die Compliance-Verantwortung jedoch grundsätzlich bei dem jeweiligen Konzernunternehmen/Bieterunternehmen liegt. Eine allgemeine Konzernleitungspflicht und in der Konsequenz eine damit einhergehende nicht anlassbezogene, pauschale konzernweite Compliance-Organisationspflicht ist jedenfalls entsprechend der vorstehenden Ausführungen abzulehnen. Dies kann spiegelbildlich auch für die Reichweite zu etablierender Selbstreinigungsmaßnahmen im vergaberechtlichen Kontext angenommen werden. Die Pflicht zur Selbstreinigung obliegt in erster Linie den Bieterunternehmen. Eine Verpflichtung zur Etablierung konzernweiter Selbstreinigungsmaßnahmen ist somit abzulehnen, sofern das Fehlverhalten nicht durch das Mutterunternehmen indiziert oder maßgeblich beeinflusst wurde. Damit kann bereits an dieser Stelle festgehalten werden, dass das Vergaberecht im Kontext der konzernweiten Zurechnungssystematik keinen vom Gesellschaftsrecht abweichenden Weg beschreitet.

III. Abschnitt 3: Prüfung und Bewertung der Selbstreinigungsmaßnahmen

Betrachtet man – wie vorstehend erfolgt – die potentiell zu etablierenden Selbstreinigungsmaßnahmen im Kontext des § 125 Abs. 1 GWB, stellt sich mit Blick auf die Rechtssicherheit für die Bieterunternehmen, die derartige Selbstreinigungsmaßnahmen etabliert haben, die Frage, unter welchen Voraussetzungen ihre Bemühungen seitens des öffentlichen Auftraggebers als erfolgreich und

---

(entweder als „Tätergesellschaft“ oder Muttergesellschaft der „Tätergesellschaft“ mit bestimmender Einflussnahme auf die allgemeine Geschäftspolitik der „Tätergesellschaft“) einen Kartellrechtsverstoß begangen hat, sie selbst aber nicht Teil der wirtschaftlichen Einheit waren, die den Kartellrechtsverstoß begangen hat. Dies sollte nach der dort vertretenen Auffassung auch unabhängig davon gelten, ob diese Konzerngesellschaft in einem anderen Geschäftsbereich bzw. Markt mit der Muttergesellschaft eine wirtschaftliche Einheit darstellt.

damit ausreichend zur Wiederherstellung ihrer Integrität anerkannt und bewertet werden müssen.

1. Allgemeine Grundsätze

Gemäß § 125 Abs. 2 GWB bewerten die öffentlichen Auftraggeber *„die von dem Unternehmen ergriffenen Selbstreinigungsmaßnahmen und berücksichtigen dabei die Schwere und die besonderen Umstände der Straftat oder des Fehlverhaltens"*. Nach der Gesetzesbegründung ist jeder öffentliche Auftraggeber sowohl für die Prüfung eines Ausschlusses als auch für die Durchführung von Selbstreinigungsmaßnahmen selbst verantwortlich. Die Frage, ob die Selbstreinigungsmaßnahmen ausreichend sind, um die Integrität des Unternehmens wiederherzustellen und ausreichende Garantien zu bieten, dass von ihm in Zukunft höchstwahrscheinlich keine Gefahr der Begehung von Straftaten oder Fehlverhalten mehr ausgeht, ist dabei im Einzelfall zu berücksichtigen. Dabei sind sowohl die Schwere als auch die besonderen Umstände der Straftat oder des Fehlverhaltens im Hinblick auf den zu vergebenden Auftrag zu berücksichtigen. Es soll sich hierbei ausweislich der Gesetzesbegründung ferner um eine auf *„das konkrete Vergabeverfahren bezogene Prognoseentscheidung"* des öffentlichen Auftraggebers handeln, wobei beim Vorliegen obligatorischer Ausschlussgründe nach § 123 GWB höhere Anforderungen an eine erfolgreiche Selbstreinigung zu stellen sind als bei Vorliegen fakultativer Ausschlussgründe (§ 124 GWB). Je nach Schwere des Verstoßes und der Frage, ob es sich um systematisches oder einmaliges Fehlverhalten handelt, können die Anforderungen an die erforderlichen Selbstreinigungsmaßnahmen unterschiedlich sein.[431] Es handelt sich im Ergebnis daher um eine konkrete und einzelfallbezogene Prognoseentscheidung des öffentlichen Auftraggebers hinsichtlich der Integrität des entsprechenden Bieterunternehmens.[432]

Aufgrund der Terminologie des § 125 Abs. 2 S. 1 GWB und der darin vorgegebenen Bewertung der Maßnahmen wird daher deutlich, dass die Rechtsfolge des § 125 GWB – kein Ausschluss vom weiteren Vergabeverfahren – an die Bewertung der Selbstreinigungsmaßnahmen durch den öffentlichen Auftraggeber gebunden sind und eben nicht von Gesetzes wegen ausgelöst werden.[433]

---

431 Vgl. Gesetzesbegründung zu § 125 GWB, BT-Drs. 18/6281, S 110; *Prieß/Smonis* in Kulartz/Kus/Portz/Prieß, Kommentar zum GWB-Vergaberecht, § 125 Rn. 55.

432 Vgl. *Friton* in: Gabriel/Mertens/Prieß/Stein, BeckOK Vergaberecht, § 125 GWB Rn. 57; *Summa* in: Heiermann/Zeiss/Summa, jurisPK-Vergaberecht, 5. Aufl. 2016, §125 Rn 39.

433 Vgl. *Conrad* in: Müller-Wrede GWB Vergaberecht, § 125 Rn. 56.

Die Bewertung der getroffenen Selbstreinigungsmaßnahmen hat dabei mit Blick auf das konkrete Vergabeverfahren zu erfolgen und kann dementsprechend von Verfahren zu Verfahren individuell und damit unterschiedlich und ohne Berücksichtigung von Entscheidungen aus vorherigen Verfahren ausfallen.[434] Wie aus der Gesetzesbegründung hervorgeht, sind die Selbstreinigungsmaßnahmen auf Antrag des Bieterunternehmens auch tatsächlich zu prüfen. Insoweit besteht jedenfalls ein Anspruch des betreffenden Unternehmens auf Prüfung seiner getroffenen Selbstreinigungsmaßnahmen.[435] Auch aus dem Erwägungsgrund 102 der RL 2014/24/EU ergibt sich ein Antragsrecht des Unternehmens dahingehend, dass die im Hinblick auf ihre etwaige Zulassung zum Vergabeverfahren getroffenen Compliance-Maßnahmen auch tatsächlich geprüft werden. Ein unabhängig vom konkreten Vergabeverfahren bestehendes Prüfrecht der Bieterunternehmen besteht indes nach dem Wortlaut des § 125 GWB nicht.[436] Der öffentliche Auftraggeber kann auf der anderen Seite eine individuelle antragsgemäße Prüfung des Unternehmens nicht mit Verweis auf mangelnde Ressourcen oder ausreichenden Wettbewerb ablehnen. Er hat mithin für die entsprechenden Strukturen zu sorgen um eine ausreichende und sachgerechte Prüfungspraxis getroffener Selbstreinigungsmaßnahmen zu gewährleisten.[437] Anderenfalls hinge die Rechtssicherheit der Unternehmen von der personellen und unternehmensinternen Strukturierung des öffentlichen Auftraggebers ab, was einen Wertungswiderspruch zum Selbstreinigungstatbestand als „zweite Chance“ bedeuten würde.

2. Zeitpunkt der Überprüfung/Mangelnde Bindungswirkung

Diese Gesetzessystematik und insbesondere die mangelnde Bindungswirkung der Beurteilung von Selbstreinigungsmaßnahmen birgt aus Sicht der Bieter die Gefahr, dass identische Selbstreinigungsmaßnahmen eines Unternehmens durch öffentliche Auftraggeber in unterschiedlichen Verfahren ungleich beurteilt werden.[438] Die insoweit undurchsichtige Terminologie ist im Folgenden mit Blick

---

434 Vgl. *Opitz* in: Burgi/Dreher Beck´scher Vergaberechtskommentar § 125 Rn. 35 f.; *Conrad* in: Müller-Wrede GWB Vergaberecht, § 125 Rn. 58; *Roth*, NZBau 2016, 672 (676).

435 Vgl. Gesetzesbegründung zu § 125 GWB, BT-Drs. 18/6281 S. 107f.

436 Vgl. Gesetzesbegründung zu § 125 GWB, BT-Drs. 18/6281 S. 108.

437 Vgl. Gesetzesbegründung zu § 125 GWB, BT-Drs. 18/6281 S. 107 f.; *Opitz* in: Burgi/Dreher Beck´scher Vergaberechtskommentar § 125 Rn. 34.

438 Vgl. *Roth*, NZBau 2016, 672 (676); vgl. auch *Radu* in: Müller-Wrede, GWB Vergaberecht, § 125 Rn. 72.

auf die der ausschreibenden Stelle zustehende Beurteilungsspielräume sowie deren Überprüfbarkeit durch die Nachprüfungsinstanzen in den verwaltungsrechtlichen Kontext einzuordnen. Die Erforderlichkeit der Untersuchung wird insbesondere mit Blick auf die Gesetzesterminologie des § 125 GWB deutlich, wonach die Rechtsfolgen in Gestalt eines Anspruchs[439] auf Wiederzulassung des Unternehmens am Verfahren an eine gegebenenfalls lediglich beschränkt überprüfbare Prognoseentscheidung des öffentlichen Auftraggebers geknüpft ist und daher unter Umständen signifikante Rechtsunsicherheiten für die Bieterunternehmen mit sich bringt. Aufgrund der Tatsache, dass gemäß §§ 123 Abs. 1, 4 S. 1, 124 Abs. 1 GWB ein Ausschluss zu jedem Zeitpunkt im Vergabeverfahren erfolgen kann, sind auch eventuelle Selbstreinigungsmaßnahmen bis zum Abschluss des Vergabeverfahrens (durch Zuschlag oder Aufhebung) jederzeit zu prüfen, sofern Ausschlussgründe nach §§ 123, 124 GWB im Raum stehen und zum Ausschluss berechtigen würden. Entsprechend der vor der Vergaberechtsnovelle geltenden Entscheidungspraxis sind daher entsprechende Selbstreinigungsmaßnahmen noch bis zum Abschluss der letzten mündlichen Verhandlung im Vergabenachprüfungsverfahren möglich.[440]

3. Grundsatz: Beurteilungsspielraum des Auftraggebers in Bezug auf die getroffenen Selbstreinigungsmaßnahmen – Grenzen des Beurteilungsspielraums

Bei der tatbestandlich einzuordnenden Frage, ob die seitens eines Unternehmens vollzogenen Selbstreinigungsmaßnahmen als ausreichend zu bewerten sind, ist der Vergabestelle ein umfangreicher Beurteilungsspielraum eröffnet. Dies galt bereits vor der Vergaberechtsnovelle 2016.[441] Nach der alten Rechtslage war die Selbstreinigung Teil der Zuverlässigkeitsprüfung im Sinne des § 97 Abs. 4 GWB a.F. .[442] Bei der Entscheidung, ob ein Bieterunternehmen als zuverlässig anzusehen war, stand dem öffentlichen Auftraggeber ein Beurteilungsspielraum zu[443],

439 Vgl. Gesetzesbegründung zu § 125 Abs. 1 GWB, BT-Drs. 18/6281, S. 107.

440 Vgl. *Radu* in: Müller-Wrede, GWB Vergaberecht, § 125 Rn. 71 m.w.N.; vgl. zur alten Rechtslage OLG München, Beschl. v. 22.11.2012. Verg 22/12; OLG Naumburg, Beschl. v. 22.09.2014, 2 Verg 2/13; vgl. auch ergänzend oben Punkt B.II.4.b)

441 Vgl. *Wimmer*, Zuverlässigkeit im Vergaberecht, S. 207; OLG Koblenz, Beschl. v. 04.10.2010, 1 Verg 8/10, Rn. 21.

442 S.o. B.II.3.

443 Vgl. *Dreher/Hoffmann*, NZBau 2012, 265 (267) m.w.N; OLG Düsseldorf, Beschl. v. 9.6. 2010 – VII-Verg 14/10; OLG Düsseldorf, Beschl. v. 04.02.2009 – Verg 65/08.

der aufgrund des Umstandes, dass es sich bei den Eignungskriterien des § 97 Abs. 4 GWB a.F – also auch der vergaberechtlichen Zuverlässigkeit – um unbestimmte Rechtsbegriffe handelte, lediglich beschränkt überprüfbar war.[444] Eine Bewertung der Selbstreinigungsmaßnahmen durch den öffentlichen Auftraggeber war damit bereits nach altem Recht obligatorisch im Rahmen der Eignungsprüfung vorzunehmen.

Auch nach der Vergaberechtsnovelle 2016 wurde in Gestalt des § 125 Abs. 2 S. 1 GWB klargestellt, dass die öffentlichen Auftraggeber die von dem Unternehmen getroffenen Selbstreinigungsmaßnahmen bewerten. Gegenstand der Bewertung sind dabei stets die von dem jeweiligen Bieterunternehmen etablierten Selbstreinigungsmaßnahmen nach § 125 Abs. 1 S. 1 GWB.[445] Hierbei handelt es sich ausweislich der Gesetzesbegründung um eine seitens des Auftraggebers zu treffende Prognoseentscheidung.[446] Dem Auftraggeber soll gemäß der Gesetzesbegründung ein „Beurteilungsspielraum" dahingehend, ob die durchgeführten Selbstreinigungsmaßnahmen eines Unternehmens ausreichend sind, zustehen.[447] Die Frage danach, in welchem Maße dieser Beurteilungsmaßstab seitens der Nachprüfungsinstanzen überprüfbar ist, ist eine von der Feststellung, dass ein Beurteilungsspielraum nach der Gesetzessystematik generell anzunehmen ist, getrennt zu betrachtende Frage, welche aber für die Rechtssicherheit der Bieter von entscheidender Bedeutung ist.

Der Umfang des Beurteilungsmaßstabs des öffentlichen Auftraggebers ist anhand einer Auslegung des Gesetzeswortlauts des § 125 Abs. 2 GWB sowie der Gesetzesbegründung zu § 125 GWB zu ermitteln. Ausweislich der Gesetzesbegründung müssen die ergriffenen Selbstreinigungsmaßnahmen jedenfalls ausreichend sein, um die Integrität des Unternehmens wiederherzustellen und ausreichende Garantien dafür bieten, dass von dem öffentlichen Auftraggeber auch in Zukunft höchstwahrscheinlich keine Gefahr der Begehung von Straftaten oder Fehlverhalten ausgeht, was im Einzelfall seitens des Auftraggebers zu prüfen ist. Je nachdem, ob es sich um einen obligatorischen oder fakultativen Ausschlussgrund handelt, und ob es sich im Einzelfall um systematisches Fehlverhalten handelt, sowie abhängig von der Schadenshöhe und der seit dem

444 Vgl. KG, Beschl. v. 27.11.2008 – 2 Verg 4/08; OLG Düsseldorf, Beschl. v. 9.6.2010 – VII-Verg 14/10; *Dreher/Hoffmann*, NZBau 2012, 265 (267).

445 Vgl. *Radu* in: Müller-Wrede, GWB Vergaberecht, § 125 Rn. 57.

446 Vgl. Gesetzesbegründung zu § 125 GWB, BT-Drs. 18/6281, S. 110, *Radu* in: Müller-Wrede, GWB Vergaberecht, § 125 Rn. 60 f.; *Friton* in: Gabriel/Mertens/Prieß/Stein – BeckOK Vergaberecht GWB § 125 Rn. 58.

447 Gesetzesbegründung zur § 125 GWB, BT-Drs. 18/6281, S. 107.

Fehlverhalten verstrichenen Zeit, soll eine konkret auf das betreffende Vergabeverfahren zugeschnittene Prognose des öffentlichen Auftraggebers erfolgen.[448] Die Gesetzesbegründung sowie der offene Wortlaut des § 125 Abs. 2 GWB ließen auf den ersten Blick –unabhängig von der Überprüfbarkeit der Beurteilung durch die Nachprüfungsinstanzen – auf einen uneingeschränkten Beurteilungsspielraum des öffentlichen Auftraggebers schließen. Der öffentliche Auftraggeber könnte demzufolge unabhängig von einer Überprüfbarkeit seiner Entscheidung zunächst einmal uneingeschränkt „bewerten".

Vereinzelt wird in diesem Zusammenhang allerdings in der Literatur vertreten, dass der öffentliche Auftraggeber bei der Bewertung der seitens eines Bieterunternehmens ergriffenen Selbstreinigungsmaßnahmen keineswegs frei sein soll, sondern erheblichen Einschränkungen unterliege. Hiernach soll sich hinsichtlich der Vorgaben zum Schadensausgleich nach § 125 Abs. 1 Nr. 1 GWB und zur Sachaufklärung nach § 125 Abs. 1 Nr. 2 GWB die Bewertung gemäß § 125 Abs. 2 S. 1 GWB darauf stützen, ob die im Sinne des nach § 125 Abs. 1 Nr. 1 und 2 GWB getroffenen Maßnahmen die tatbestandlichen Voraussetzungen der Vorschriften erfüllen. Da es sich bei den Maßnahmen nach § 125 Abs. 1 Nr. 1 und 2 GWB um auf die Vergangenheitsbewältigung gerichtete Maßnahmen handelt, sei nicht zu bewerten, ob sie zur Wiederherstellung der vergaberechtlichen Integrität ausreichend seien, da bereits der Gesetzeswortlaut des § 125 Abs. 1 Nr. 1 und 2 GWB klarstelle, dass sie ausreichend seien. Allenfalls könne sich im Falle, dass die tatbestandlichen Voraussetzungen von § 125 Abs. 1 Nr. 1 und 2 GWB nicht vorlägen, ein eingeschränkter Beurteilungsspielraum über das Erfordernis des § 125 Abs. 2 S. 1 Hs. 1 GWB ergeben, wonach bei der Bewertung die Schwere und die besonderen Umstände der Straftat oder des Fehlverhaltens berücksichtigt werden müssten. Es sei danach beispielweise bei Selbstreinigungsmaßnahmen nach § 125 Abs. 1 Nr. 1 GWB zu berücksichtigen, dass nach der Wertung des § 123 Abs. 5 S. 2 Hs. 2 GWB bei nur geringfügigen Schäden ein nicht nachgewiesener Schadensausgleich der insgesamt positiven Bewertung der Selbstreinigungsmaßnahmen nicht entgegenstehen könnte. Auch unbedeutende Nachlässigkeiten bei der Sachaufklärung nach § 125 Abs. 1 Nr. 2 GWB könnten danach einer erfolgreichen Selbstreinigung insgesamt nicht entgegengehalten werden. Es komme daher auf die Umstände des Einzelfalls an, insbesondere darauf, ob die Selbstreinigung trotz (teilweise) Fehlens der Voraussetzungen des

448 Vgl. Gesetzesbegründung zu § 125 GWB, BT-Drs. 18/6281, S. 110.

§ 125 Abs. 1 Nr. 1 oder 2 GWB unter Verhältnismäßigkeitsgesichtspunkten als ausreichend im Sinne des § 125 Abs. 2 S. 1 GWB bewertet werden könnten.[449]

Die Auffassung überzeugt im Ergebnis lediglich insoweit, als dass die Regelungen zur Selbstreinigung nach § 125 GWB den ausdrücklich in § 97 Abs. 1 S. 2 Alt. 1 GWB kodifizierten Verhältnismäßigkeitsgrundsatz konkretisiert und die Verhältnismäßigkeit mithin stets zu berücksichtigen ist.[450] Auch ist schwer vorstellbar, wie mit Blick auf den Schadensausgleich (§ 125 Abs. 1 Nr. 1 GWB) oder der Sachaufklärung (§ 125 Abs. 1 Nr. 2 GWB) eine Bewertung im engeren Sinne seitens des öffentlichen Auftraggebers erfolgen soll, da die Voraussetzungen zutreffender weise entweder vorliegen oder eben nicht, was objektiv überprüfbar ist.

Allerdings ergibt sich aus dogmatischer Sicht, abweichend von der vorstehend zitierten Meinung, ein umfassender Beurteilungsspielraum im Falle, dass die tatbestandlichen Voraussetzungen des § 125 Abs. 1 Nr. 1 oder 2 GWB *nicht* vorliegen nicht etwa aus § 125 Abs. 2 S. 1 Hs. 2 GWB, wonach die Schwere und besonderen Umstände der Straftat oder des Fehlverhaltens zu berücksichtigen sind. Ein vollumfänglicher Beurteilungsspielraum des öffentlichen Auftraggebers ergibt sich vielmehr unmittelbar aus § 125 Abs. 2 S. 1 GWB. Denn ausweislich des § 125 Abs. 2 S. 1 GWB „bewertet" der öffentliche Auftraggeber die von dem Unternehmen ergriffenen Selbstreinigungsmaßnahmen, was bereits voraussetzt, dass diese tatsächlich tatbestandlich vorliegen. Da die Selbstreinigungsmaßnahmen nach § 125 Abs. 1 Nr. 1–3 GWB kumulativ vorliegen müssen[451], verbleibt in Fällen, in denen beispielsweise ein Schadensausgleich im Sinne des § 125 Abs. 1 Nr. 1 GWB oder aber eine aktive Zusammenarbeit mit den Ermittlungsbehörden nach § 125 Abs. 1 Nr. 2 GWB nicht gegeben sind, gerade kein Beurteilungsspielraum, da es bereits aus tatsächlicher Sicht nichts zu bewerten gibt. Bei nicht nachgewiesenem Schadensausgleich ist somit die Selbstreinigung insgesamt gescheitert. Bei Nachlässigkeiten hinsichtlich der Sachaufklärung nach Nr. 2 hingegen, verbleibt jedenfalls ein Beurteilungsspielraum dahingehend, ob im Ergebnis im Sinne des Wortlauts der Vorschrift eine umfassende Klärung der Tatsachen und Umstände, die mit der Straftat oder dem Fehlverhalten und

449 Vgl. zu dieser Auffassung: *Radu* in: Müller-Wrede, GWB Vergaberecht, § 125 Rn. 61-63; *Ley* in: Reidt/Stickler/Glahs, § 125 Rn. 92 f..

450 Vgl. Gesetzesbegründung zu § 125 GWB, BT-Drs. 18/6281, S. 107; *Radu* in: Müller-Wrede, GWB Vergaberecht, § 125 Rn. 10.

451 Vgl. bereits den eindeutigen Wortlaut des § 125 Abs. 1 Nr. 1-3 GWB, wonach zwischen Nr. 2 und Nr. 3 ein „und" verdeutlicht, dass gerade kein Alternativverhältnis der dort kodifizierten Selbstreinigungsmaßnahmen vorliegt.

dem dadurch verursachten Schaden in Zusammenhang stehen, erfolgt ist. Aber auch hier handelt es sich streng genommen im Ergebnis eher um die Frage, ob die tatbestandlichen Voraussetzungen erfüllt sind. Die Selbstreinigung kann nur dann erfolgreich sein, wenn sämtliche Voraussetzungen des § 125 Abs. 1 Nr. 1–3 GWB erfüllt sind. Wenngleich in tatsächlicher Hinsicht jedenfalls mit Blick auf die Selbstreinigungsmaßnahmen nach § 125 Abs. 1 Nr. 1 und 2 GWB eine Bewertung des öffentlichen Auftraggebers (faktisch) ausscheiden dürfte, so steht ihm der Beurteilungsspielraum aber dennoch aus dogmatischer Sicht mit Blick auf den offenen Wortlaut und die Gesetzesbegründung der Vorschrift zu. Der Beurteilungsspielraum des Auftraggebers ist mithin von Gesetzes wegen nicht von vornherein eingeschränkt.

Besonders bedeutsam wird der durch § 125 Abs. 2 S. 1 GWB eröffnete Beurteilungsspielraum des öffentlichen Auftraggebers im Kontext der Bewertung der präventiven Selbstreinigungsmaßnahmen nach § 125 Abs. 1 Nr. 3 GWB. Auch in diesem Zusammenhang wird vereinzelt vertreten, dass insoweit der Beurteilungsspielraum dadurch begrenzt ist, dass § 125 Abs. 1 Nr. 3 GWB explizit vorgibt welche Präventivmaßnahmen als Selbstreinigungsmaßnahmen in Betracht kommen und dass in den Fällen, in denen derartige von dem Bieterunternehmen ergriffene Maßnahmen geeignet sind, weitere Straftaten oder weiteres Fehlverhalten zu verhindern, die Voraussetzungen des § 125 Abs. 1 Nr. 3 GWB als erfüllt anzusehen sind. Der Auftraggeber habe hier keinen Beurteilungsspielraum bei der Bewertung, ob die präventiven Maßnahmen zu Vermeidung weiteren Fehlverhaltens geeignet sind. Es sei von diesem lediglich zu prüfen, ob die tatbestandlichen Voraussetzungen des § 125 Abs. 1 Nr. 3 GWB erfüllt seien. Allein die Beurteilung der Frage, ob die ergriffenen geeigneten präventiven Maßnahmen weitere Straftaten oder weiteres Fehlverhalten verhindern können und damit zureichend im Sinne des § 125 Abs. 2 S. 1 Hs. 1 GWB sind, beinhalte eine Prognose des öffentlichen Auftraggebers. Ihm komme mit Blick auf § 125 Abs. 2 S. 1 Hs. 1 GWB lediglich ein Beurteilungsspielraum dahingehend zu, ob die ergriffenen präventiven Maßnahmen unter Berücksichtigung der Schwere und besonderen Umstände der Straftat oder des Fehlverhaltens zureichend seien, um die Integrität des Unternehmens wiederherzustellen. Komme der öffentliche Auftraggeber zu einer entsprechenden Prognose, ende hiermit sein Beurteilungsspielraum.[452]

---

452 Vgl. zu dieser Auffassung: *Radu* in: Müller-Wrede, GWB Vergaberecht, § 125 Rn. 64, 65 m.w.N.

Diese Auffassung überzeugt im Ergebnis lediglich zum Teil, da ein Beurteilungsspielraum unter Bezugnahme auf § 125 Abs. 2 S. 1 Hs. 1 GWB bereits mit Blick auf Auslegung der Norm zu eng gefasst ist. Zwar eröffnet der Wortlaut des § 125 Abs. 2 S. 1 Hs. 1 GWB einen Beurteilungsspielraum mit Blick auf die „Schwere und der besonderen Umstände der Straftat oder des Fehlverhaltens"; allerdings erscheint es mit Blick auf die Systematik der Norm praxisfern, dass der Auftraggeber die unter § 125 Abs. 1 Nr. 3 GWB fallenden Maßnahmen gemäß § 125 Abs. 2 S. 1 Hs. 1 GWB lediglich dahingehend beurteilt, ob diese mit Blick auf § 125 Abs. 2 GWB zureichend sind. Denn wenn der Auftraggeber – gemäß der vorstehend dargestellten Ansicht – die Präventivmaßnahmen mit Blick auf die „besonderen Umstände der Straftrat oder des Fehlverhaltens" beurteilt, muss er zwingend mitberücksichtigen, ob die technischen, organisatorisch und personellen Maßnahmen im Sinne des § 125 Abs. 1 Nr. 3 GWB auch abstrakt geeignet sind, weitere Straftaten zu verhindern. Dies ist ausweislich der Gesetzesbegründung der Norm offensichtlich auch so gewollt. So heißt es ausdrücklich in der Gesetzesbegründung zu § 125 Abs. 1 Nr. 3 GWB:

> *„Die ergriffenen technischen, organisatorischen und personellen Maßnahmen [...] müssen jedenfalls konkreter Art und dazu geeignet sein [...], das Ziel der Vermeidung weiterer Straftaten oder Fehlverhalten zu erreichen. Dabei müssen die Maßnahmen nicht nur generell der Begehung von Straftaten entgegenwirken, sondern auch konkret geeignet sein, eine erneute Begehung der gleichen Straftat zu vermeiden bzw. ausreichende Garantien bieten, dass ein derartiges Fehlverhalten nicht erneut vorkommt. Hierbei handelt es sich um eine* ***Prognoseentscheidung des jeweiligen öffentlichen Auftraggebers.****"*[453]
>
> [Hervorhebung durch Verfasser]

Somit kommt dem öffentlichen Auftraggeber sowohl ein abstrakter als auch ein auf die konkrete Schwere und besonderen Umstände der Straftat bezogener Beurteilungsspielraum zu. Er hat dabei sowohl abstrakt zu prüfen, ob die getroffenen organisatorischen Maßnahmen geeignet sind, weiteres Fehlverhalten zu vermeiden (§ 125 Abs. 1 Nr. 3 GWB), als auch eine konkrete zukunftsgerichtete Prognose bezüglich der Integrität des Unternehmens unter Berücksichtigung der Schwere des Fehlverhaltens anzustellen (§ 125 Abs. 2 GWB). Dieses Ergebnis findet seine Stütze im Ergebnis sowohl im Wortlaut als auch der Gesetzesbegründung des § 125 GWB. Nach dem Wortlaut des § 125 Abs. 2 GWB „bewerten" die öffentlichen Auftraggeber die von den Unternehmen getroffenen Selbstreinigungsmaßnahem und „berücksichtigen" die besondere Schwere und die besonderen Umstände der Straftat oder des Fehlverhaltens. Dies impliziert einen

453 Vgl. Gesetzesbegründung zu § 125 Abs. 1 Nr. 3 GWB, BT- Drs. 18/6281, S. 109.

umfassenden und insoweit abstrakten und konkreten Beurteilungsspielraum. Klargestellt wird lediglich, dass stets der konkrete Einzelfall zu berücksichtigen ist. Diese Auslegung wird auch durch die Gesetzesbegründung gestützt, wonach

> *„[b]ei der Bewertung, ob die ergriffenen Selbstreinigungsmaßnahmen ausreichend sind, um die Integrität des Unternehmens wiederherzustellen und ausreichende Garantien zu bieten, dass von ihm in Zukunft höchstwahrscheinlich keine Gefahr der Begehung von Straftaten oder eines Fehlverhaltens mehr ausgeht, [...] der Einzelfall zu berücksichtigen. [ist] Dabei müssen sowohl die Schwere als auch die besonderen Umstände der Straftat oder des Fehlverhaltens im Hinblick auf den zu vergebenden Auftrag Berücksichtigung finden.“*[454]

Dies lässt insoweit auf einen umfassenden Beurteilungsspielraum des öffentlichen Auftraggebers schließen, der nicht künstlich durch eine zu enge Auslegung begrenzt werden darf. Sinn und Zweck des § 125 Abs. 2 GWB ist insoweit eine einzelfallbezogene Bewertung der Maßnahmen, um im konkreten Vergabeverfahren zu einer Bewertung über die Integrität des betreffenden Bieters trotz Vorliegens von Ausschlussgründen nach §§ 123, 124 GWB zu gelangen. Dies gebietet es, die Vorschrift entsprechend weit auszulegen und insbesondere auch eine gesellschaftsrechtliche Betrachtung hinsichtlich der getroffenen Maßnahmen nach § 125 Abs. 1 Nr. 3 GWB anzustellen und in die „Bewertung“ gemäß § 125 Abs. 2 GWB einfließen zu lassen.

Zuzugeben ist freilich, dass der öffentliche Auftraggeber hierzu möglicherweise externe Berater hinzuziehen muss, da ihm die Sachkompetenz zur Überprüfung der Geeignetheit von Compliance-Maßnahmen fehlen dürfte. Dieser Aufwand ist indes vor dem Bedürfnis einer zutreffenden Bewertung der Selbstreinigungsmaßnahmen sowie der Rechtssicherheit der Bieter hinzunehmen.

Im Ergebnis kann daher festgehalten werden, dass dem öffentlichen Auftraggeber in Bezug auf die getroffenen Selbstreinigungsmaßnahmen der Bieterunternehmen ein umfassender Beurteilungsspielraum zukommt, der allenfalls mit Blick auf die Selbstreinigungsmaßnahmen nach § 125 Abs. 1 Nr. 2 und 2 GWB rein faktisch, nicht aber dogmatisch begrenzt ist.

---

454 Vgl. Gesetzesbegründung zu § 125 GWB, BT-Drs. 18/6281, S. 110.

4. Umfang der Überprüfbarkeit und Inkongruenz der Bewertungsmaßstäbe

Nimmt man einen verwaltungsrechtlichen Beurteilungsspielraum in Bezug auf die seitens der Bieter getroffenen Selbstreinigungsmaßnahmen an, so ist aus Sicht der Bieter und deren Bedürfnis an effektivem Rechtsschutz (Art. 19 Abs. 4 GG) fraglich, ob dieser seitens der Nachprüfungsinstanzen vollumfänglich überprüfbar ist. Dies gilt sowohl für den Fall, dass ein Bieter einen Nachprüfungsantrag vor der Vergabekammer einreicht (1. Instanz, § 160 f. GWB) als auch den Fall einer sofortigen Beschwerde gegen die Entscheidung der Vergabekammer in 2. Instanz vor dem Oberlandesgericht (§ 171 f. GWB). Nur im Falle einer vollumfänglichen Überprüfbarkeit der Entscheidung des öffentlichen Auftraggebers vor dem Vergabesenat des Oberlandesgerichts ist mit Blick auf die Rechtssicherheit der Bieter sichergestellt, dass diese nicht nur die (Ermessens-) Entscheidung des öffentlichen Auftraggebers in Bezug auf die Ausschlussentscheidung nach Maßgabe der §§ 123, 124 GWB, sondern auch mit Blick auf die Wiederzulassung zum Verfahren effektiven Rechtsschutz erlangen können.

Nachdem das Tatbestandsmerkmal der Zuverlässigkeit und damit auch dieser unbestimmte Rechtsbegriff weggefallen ist[455], besteht hier ein signifikanter Unterschied im Gegensatz zu der vor der Vergaberechtsnovelle geltenden Rechtslage. Die Entscheidung des Auftraggebers über die getroffenen Selbstreinigungsmaßnahmen war nach der einschlägigen Entscheidungspraxis und Literatur seitens der Nachprüfungsinstanzen nach alter Rechtslage lediglich eingeschränkt daraufhin zu überprüfen, ob

> *„von einem zutreffend und vollständig ermittelten Sachverhalt ausgegangen worden ist und allgemeine Wertungsgrundsätze beachtet worden sowie keine sachwidrigen Erwägungen in die Wertung eingeflossen sind.“*[456]

War die Selbstreinigung daher vor der Vergaberechtsnovelle 2016 erforderlich, um im Rahmen der Eignungsprüfung die Zuverlässigkeit des Unternehmens

---

455 Vgl. hierzu Ausführungen unter B. I. 1.

456 OLG Düsseldorf, Beschluss vom 09.06.2010 – Verg 14/10; vgl. Brandenburgisches OLG, Beschl. v. 14.09.2010, Verg W 8/10; OLG Düsseldorf, Beschl. v. 24.4.2004, VII-Verg 88/04; 22.9.2005, VII-Verg 49 und 50/05; Beschl. v. 4.2.2009, VII-Verg 65/08; KG, Beschl. v. 27.11.2008, 2 Verg 4/08; OLG Schleswig, OLGR 2008, 493, 496; vgl. zum vor der Vergaberechtsnovelle geltenden Recht in der Lit. auch *Dreher* in: Immenga/Mestmäcker/Dreher GWB § 97 Rn. 173.; *Hötzl/Ritzenhoff*, NZBau 2012, 28 (30); *Dreher/Hoffmann*, NZBau 2014, 67 f.; *Burgi* NZBau 2014, 595 (598); *Prieß/Simonis* in: Kulartz/Kus/Portz/Prieß, Kommentar zum GWB-Vergaberecht, § 125 Rn. 55 m.w.N..

wiederherzustellen[457] wird die Selbstreinigung heute in systematischer Sicht als von der eigentlichen Eignungsprüfung entkoppelt angesehen.[458] Dies führt im Ergebnis dazu, dass aufgrund dieses systematischen Unterschieds nicht ohne Weiteres mehr von einem beschränkt überprüfbaren Beurteilungsspielraum des öffentlichen Auftraggebers ausgegangen werden kann. Es gilt am Maßstab der neuen Rechtslage zu prüfen, ob die alten Grundsätze der beschränkten Überprüfbarkeit der Selbstreinigungsmaßnahmen durch den Auftraggeber[459] weiterhin Bestand haben.

In der neueren Literatur nach der Vergaberechtsnovelle 2016 wird teils – nach der hier vertretenen Auffassung vorschnell – unter Anlehnung an die zur alten Rechtslage ergangenen Entscheidungspraxis angenommen, dass dem Auftraggeber bei der Bewertung der Selbstreinigungsmaßnahmen ein weiter Beurteilungsspielraum zustehe, der von den Nachprüfungsinstanzen nur eingeschränkt dahingehend überprüfbar sei, ob die Verfahrensbestimmungen eingehalten wurden, zutreffender Sachverhalt zugrunde gelegt und keine sachfremden Erwägungen angestellt wurden.[460]

Methodisch ist in Bezug auf die Frage, ob ein nur begrenzt überprüfbarer Beurteilungsspielraum im verwaltungsrechtlichen Sinne anzunehmen ist, zunächst von den verfassungsrechtlichen Grundsätzen der Überprüfbarkeit von der Verwaltung eingeräumten Beurteilungsspielräumen auszugehen. Diese Grundsätze sind dann auf den hier vorliegenden konkreten Fall anzuwenden, um zu ermitteln, welcher Prüfungsmaßstab von den Nachprüfungsinstanzen in Bezug auf die Überprüfung der Beurteilung des öffentlichen Auftraggebers gemäß § 125 Abs. 2 GWB zulässigerweise angelegt werden darf. Da das vergaberechtliche Handeln des öffentlichen Auftraggebers, worunter auch die Bewertung der Selbstreinigungsmaßnahmen fällt, materiell Verwaltungshandeln darstellt[461], und es sich bei dem Vergabenachprüfungsverfahren gemäß § 160 f. GWB zur Feststellung vergaberechtlicher Verstöße formaljuristisch um ein Verwaltungsverfahren handelt[462], kann hier dem Grunde nach auf die im

---

457 Vgl. Ausführungen unter B. II. 3.

458 Vgl. Ausführungen unter B. I.; vgl. auch *Roth*, NZBau 2016, 672 (672).

459 Vgl. hierzu stellvertretend *Dreher/Hoffmann*, NZBau 2012, 265, (267).

460 Vgl. etwa stellvertretend: *Ley* in: Reidt/Stickler/Glahs, § 125 Rn. 90 m.w.N.

461 Vgl. zur Herleitung der Annahme von Verwaltungshandeln im Rahmen vergaberechtlichen Tätigwerdens am Markt auch: *Brückner*, LKV 2015, 534 (536) m.w.N; s. auch Ausführungen unter B.I.3.a) aa) (1).

462 Vgl. B.I.3.a) aa) (2).

allgemeinen Verwaltungsrecht entwickelten Anforderungen und Grundsätze zum Beurteilungsspielraum zurückgegriffen werden.[463]

Dabei gilt es zunächst zu beachten, dass die Verwaltung bei ihrer Entscheidungsfindung gemäß Art. 20 Abs. 3 GG stets an „Gesetz" und „Recht" gebunden ist, was aufgrund des Vorbehalts des Gesetzes auch für den öffentlichen Auftraggeber im Sinne des § 98 ff. GWB gilt.[464] Gesetzlich begründete Beurteilungsspielräume innerhalb der Verwaltung sind mit Rücksicht auf Art. 19 Abs. 4 GG darüber hinaus nur begrenzt statthaft.[465] Wird der Verwaltung indes ein Einschätzungsspielraum eröffnet und das Entscheidungsverhalten nicht vollständig bestimmt, endet an dieser Stelle auch die gerichtliche Kontrolle.[466] Wie bereits vorstehend im Rahmen der fakultativen Ausschlussgründe angerissen[467], wird die Frage, ob ein Beurteilungsspielraum der Verwaltung angenommen werden kann, entsprechend der normativen Ermächtigungslehre im Wege der Auslegung ermittelt. Die Entscheidung, ob einer Behörde ein Beurteilungsspielraum eingeräumt wird, muss grundsätzlich vom Gesetzgeber selbst unter Beachtung der verfassungsrechtlichen Vorgaben getroffen werden.[468] Entscheidend ist dabei der ausdrückliche Gesetzeswortlaut sowie der Sinn und Zweck der Regelung, welche insoweit die Beurteilung durch die Behörde als maßgeblich vorgeben muss.[469]

Ein Beurteilungsspielraum besteht danach bei Vorliegen eines unbestimmten Rechtsbegriffs und der Subsumtion eines konkreten Sachverhalts in Bezug auf eben diesen unbestimmten Rechtsbegriff.[470] Hinsichtlich des Vorliegens eines Beurteilungsspielraums muss der gesamte materiell-rechtliche Regelungszusammenhang der jeweiligen Vorschrift entsprechend berücksichtigt werden.[471] Das BVerfG fordert unter Berücksichtigung der normativen Ermächtigungslehre

463 So auch *Brückner*, LKV 2015, 534 (536) m.w.N.

464 Vgl. *Niebuhr*, VergabeR 3/2017, 335 (340); *Burgi*, NZBau 2014, 595 (600) unter Bezugnahme auf die Problematik einer Vergabesperre.

465 Vgl. *Sachs* in: Sachs, GG Art. 20 Rn. 115; BVerfG 64, 261 (279); BVerwGE 134, 108; vgl. zu Beurteilungsspielraum und Ermessen im Zusammenhang mit fakultativen Ausschlusstatbeständen: *Niebuhr*, VergabeR 3/2017, 335 (341).

466 Vgl. BVerfGE 129, 1 (22); BVerfG, Beschl. v. 08.12.2011 – 1 BvR 1932/08.

467 s.o. B.I.3.a) aa) 1..

468 Vgl. *Brückner*, LKV 2015, 534 (536) m.w.N.

469 BVerfG, NWwZ 2012, 694 (695); BVerfG, NVwZ 2011, 1062 (1064); vgl. zur Maßgeblichkeit der Normstruktur auch: *Kment/Vorwalter*, JuS 2015, 193 (195).

470 Vgl. BVerfG, Beschl. v. 08.12.2011 – 1 BvR, 1932/08; *Niebuhr*, VergabeR 3/2017, 335 (342); *Brückner*, LKV 2015, 534 (535) m.w.N.

471 Vgl. BVerG, Beschl. v. 14.04.2016, – 1 BvR 243/16 –= BVerfGK 16, 418.

grundsätzlich mit Blick auf den Grundsatz der vollständigen gerichtlichen Überprüfung eine gewisse Zurückhaltung des Gesetzgebers bei der Festlegung beschränkt überprüfbarer Beurteilungsspielräume der Verwaltung. Dies aus der Erwägung heraus, dass im gewaltenteilenden Staat die letztinstanzliche Normauslegung und Kontrolle der Rechtsanwendung den Gerichten obliegt.[472] Im Kontext des Vergaberechts gilt grundsätzlich nichts Abweichendes. Für die Ausnahme von einer gerichtlichen Vollkontrolle ist mithin neben einer Anknüpfung an den Gesetzeswortlaut ein zusätzlicher Sachgrund zu fordern.[473] Im Einzelnen ergibt sich danach unter Berücksichtigung von Rechtsprechung und Literatur Folgendes:

Nach der insoweit herrschenden Ansicht sind behördliche Entscheidungen, auch wenn sie unbestimmte Rechtsbegriffe betreffen, grundsätzlich vollumfänglich seitens der Gerichte überprüfbar, sodass der Behörde kein Spielraum eigenverantwortlicher Entscheidung überlassen wird.[474] Der Gesetzgeber ist mit Blick auf die Grundrechte und das Erfordernis effektiven Rechtsschutzes angehalten, die notwendigen Ermächtigungen der Verwaltung zur letztendlichen Gesetzeskonkretisierung in diesem Bereich ausdrücklich zu schaffen.[475] Nach der mittlerweile überwiegend konsentierten normativen Ermächtigungslehre ist ein unbestimmter Rechtsbegriff nur in den seltensten Fällen gerichtlich nicht voll überprüfbar. Eine beschränkte Überprüfbarkeit kommt danach nur in Betracht, sofern der Gesetzgeber der Verwaltung bewusst einen solchen seitens der Gerichte beschränkt überprüfbaren Beurteilungsspielraum eingeräumt hat. Dies gilt es durch Auslegung zu ermitteln.[476] Die Verwendung eines unbestimmten Rechtsbegriffs ist dabei notwendige, nicht jedoch die einzige Voraussetzung einer entsprechenden Ermächtigung der Verwaltung zur Ausübung eines beschränkt überprüfbaren Beurteilungsspielraums. Es muss der gesamte materiell-rechtliche Regelungszusammenhang der Vorschrift auf eine entsprechende Ermächtigung hindeuten.[477]

---

472 Vgl. *Brückner*, LKV 2015, 534 (536)

473 Vgl. BVerfG, Beschl. v. 31. 5. 2011 – 1 BvR 857/07.

474 Vgl. BVerfGE 101, 106 (122f.); *Brückner*, LKV 2015, 534 (535) m.w.N..

475 Vgl. *Kment/Vorwalter*, JusS 2015, 193 (197); *Schmidt-Aßmann/Schenk* in: Schoch/Schneider/Bier, VwGO, Einl. Rn. 189 f. m.w.N.; *Niebuhr*, VergabeR 3/2017, 335 (342) m.w.N.; BVerfG, Beschl. v. 08.12.2011 – 1 BvR 1932/08.

476 Vgl. *Voßkuhle*, JuS 2008, 117 (118); *Brückner*, LKV 2015, 534 (536); *Kment/Vorwalter*, JuS 2015, 193 (196).

477 Vgl. *Kment/Vorwalter*, JusS 2015, 193 (197).

Für die Ausnahme einer gerichtlichen Vollkontrolle bedarf es allerdings neben der gesetzlichen Ausgestaltung eines Spielraums kumulativ dazu einer besonderen Legitimation des Gesetzgebers in Gestalt eines hinreichend gewichtigen und den Grundsatz eines wirksamen Rechtsschutzes folgenden Sachgrundes.[478] Denkbar ist dies in Fällen, in denen das Gericht unter Heranziehung seiner Informationsmöglichkeiten sowie eigener Kenntnisse oder aber durch Sachverständige oder sonstige Beweismittel nicht in der Lage ist, die Verwaltungsentscheidung nachzuvollziehen und zu überprüfen. Die Nachprüfung muss daher nicht sachgerecht und aufgrund atypischer Sachumstände unzweckmäßig erscheinen, da ein unbestimmter Rechtsbegriff aufgrund seiner hohen Komplexität und der besonderen Dynamik der geregelten Materie derart vage ist, dass die gerichtliche Kontrolle beim Nachvollzug der zugrunde liegenden Verwaltungsentscheidung an ihre Funktionsgrenzen stößt.[479] Ein abschließender und verbindlicher Katalog bezüglich der Gründe, welche einen nur eingeschränkt überprüfbaren Beurteilungsspielraum der Verwaltung rechtfertigen, existiert nicht. Von der Literatur und der Rechtsprechung sind vielmehr Fallgruppen und Sachverhaltskonstellationen entwickelt worden, in denen ein Beurteilungsspielraum anerkannt wurde.[480] Dabei basiert die Annahme eines beschränkt überprüfbaren Beurteilungsspielraums stets auf der Erwägung der Eigenständigkeit und Funktion der Verwaltung, sodass beispielsweise wertungsabhängige Entscheidungen mit außenrechtlichem Bezug (wie naturwissenschaftliche, technische oder ökonomische Bewertungen) oder aber Prognosen eine Legitimation zur Einräumung eines umfassenden und gerichtlich beschränkt überprüfbaren Beurteilungsspielraum rechtfertigen können. Eine gerichtliche Kontrolle erschiene in diesen Fällen nicht sachgerecht oder praktisch unmöglich.[481]

Lediglich für die folgenden Sachverhaltskonstellationen hat die Rechtsprechung einen Beurteilungsspielraum anerkannt:

- *„Prüfungsentscheidungen und prüfungsähnliche Entscheidungen,*
- *Beamtenrechtliche Eignungs- und Leistungsbeurteilungen,*

478 Vgl. BVerfG, Beschl. v. 31.05.2011, – 1 BvR 857/07; *Brückner*, LKV 2015, 534 (536); *Kment/Vorwalter*, JuS 2015, 193 (196).

479 Vgl. *Brückner*, LKV 2015, 534 (536; 539); *Kment/Vorwalter*, JuS 2015, 193 (197).

480 Vgl. *Voßkuhle*, JuS 2008, 117 (118); vgl. zu positiven Hinweisen, die für eine erforderliche Vervollständigung einer Norm durch die Verwaltung sprechen auch: *Gerhard* in Schoch/Schneider/Bier, VwGO, § 114 Rn. 58.

481 Vgl. *Kment/Vorwalter*, JuS 2015, 193 (197) m.w.N.; *Brückner*, LKV 2015, 534 (536) m.w.N..

- *Entscheidungen wertender Art durch Gremien, die weisungsunabhängig, staatsfern und nach besonderen Kriterien (Sachverstand, Interessenvertreter) zusammengesetzt sind,*
- *Prognosen und Risikobewertungen, vor allem im Bereich des Umwelt- und Wirtschaftsverwaltungsrechts.*"[482]

Bei derartigen anerkannten Beurteilungsspielräumen beschränkt sich die gerichtliche Kontrolle darauf, ob die Behörde – und im vorliegenden Fall der öffentliche Auftraggeber als öffentliche Stelle – den Sachverhalt vollständig und zutreffend erfasst hat, die Verfahrensregeln und rechtlichen Bewertungsgrundsätze eingehalten wurden, das anzuwendenden Recht verkannt wurde oder sachfremde Erwägungen vorliegen.[483]

Zu klären gilt es daher für den vorliegend relevanten Bereich der vergaberechtlichen Selbstreinigung, ob § 125 Abs. 2 GWB einen unbestimmten Rechtsbegriff aufweist, der – unter Auslegung der Vorschrift – auf einen beschränkt überprüfbaren Beurteilungsspielraum der Verwaltung schließen lässt. Dazu bedarf es in einem ersten Schritt unter Zugrundelegung der Gesetzesauslegung der Feststellung, ob der Behörde ein Beurteilungsspielraum eingeräumt wird. In einem zweiten Schritt ist dann zu prüfen, ob die von Literatur und Rechtsprechung festgelegten Anforderungen an eine beschränkte Überprüfbarkeit nach Maßgabe der vorstehend skizzierten normativen Ermächtigungslehre – insbesondere ein hinreichender Sachgrund – vorliegen.

Fraglich ist im Ergebnis, ob ein potentieller Beurteilungsspielraum seitens der Nachprüfungsinstanzen – insbesondere den letztinstanzlich entscheidenden Oberlandesgerichten in der Beschwerdeinstanz – voll überprüfbar ist oder die Beurteilung und Bewertung des Auftraggebers lediglich einer begrenzten Überprüfung zugänglich ist. Im letztgenannten Fall würde dies jedenfalls die Position der öffentlichen Auftraggeber in signifikantem Maße stärken.

Ausgehend von der Feststellung, dass sich zunächst anhand der Gesetzesauslegung bestimmen lassen muss, ob der Verwaltung die Kompetenz eines

---

482 *Voßkuhle*, JuS 2008, 117 (118); vgl. zu den von der Rechtspraxis gebildeten Fallgruppen auch: *Brückner*, LKV 2015, 534 (536) m.w.N.; *Kment/Vorwalter*, JuS 2015, 193 (198) m.w.N; BVerwGE 72, 300 ff.; BVerwGE 21, 127 ff.; BVerfGE 84, 34 ff.

483 Vgl. *Wolff* in: Sodan/Ziekow, VwGO, § 114 Rn. 354; *Kment/Vorwalter*, JuS 2015, 193 (197); *Müller* in: Huck/Müller, VwVfG § 40 Rn. 55;

zur Formulierung des Prüfungsmaßstabs vgl. auch: BVerwG, Urteil vom 16.01.1986 – 3 C 66/84; im Falle der Überprüfung von Prüfungsleistungen vgl. BVerwG, Urteil vom 09.12.1992 – 6 C 3/92.

eigenständig und nur beschränkt überprüfbaren Beurteilungsspielraum zukommt, sind zunächst der Wortlaut aber auch die Systematik des § 125 Abs. 2 GWB ins Auge zu fassen.

Dass der öffentliche Auftraggeber nach der Gesetzes- und Regelungssystematik auf Tatbestandsseite einen Beurteilungsspielraum im Hinblick auf die Bewertung der getroffenen Selbstreinigungsmaßnahmen haben soll, da diese explizit gemäß § 125 Abs. 1 S. 1 GWB „*bewertet*" werden, ergibt sich – wie bereits vorstehend gezeigt – sowohl aus dem Wortlaut des § 125 Abs. 2 GWB als auch der Gesetzesbegründung[484]. Will man den Beurteilungsspielraum an einem konkreten unbestimmten Rechtsbegriff festmachen, so böte sich hier die Bewertung der Frage an, ob die bewerteten Selbstreinigungsmaßnahmen „*zureichend*" im Sinne des § 125 Abs. 2 S. 2 GWB sind, denn eben dies ist das Ergebnis der Bewertung und Beurteilung des Auftraggebers und damit maßgeblicher Anknüpfungspunkt der Norm. Zwar wird man das Vorliegen eines unbestimmten Rechtsbegriffs bereits dann ablehnen müssen, wenn die einschlägige Regelungsmaterie einen konkreten Definitionsansatz enthält.[485] Vorliegend muss also berücksichtigt werden, dass § 125 Abs. 1 Nr. 1–3 GWB die zu ergreifenden Selbstreinigungsmaßnahmen abschließend vorgibt und bei der kumulativen Erfüllung dieser Kriterien ein Rechtsanspruch auf Wiederzulassung zum Vergabeverfahren besteht. Wie allerdings gezeigt wurde, weist die Vorschrift – insbesondere § 125 Abs. 1 Nr. 3 GWB – nicht die erforderliche Regelungsdichte auf, um mit hinreichender Sicherheit die zu ergreifenden Maßnahmen inhaltlich abschließend zu bestimmen. Von einem konkreten Definitionsansatz mit der Folge, dass das Vorliegen eines unbestimmten Rechtsbegriffs von vornherein abgelehnt werden muss, kann folglich nicht gesprochen werden.

In Bezug auf den Wortlaut des § 125 Abs. 1 und 2 GWB ist danach zunächst herauszustellen, dass der Gesetzgeber hier die Anforderungen an eine erfolgreiche Selbstreinigung auf Tatbestandsseite im Rahmen des § 125 Abs. 1 Nr. 1–3 GWB zwar erheblich konkretisiert hat. Sind danach – wie vorstehend[486] erläutert – die tatbestandlichen Voraussetzungen einer erfolgreichen Selbstreinigung unter § 125 Abs. 1 Nr. 1–3 GWB abschließend geregelt und entscheidet der öffentliche Auftraggeber gemäß § 125 Abs. 2 GWB „nur" noch darüber, ob die Integrität des Unternehmens wiederhergestellt ist und ausreichende Garantien

484 Vgl. Gesetzesbegründung zu § 125 GWB, BT-Drs. 18/6281, S. 107; 110.

485 Vgl. *Brückner*, LKV 2015, 534 (538) in Bezug auf den Mittelstandsbegriff des § 97 Abs. 3 GWB a.F. .

486 Vgl. Ausführungen unter B.II.1 f. .

bestehen, dass von dem jeweiligen Unternehmen in Zukunft höchstwahrscheinlich keine Gefahr der Begehung von Straftaten oder eines Fehlverhaltens mehr ausgeht. Dies jedenfalls ließe den Schluss zu, dass eben gerade hier ein nur beschränkt überprüfbarer Beurteilungsspielraum des Auftraggebers anzuerkennen wäre. Ähnlich wie nach alter Rechtslage würde – vergleichbar mit der Zuverlässigkeitsprüfung – eine positive oder negative Prognose für die Zukunft seitens des Auftraggebers ausgestellt, wobei er in der Regel bei Vorliegen der Anforderungen des § 125 Abs. 1 Nr. 1–3 GWB zu einer positiven Prognose kommen müsste.[487] Dies hätte zur Folge, dass eben diese Prognose einer lediglich eingeschränkten Kontrolle der Nachprüfungsinstanzen unterliegen würde und sich die gerichtliche Kontrolle darauf beschränkt, ob der öffentliche Auftraggeber den Sachverhalt vollständig und zutreffend erfasst hat, die Verfahrensregeln und rechtlichen Bewertungsgrundsätze eingehalten, die anzuwendenden Recht verkannt hat oder sachfremde Erwägungen zugrunde gelegt wurden.[488] Gegen eine volle Überprüfbarkeit wird teilweise auch angeführt, dass eine solche im Rahmen des Nachprüfungsverfahrens de facto kaum zu leisten ist.[489]

Zwar ist der Ansicht insoweit zuzustimmen, als dass eine umfassende Überprüfung individueller Selbstreinigungsmaßnahmen im Rahmen eines Nachprüfungsverfahrens zu erheblichen Verzögerungen führen kann, da gegebenenfalls auch außerhalb des Vergaberechts bestehende Rechtsfragen geklärt werden und unter Umständen Beweise erhoben werden müssten. Die Sichtweise ist indes im

---

487 Vgl. zu einer möglichen Verdichtung eines Beurteilungsspielraums auf Null auch *Wolff* in: Sodan/Ziekow, VwGO, § 114 Rn. 369; BVerwG, Urt. v. 15.04.1988 – 7 C 94.86.

488 Für eine nur beschränkt Überprüfungsmöglichkeit in der neuen Literatur vgl auch: *Stolz* in: Ziekow/Völlink, Vergaberecht 3. Auf., § 125 Rn. 17; *Ley* in: Reidt/Stickler/Glahs, § 125 Rn. 90 m.w.N.; *Gabriel/Ziekow*, VergabeR 2017, 119 (129).

489 Vgl. *Friton* in: Gabriel/Mertens/Prieß/Stein – BeckOK Vergaberecht GWB § 125 Rn. 58; vgl. hierzu auch: *Radu* in: Müller-Wrede, GWB Vergaberecht, § 125 Rn. 82 f. der ebenfalls vertritt, dass die Bewertung des öffentlichen Auftraggebers in den Fällen fehlerhaft ist, in denen dieser bei der Prognose, ob die von dem Unternehmen ergriffenen Selbstreinigungsmaßnahmen zureichend oder unzureichend zur Wiederherstellung seiner vergaberechtlichen Eignung sind, den ihm insoweit eingeräumten Beurteilungsspielraum nicht gewahrt hat. Dies soll der Fall sein, wenn er bei seiner Bewertung von einem unzutreffenden Sachverhalt ausgegangen ist, in rechtsfehlerhafter Anwendung des § 125 Abs. 1 S. 1 GWB davon ausgegangen ist, Selbstreinigungsmaßnahmen seien erbracht oder nicht erbracht worden, seine Einschätzung, ob die von dem Unternehmen ergriffenen Selbstreinigungsmaßnahmen zureichend oder unzureichend sind, nicht am Beurteilungsmaßstab nach § 125 Abs. 1 S. 1, Abs. 2 GWB ausgelegt oder sich durch sachwidrige Erwägungen hat beeinflussen lassen.

Ergebnis abzulehnen, da wesentliche systematische Aspekte des § 125 Abs. 1 und 2 GWB, welche für eine umfassende Überprüfbarkeit von Selbstreinigungsmaßnahmen im Vergabenachprüfungsverfahren sprechen, unberücksichtigt bleiben würden. Denn die Prognose darüber, ob getroffenen Selbstreinigungsmaßnahmen nach § 125 Abs. 1 Nr. 1–3 GWB zureichend sind, beinhaltet zwangsläufig – wie vorstehend erläutert[490] – auch eine Prognose darüber, ob die nach § 125 Abs. 1 Nr. 3 GWB getroffene technischen, organisatorischen und personellen Maßnahmen geeignet sind, weitere Straftaten oder weiteres Fehlverhalten zu verhindern.

Denn der öffentliche Auftraggeber hat aus dem systematischen Verständnis zwischen § 125 Abs. 1 Nr. 3 GWB und § 125 Abs. 2 GWB sowie dem Sinn und Zweck der Vorschriften heraus, die Präventivmaßnahmen mit Blick auf die „besonderen Umstände der Straftrat oder des Fehlverhaltens" zu beurteilen und muss daher zwingend mitberücksichtigen, ob die technischen, organisatorisch und personellen Maßnahmen im Sinne des § 125 Abs. 1 Nr. 3 GWB auch abstrakt geeignet sind, weitere Straftaten zu verhindern. Somit kommt dem öffentlichen Auftraggeber sowohl ein abstrakter als auch ein auf die konkrete Schwere und besonderen Umstände der Straftat bezogener Beurteilungsspielraum zu. Vor diesem Hintergrund spricht jedenfalls viel dafür, einen nur beschränkt überprüfbaren Beurteilungsspielraum der Verwaltung aufgrund der Komplexität der anstehenden Entscheidung abzulehnen.

Hierauf kommt es im Ergebnis jedoch dann nicht an, wenn es jedenfalls an der nach der normativen Ermächtigungslehre und nach der Auffassung des BVerfG erforderlichen zweiten Anforderung in Gestalt eines sachlichen Grundes fehlt. Auszugehen ist von der oben ausgeführten Annahme, dass für die Ausnahme einer gerichtlichen Vollkontrolle zusätzlich ein hinreichend gewichtiger und den Grundsatz eines wirksamen Rechtsschutzes folgender Sachgrund erforderlich ist[491] und ein beschränkt überprüfbarer Beurteilungsspielraums stets auf der Erwägung der Eigenständigkeit und Funktion der Verwaltung beruht, sodass beispielsweise wertungsabhängige Entscheidungen mit außenrechtlichem Bezug (wie naturwissenschaftliche, technische oder ökonomische Bewertungen) oder aber Prognosen eine Legitimation zur Einräumung eines umfassenden und gerichtlich beschränkt überprüfbaren Beurteilungsspielraum rechtfertigen können. Vor diesem Hintergrund scheint es fraglich, ob eben gerade ein solcher

490 Vgl. Ausführungen unter B.II.1.

491 Vgl. BVerfG, Beschl. v. 31.05.2011, – 1 BvR 857/07; *Brückner*, LKV 2015, 534 (536); *Kment/Vorwalter*, JuS 2015, 193 (196).

Sachgrund noch bejaht werden kann und eine gerichtliche Kontrolle in diesen Fällen tatsächlich an ihre Grenzen stößt.[492]

Ungeachtet des Ergebnisses des ersten Prüfungsschrittes, dahingehend, ob die Vorschrift des § 125 Abs. 2 GWB einen insoweit erforderlichen unbestimmten Rechtsbegriff sowie einen beschränkt überprüfbaren Beurteilungsspielraum des öffentlichen Auftraggebers enthält, ist daher fraglich, ob entsprechend der normativen Ermächtigungslehre ein ausreichender rechtfertigender Sachgrund für die Ausnahme vom Grundsatz einer gerichtlichen Vollkontrolle angenommen werden kann. Sofern man einen unbestimmten Rechtsbegriff annimmt, muss dieser – entsprechend der vorstehend erläuterten Grundsätze – wegen der hohen Komplexität und der besonderen Dynamik der geregelten Materie so vage und die Konkretisierung der Verwaltungsentscheidung so schwierig sein, dass eine potentielle Kontrolle die Rechtsprechung an ihre Funktionsgrenzen stoßen würde.[493] Dabei sind die vorstehend erörterten, nicht abschließenden Fallgruppen zu berücksichtigen. Vorliegend könnte es sich daher im Rahmen des § 125 Abs. 2 GWB um die vorstehend letztgenannte Fallgruppe einer „Prognose und Risikobewertung im Rahmen des Wirtschaftsverwaltungsrechts" handeln. Ausweislich der Gesetzesbegründung hat seitens des Auftraggebers eine „Bewertung" dahingehend zu erfolgen, ob die Selbstreinigungsmaßnahmen ausreichend sind, um die Integrität des Unternehmens wiederherstellen und ausreichende Garantien dafür zu bieten, dass von dem jeweiligen Bieterunternehmen in Zukunft höchstwahrscheinlich keine Gefahr der Begehung von Straftaten oder eines Fehlverhaltens mehr ausgeht. Dies unter Zugrundelegung des Einzelfalls und unter Berücksichtigung der Schwere und besonderen Umstände des Fehlverhaltens oder der Straftat. Ausweislich der Gesetzesbegründung handelt es sich dabei „um eine auf das konkrete Vergabeverfahren bezogene Prognoseentscheidung".[494] Für die Frage nach der Überprüfbarkeit einer getätigten Prognose des öffentlichen Auftraggebers ist indes zu berücksichtigen, dass nicht jede gesetzlich begründete Prognose auch einen Beurteilungsspielraum enthält, sondern derartige Prognoseentscheidungen grundsätzlich, wie auch vorstehend bereits in Bezug auf die allgemeinen Grundsätze zum Beurteilungsspielraum erläutert, gerichtlich vollständig überprüfbar sind.[495] An die allgemeinen Grundsätze

492 Vgl. *Kment/Vorwalter*, JuS 2015, 193 (197) m.w.N.; *Brückner*, LKV 2015, 534 (536) m.w.N.

493 Vgl. BVerfG 84, 34 (50); *Brückner*, LKV 2015, 534 (540).

494 Vgl. Gesetzesbegründung zu § 125 GWB, BT-Drs. 18/6281, S. 110.

495 Vgl. hierzu *Wolff* in: Sodan/Ziekow, VwGO, § 114 Rn. 318 m.w.N. und Beispielen insbesondere unter Bezugnahme auf immissionsrechtliche Prognosen der Verwaltung

zum Beurteilungsspielraum angelehnt, ergibt sich danach für die Überprüfbarkeit der Bewertung gemäß § 125 Abs. 2 GWB und dem Vorliegen eines für eine beschränkte Überprüfbarkeit erforderlichen Sachgrundes Folgendes:

Am Vorliegen des seitens des BVerfG[496] geforderten Sachgrundes bestehen nach der hier vertretenen Auffassung erhebliche Zweifel. Denn es darf hierbei nicht außer Acht gelassen werden, dass es sich ausweislich der Gesetzesbegründung bei den unter § 125 Abs. 1 Nr. 3 GWB genannten Maßnahmen um Compliance- Maßnahmen handeln kann[497], welche maßgeblich den aus dem Gesellschaftsrecht entwickelten Grundsätzen unterfallen. Es handelt sich hierbei um außerhalb des jeweiligen Vergabeverfahrens liegende überwiegend gesellschaftsrechtlich indizierte Sachverhalte, welche zwar in das Vergabeverfahren im weitesten Sinne integriert werden, allerdings nicht in den natürlichen Kompetenzbereich der Vergabestellen fallen dürften.[498] Die gerichtliche Kontrolle scheint hier gerade sachgerecht, da der ausschreibenden Stelle kein konkreter Wissensvorsprung zukommt, der sich als sachlicher Grund einer beschränkten Kontrolle heranziehen ließe. Insoweit ist keine besondere Sachkompetenz der Verwaltung mit Blick auf die zu bewertenden Compliance-Maßnahmen erkennbar. Die Materie weist insoweit nicht die erforderliche Komplexität und Dynamik auf, die dazu führt, dass die Rechtsprechung an ihre Funktionsgrenzen geraten würde. Im Gegenteil scheint es für die Vergabestellen schwer möglich, konkrete Sachverhalte aus dem Gesellschaftsrecht und der Compliance und mithin die organisatorischen Maßnahmen im Sinne des § 125 Abs. 1 Nr. 3 GWB abschließend Kraft überlegenen Wissens zu bewerten. Den Vergabenachprüfungsinstanzen

---

und deren gerichtliche Überprüfbarkeit – Bundesverwaltungsgericht, Urteil vom 21. 5. 1976 – IV C 49-52/74.

496 Vgl. BVerfG, Beschl. v. 31. 5. 2011 – 1 BvR 857/07.

497 Vgl. Gesetzesbegründung zu § 125, BT-Drs. 18/6281, S. 109 unter Verweis auf Erwägungsgrund 102 der RL 2014/24/EU, der klarstellt, dass es sich bei den Maßnahmen insbesondere um Personal- und Organisationsmaßnahmen handeln kann, wie den Abbruch aller Verbindungen zu an dem Fehlverhalten beteiligten Personen oder Organisationen, geeignete Personalreorganisationsmaßnahmen, die Einführung von Berichts- und Kontrollsystemen, die Schaffung einer internen Audit-Struktur zur Überwachung der Compliance oder die Einführung interner Haftungs- und Entschädigungsregelungen

498 a.A. wohl im Ergebnis *Roth*, NZBau 2016, 672 (676), der zwar auch anerkennt, dass die Selbstreinigung sich auf außerhalb des Vergabeverfahrens bezogene Sachverhalte bezieht, diese aber dennoch dem Kompetenzbereich der Vergabestellen zuweist. Dieser Gedanke kann im weitesten Sinne auch auf den Beurteilungsspielraum übertragen werden.

und insbesondere den Vergabesenaten in zweiter Instanz kommt hier per se bereits eine höhere Sachkompetenz zu, da sowohl vergaberechtliche als auch gesellschaftsrechtliche Sachverhalte einer umfassenden und zusammenhängenden Bewertung zugeführt werden können. Auch können im Rahmen derartiger gerichtlicher Überprüfungen im Zweifel Sachverständige hinzugezogen werden, die die Geeignetheit der Maßnahmen aus gesellschaftsrechtlicher Sicht bewerten und damit eine sachlich und rechtlich fundierte Einschätzung hinsichtlich der technischen, organisatorischen und personellen Maßnahmen abgeben können. Der Rechtsprechung ist es somit ohne weiteres möglich, die Struktur der Selbstreinigungsmaßnahmen und die gesellschaftsrechtlich indizierte Bewertung des öffentlichen Auftraggebers gemäß § 125 Abs. 2 GWB einer fachlich-juristischen und tatsächlichen Kontrolle zu unterziehen. Zwar mag es dem öffentlichen Auftraggeber gemäß der Intention des § 125 Abs. 2 GWB möglich sein, abstrakt zu bewerten, ob sich ein Fehlverhalten künftig nicht wiederholen wird[499]. Allerdings ist hierfür zwingend erforderlich, dass die gesamte Struktur der getroffenen organisatorischen Selbstreinigungsmaßnahmen und insbesondere der Compliance-Maßnahmen umfassend rechtlich durchdrungen wird. Dies ist zweifelsohne nicht ohne Berücksichtigung gesellschaftsrechtlichen Fachwissens insbesondere hinsichtlich der einschlägigen Entscheidungspraxis möglich. Die Annahme eines beschränkt überprüfbaren Beurteilungsspielraums des öffentlichen Auftraggebers bei Bewertung der Selbstreinigungsmaßnahmen gemäß § 125 Abs. 2 GWB muss damit nach der hier vertretenen Auffassung bereits aus dogmatischen Gründen mangels Vorliegens eines sachlichen Grundes für die Ausnahme von einer uneingeschränkten Überprüfbarkeit durch die Gerichte abgelehnt werden. Aufgrund des fehlenden Sachgrundes führen damit im Ergebnis auch die von der Rechtsprechung entwickelten Fallgruppen wie beispielsweise die eingeschränkt überprüfbaren Prognosen und Risikobewertungen, im Bereich des Umwelt- und Wirtschaftsverwaltungsrechts hier zu keiner abweichenden Beurteilung.

In diesem Zusammenhang ist zu berücksichtigen, dass in der einschlägigen Fachliteratur insoweit – teils unter Rückgriff auf die Rechtsprechung zur vor der Vergaberechtsnovelle 2016 geltenden Rechtslage – unzutreffende Prüfkriterien für den unterstellt eingeschränkt überprüfbaren Beurteilungsspielraum aufgestellt werden. Danach soll eine Überprüfung durch die Nachprüfungsinstanzen allein dahingehend stattfinden, ob die Verfahrensbestimmungen eingehalten wurden, zutreffender Sachverhalt zugrunde gelegt und keine sachfremden

499 Vgl. insoweit Gesetzesbegründung zu § 125 GWB, BT-Drs. 18/6281, S. 110.

Erwägungen angestellt wurden.[500] Ungeachtet des vorstehenden Prüfungsergebnisses, wonach die Frage nach einer beschränkten Überprüfbarkeit im Kontext des § 125 Abs. 2 GWB mangels einschlägigen Sachgrundes ohnehin nicht relevant wird und damit eine vollumfängliche Überprüfung der Bewertung des öffentlichen Auftraggebers angezeigt ist, wird als Maßstab zur Überprüfung beschränkt überprüfbarer Beurteilungsspielräume jedenfalls im allgemeinen Verwaltungsrecht aufgrund der Ähnlichkeit von Beurteilungsspielraum und Ermessensentscheidung eine entsprechende Anwendung des § 114 S. 1 VwGO angenommen.[501] Danach müsste analog zu den Grundsätzen des § 114 S. 2 VwGO von einem Beurteilungsfehler ausgegangen werden, sofern ein Beurteilungsausfall, eine Beurteilungsunterschreitung, eine Beurteilungsüberschreitung oder ein Beurteilungsfehlgebrauch bzw. Beurteilungsmissbrauch vorläge. Denkbar wäre konsequenterweise auch eine Beurteilungsreduzierung auf Null. Selbst wenn man einen beschränkt überprüfbaren Beurteilungsspielraum annähme, so besteht nach der hier vertretenen Auffassung Korrekturbedarf mit Blick auf den von der Rechtsprechung festgelegten Prüfungsmaßstab.[502]

Entsprechend der vorstehenden Ausführungen können diese Erwägungen indes dahinstehen, weil es jedenfalls nach der hier vertretenen Auffassung an einem nur begrenzt überprüfbaren Beurteilungsspielraum des öffentlichen Auftraggebers fehlt. Die Entscheidung des öffentlichen Auftraggebers gemäß § 125 Abs. 2 GWB dahingehend, ob die Selbstreinigungsmaßnahmen eines Bieter-/Bewerberunternehmens als zureichend und damit erfolgreich zu bewerten sind, ist damit im Ergebnis vollumfänglich durch die Nachprüfungsinstanzen überprüfbar. Für die Unternehmen bedeutet dies ein signifikantes Mehr an Rechtssicherheit, da die Nachprüfungsinstanzen nicht lediglich dem eingeschränkten Prüfungsrahmen im Kontext beschränkt überprüfbarer Beurteilungsspielräume unterworfen sind. Sie können daher die Entscheidung des Auftraggebers entgegen der Auffassung der vergaberechtlichen Rechtsprechung nicht lediglich dahingehend überprüfen, ob die Verfahrensbestimmungen eingehalten,

---

500 Vgl. etwa stellvertretend: *Ley* in: Reidt/Stickler/Glahs, § 125 Rn. 90 m.w.N.

501 Vgl. *Brückner*, LKV 2015, 534 (531); BVerwG, Beschl. v. 30. 09.1993 – 1 WB 29/93, in der darauf hingewiesen wird, dass der Behörde in dem zu entscheidenden Fall ein Beurteilungsspielraum zustehe, der lediglich eingeschränkt überprüfbar sei. Es genüge, dass die personalführenden Stellen dem Gericht ihre Auswahlüberlegungen darlegen und „diese Überlegungen der Überprüfung auf Ermessensfehler standhalten."

502 So auch: *Brückner*, LKV 2015, 534 (541).

zutreffender Sachverhalt zugrunde gelegt und keine sachwidrigen Erwägungen angestellt wurden. Sie sind vielmehr uneingeschränkt überprüfungsbefugt.

IV. Abschnitt 4: Konsequenzen für die Bieter/Rechtsfolgen

Im Ergebnis liegt es entsprechend der vorstehenden Ausführungen auf der Hand, dass die Überprüfung von Selbstreinigungsmaßnahmen durch den öffentlichen Auftraggeber lediglich dann in ausreichendem Maße möglich sein dürfte, sofern der prüfende Stelle insbesondere in Bezug auf die organisatorischen Maßnahmen nach § 125 Abs. 1 Nr. 3 GWB die fachliche Sachkompetenz aufweist. Grundsätzlich ist es daher kritisch zu betrachten, dass gerade die Vergabestelle selbst die Selbstreinigungsmaßnahmen prüft und bewertet, und nicht – wie in der Gesetzesbegründung freigestellt[503] – zentrale Stellen mit dieser Aufgabe betraut werden. Überwiegend dürfte es nämlich in Frage stehen, ob die Bieterunternehmen entsprechend wirksame organisatorische Maßnahmen (§ 125 Abs. 1 Nr. 3 GWB) in Gestalt wirksamer Compliance-Management-Systeme etabliert haben, für deren Bewertung entsprechend gesellschaftsrechtliches Know-how erforderlich sein dürfte. Diesbezüglich dürfte es nach der hier vertretenen Auffassung jedenfalls angezeigt sein, dass der öffentliche Auftraggeber die eigene Rechtsabteilung (sofern diese die entsprechende rechtliche Expertise aufweist) oder aber externe Stellen und Sachverständige mit der fachlichen Begutachtung insbesondere der etablierten Compliance-Maßnahmen betraut.[504] Eine rein vergaberechtliche Prüfung reicht in diesem Fall nicht aus.

Kritisch ist darüber hinaus auch die lediglich einzelfallbezogene Bewertung der Selbstreinigungsmaßnahmen in Bezug auf das konkrete Vergabeverfahren zu sehen. Zwar geht auch die Gesetzesbegründung eindeutig davon aus, dass es sich um eine auf das konkrete Vergabeverfahren bezogene Entscheidung des öffentlichen Auftraggebers handeln soll.[505] Allerdings ist dabei stets auch zu berücksichtigen, dass im Falle nicht ausreichender Selbstreinigungsmaßnahmen die mögliche Dauer von Ausschlüssen nach § 126 GWB wegen des Vorliegens

503 Vgl. Gesetzesbegründung zu § 125 GWB BT-Drs. 18/6281, S. 110.

504 a.A. *Roth*, NZBau 2016, 672 (676) der darauf abstellt, dass sich das Institut der Selbstreinigung zwar auf außerhalb des jeweiligen Vergabeverfahrens liegende und überwiegend nicht vergaberechtliche Sachverhalte (Schwere der Verfehlung und deren betrieblichen Aufarbeiten) bezieht, die Selbstreinigung als Institut indes eine Funktion innerhalb des Vergabeverfahrens habe und daher die größere Entscheidungsnähe bei der Vergabestelle liege.

505 Vgl. Gesetzesbegründung zur § 125 GWB, BT-Drs. 18/6281, S. 110.

von obligatorischen oder fakultativen Ausschlussgründen nach §§ 123, 124 GWB in Bezug auf sämtliche der Verurteilung oder Verfehlung nachfolgende Vergabeverfahren wirkt und Verfahrensausschlüsse von bis zu fünf Jahren (§ 126 Nr. 1 GWB) möglich sind. Aus diesem Grund wäre es konsequent gewesen, auch die Bewertung des Erfolgs konkreter Selbstreinigungsmaßnahmen auf den Zeitraum der maximalen Ausschlussdauer festzulegen.[506] Insbesondere mit Blick auf etablierte Compliance-Management-Systeme kann dies nach der hier vertretenen Auffassung auch zweifelsohne gefordert werden, da entsprechende Systeme häufig nicht nur in Bezug auf das konkret betrachtete Verfahren, sondern mit Blick auf die gesamten Geschäftsabläufe des betreffenden Bieterunternehmens gerichtet sind und mithin nicht in jedem Einzelfall bzw. in jedem neuen Vergabeverfahren einer erneuten abstrakten Prüfung zu unterziehen sind. Wie bereits vorstehend angesprochen, obliegt es vielmehr dem prüfenden Auftraggeber, eine umfassende und ausreichende Prüfung zu gewährleisten, die auch eine Berücksichtigung in künftigen Verfahren zulässigerweise nach sich ziehen kann.[507] Die Prüfung könnte insoweit über die bloße Dokumentation im Vergabevermerk hinaus als ergänzendes Gutachten auf Anfrage auch anderen öffentlichen Auftraggebern zugänglich gemacht werden.[508]

1. Rechtsfolgen für die Unternehmen aus der Inkongruenz der gesetzlichen Selbstreinigungsregelungen zu den Ausschlusstatbeständen – Gesamtkontext beider Regelungstatbestände

Es wurde im Rahmen der vorstehenden Ausführungen mithin aufgezeigt, dass das Verhältnis zwischen Ausschluss und Wiederzulassung zum Verfahren auf den ersten Blick inkongruent scheint, da im Rahmen des fakultativen Ausschlussgrundes dem öffentlichen Auftraggeber zwar ein vollumfänglich gerichtlicher

506 Vgl. auch *Roth*, NZBau, 2016, 672, (676).

507 Kritisch hierzu: *Roth*, NZBau 2016, 672 (676), der darauf abstellt, dass nur eine flexible Handhabung der Prüfung der Selbstreinigungsmaßnahmen geeignet sei, dem Grundsatz der Verhältnismäßigkeit in die Grundrechte des Bieters Rechnung zu tragen. Das Institut der Selbstreinigung sei daher im Ergebnis nicht bloßes Gegenstück zu einer Auftragssperre, sondern zu einer gleichfalls einzelfallbezogenen Anwendung der Ausschlussgründe durch den öffentlichen Auftraggeber.

508 Hierbei sind freilich stets die datenschutzrechtlichen Aspekte zugunsten der Bieterunternehmen zu beachten und ggf. deren Einwilligung zur Verarbeitung und Weitergabe entsprechender firmeninterner Daten zu gewährleisten. Die datenschutzrechtliche Bewertung ist indes nicht Gegenstand der vorliegenden Analyse.

überprüfbarer Ermessensspielraum (§§ 40 VwVfG, 114 VwGO) zusteht, die im Rahmen der Ausschlussentscheidung zu berücksichtigenden Selbstreinigungsmaßnahmen indes einer auf den ersten Blick gegebenenfalls nur beschränkt überprüfbaren Bewertung durch den öffentlichen Auftraggeber gemäß § 125 Abs. 2 GWB unterliegen. Dass hier eine umfassende Überprüfungsmöglichkeit sowohl der Ausschluss- als auch der Wiederzulassungsentscheidung aus systematischen Gesichtspunkten unter Berücksichtigung der Ausschlusstatbestände sowie des WRegG bestehen muss, soll im Folgenden erläutert werden. In diesem Kontext müssen die Regelungstatbestände der §§ 123, 124 GWB und § 125 GWB stets im Verhältnis zueinander betrachtet werden, um die bestehenden Rechtsunsicherheiten, die für die Bieterunternehmen durch die Gesetzessystematik bestehen, aufzuzeigen und mögliche Lösungsansätze herauszuarbeiten.

a) Vermeidung von Wertungswidersprüchen durch die Gesetzessystematik

Es wurde im Rahmen der vorstehenden Erörterungen durch Auslegung des § 125 Abs. 2 GWB herausgestellt, dass im Rahmen des Ausschlusses eines Bieters infolge eines fakultativen Ausschlussgrundes nach § 124 GWB die Ermessensentscheidung des öffentlichen Auftraggebers vollumfänglich von den Nachprüfungsinstanzen überprüfbar sein muss und diese vollumfängliche Überprüfungsmöglichkeit entgegen dem insoweit nicht eindeutigen Wortlaut des § 125 Abs. 2 GWB auch im Rahmen des dem öffentlichen Auftraggebers zustehenden Beurteilungsspielraums gelten muss. Die umfassende Überprüfbarkeit aller mit dem Ausschluss sowie der Wiederzulassung zum Verfahren stehenden Entscheidungen der öffentlichen Auftraggeber ist dabei bereits zur Vermeidung von Rechtsunsicherheiten der Bieterunternehmen erforderlich. Sollte nämlich entgegen der hier vertretenen Auffassung lediglich ein beschränkt überprüfbarer Beurteilungsspielraum bei der Bewertung der Selbstreinigungsmaßnahmen durch den Auftraggeber angenommen werden, so würde dies für die Bieterunternehmen unter Berücksichtigung der Regelungssystematik zwischen Ausschluss- und Selbstreinigungstatbeständen zu enormen Rechtsunsicherheiten und damit für diese nachteiligen Rechtsfolgen führen.

Dies wird bereits deutlich, wenn man im Einklang mit der Gesetzesbegründung zu § 125 GWB berücksichtigt, dass die Unternehmen im Falle ausreichender Selbstreinigungsmaßnahmen trotz des Vorliegens von (fakultativen oder obligatorischen) Ausschlussgründen nicht vom weiteren Vergabeverfahren ausgeschlossen werden dürfen und dem Auftraggeber diesbezüglich kein Ermessen zusteht[509]. Eben dieser Anspruch auf

509 Vgl. Gesetzesbegründung zur § 125 Abs. 1 GWB, BT-Drs. 18/6281, S. 107 f..

Wiederzulassung[510] würde in seinen Durchsetzungsmöglichkeiten erheblich geschwächt, wenn allein die Ausschlussentscheidung, nicht aber die Beurteilung der Selbstreinigungsmaßnahmen vollumfänglich gerichtlich überprüfbar wären. Dies würde zu einem widersprüchlichen Ergebnis führen, da dann im Rahmen der Überprüfung der Ausschlussermessensentscheidung durch die Nachprüfungsinstanzen zwar zu berücksichtigen wäre, ob der öffentliche Auftraggeber die bereits zu diesem Zeitpunkt getroffenen Selbstreinigungsmaßnahmen des Bieterunternehmens berücksichtigt hat[511], indes inzident keine Kontrolle hinsichtlich der Zweckmäßigkeit und Vollständigkeit der Bewertung beispielsweise der getroffenen Compliance-Maßnahmen im engeren Sinne erfolgen könnte, sofern das Bewertungsergebnis ungeprüft zugrunde gelegt wird. Allein die Überprüfung der Bewertung des öffentlichen Auftraggebers auf unvollständigen Sachverhalt oder sachwidrige Erwägungen trägt der potentiellen gesellschaftsrechtlichen Komplexität der unter § 125 Abs. 1 Nr. 3 GWB getroffenen organisatorischen, technischen und personellen Maßnahmen nach der hier vertretenen Auffassung nicht in ausreichendem Maße Rechnung.

Dabei zeigt sich, dass die Vorschrift des § 125 GWB mithin tatbestandlich Voraussetzungen an eine Selbstreinigung knüpft, die auch mit Hilfe des Gesellschaftsrechts nicht zweifelsfrei aufzuklären sind, da insbesondere die Compliance-Maßnahmen stets von der konkreten Risikoanalyse im Unternehmen abhängig sind. § 125 Abs. 1 Nr. 3 GWB gibt diesbezüglich allenfalls einen groben Rahmen vor. Dennoch soll es ausweislich § 125 Abs. 2 GWB dem öffentlichen Auftraggeber obliegen, eben diese Maßnahmen abschließend zu bewerten. Dies ist zumindest vor dem Hintergrund bemerkenswert, dass an die in das Ermessen gestellte Ausschlussentscheidung der Vergabestelle schwerwiegende Folgen für die Unternehmen geknüpft sind. Dies vor allem mit Blick auf eine mögliche Ausschlusswirkung für die Zukunft (§ 126 GWB). Hier besteht auch wertungsmäßig ein Bedürfnis an zumindest umfassenden Rechtsschutzmöglichkeiten der Unternehmen und einer auch aus gesellschaftsrechtlicher Sicht umfassenden Betrachtung.

Auch der Umstand, dass der öffentliche Auftraggeber gemäß § 125 Abs. 2 S. 2 GWB bei aus seiner Sicht unzureichenden Selbstreinigungsmaßnahmen seine Entscheidung gegenüber dem Unternehmen zu begründen hat, führt zu keiner weiteren Rechtsschutzmöglichkeit des Unternehmens in Bezug auf die Überprüfbarkeit der Bewertungsentscheidung. Denn zum einen lassen sich keine

510 Vgl. Gesetzesbegründung zur § 125 Abs. 1 GWB, BT-Drs. 18/6281, S. 107.

511 S.o. B.I.3.cc).

weiteren Anforderungen an das Begründungserfordernis aus der Vorschrift oder der RL 2014/24/EU entnehmen[512]; zum anderen sind die Rechtsfolgen eines Verstoßes gegen das Begründungserfordernis ebenfalls nicht geregelt, sodass im Falle einer unterlassenen Begründung nicht per se von einer Wiederzulassung des Unternehmens ausgegangen werden kann (siehe hierzu im Einzelnen unten lit b).

b) Begründungserfordernis gemäß § 125 Abs. 2 S. 2 GWB.

Fraglich ist, wie sich das Begründungserfordernis des Auftraggebers gemäß § 125 Abs. 2 S. 2 GWB auf die Rechtsschutzmöglichkeiten der Bieterunternehmen auswirkt. Erachtet der öffentliche Auftraggeber im Rahmen seiner Bewertung nach § 125 Abs. 2 S. 2 GWB die Selbstreinigungsmaßnahmen als unzureichend, so begründet er gemäß § 125 Abs. 2 S. 2 GWB diese Entscheidung gegenüber dem Unternehmen. Der Regelung ist indes nicht zu entnehmen, ob das Begründungserfordernis für eine Rechtsverbindlichkeit der getroffenen Bewertung zwingende Voraussetzung sein soll oder die Begründung lediglich deklaratorischen Charakter hat. Es ist demnach fraglich, welche Rechtsfolge eintritt, wenn der Auftraggeber nicht bereit ist, seine Ablehnungsentscheidung entsprechend zu begründen. Sollte die Begründung die Bewertung des Auftraggebers gewissermaßen abschließen und damit wirksam machen, ergäbe sich hieraus ein Mehr an Rechtsschutz für die betroffenen Bieterunternehmen, die ihre Chancen auf Inanspruchnahme von Rechtsschutz im Nachprüfungsverfahren genauer abschätzen können.

Der Wortlaut des § 125 Abs. 2 S. 2 GWB lässt keine Rückschlüsse darauf zu, dass die Verbindlichkeit der Bewertung von der Begründung gegenüber dem Bieterunternehmen abhängt. Sinn und Zweck des Begründungserfordernisses nach § 125 Abs. 2 S. 2 GWB ist es jedoch, dem jeweiligen Unternehmen die Möglichkeit zu geben, entsprechende Rechtsschutzmaßnahmen gegen die Entscheidung in Anspruch zu unternehmen[513]. Der Wortlaut des § 125 Abs. 2 GWB

---

512 Teilweise wird hier eine Begründung in Textform im Sinne des § 126b BGB als ausreichend erachtet, in der die Prognoseerwägungen dargelegt sind, vgl. etwa *Radu* in: Müller-Wrede, GWB Vergaberecht, § 125 Rn. 69; *Prieß/Simonis* in: Kulartz/Kus/Portz/Prieß, Kommentar zum GWB-Vergaberecht, § 125 Rn. 61, der ebenfalls das Erfordernis einer Begründung der Prognoseerwägungen fordert; *Friton* in: Friton/Bayer, Gabriel/Mertens/Prieß/Stein, BeckOK Vergaberecht GWB, § 125 GWB, Rn. 65 f..

513 Vgl. *Prieß/Simonis* in: Kulartz/Kus/Portz/Prieß, Kommentar zum GWB-Vergaberecht, § 125 Rn. 59; *Friton* in: Gabriel/Mertens/Prieß/Stein – BeckOK Vergaberecht GWB § 125 Rn. 65.

macht ferner auch keine Angaben dazu, welche Anforderungen an die Begründung im Einzelnen zu stellen sind. Jedenfalls müssen die tragenden Erwägungen sowie die Grundlagen der Prognoseentscheidung dargelegt werden.[514] Dies ergibt sich bereits aus der Erwägung heraus, dass erst die Begründung dem Unternehmen die Möglichkeit effektiven Rechtsschutzes sowie das Vorgehen gegen einen Ausschluss gemäß §§ 123, 124 GWB ermöglicht.[515] Daher muss aus ihr deutlich werden, dass sich der öffentliche Auftraggeber mit den einzelnen in Rede stehenden Selbstreinigungsmaßnahmen auseinandergesetzt hat und warum diese gegebenenfalls als unzureichend bewertet wurden. § 125 Abs. 2 S. 2 GWB begründet dabei ein subjektives Recht des Unternehmens im Sinne des § 97 Abs. 6 GWB, dessen Verletzung dieses im Rahmen einer Rüge gegenüber dem Auftraggeber (§ 160 Abs. 3 GWB) oder aber das Stellen eines Nachprüfungsantrages vor der Vergabekammer (mit sich gegebenenfalls anschließender sofortiger Beschwerde zum Oberlandesgericht) geltend machen kann. Mangels ausdrücklicher gesetzlicher Regelung und Anhaltspunkten in der Gesetzesbegründung kann jedoch nicht ohne Weiteres davon ausgegangen werden, dass die fehlerhafte oder fehlende Begründung einen Anspruch auf Wiederzulassung zum Verfahren begründet.[516] Es würde aber nach dem hier zugrundeliegenden Verständnis bei der Rüge bezüglich des Nichtvorliegens einer Begründung im Sinne des § 125 Abs. 2 S. 2 GWB nicht ohne Weiteres eine umfängliche Überprüfung der Begründung in inhaltlicher Sicht durch die Nachprüfungsinstanzen erfolgen, sondern vielmehr lediglich geprüft werden, ob überhaupt eine Begründung vorliegt, die die tragenden Erwägungen der Bewertung enthält. Sieht sich das betreffende Bieter-/Bewerberunternehmen aufgrund fehlender Begründung nach § 125 Abs. 2 S. 2 GWB gezwungen, eine Rüge zu erheben oder ein Nachprüfungsverfahren anzustrengen und unterliegt das Unternehmen hier mangels Kenntnis der Gründe für die als unzureichend bewerteten Selbstreinigungsmaßnahmen, so dürfte dies jedenfalls im Rahmen der Kostenentscheidung zu berücksichtigen sein.[517]

514 Vgl. *Radu* in: Müller-Wrede, GWB Vergaberecht, § 125 Rn. 68 f. .

515 Vgl. *Ley* in: Reidt/Stickler/Glahs, § 125 Rn. 104 m.w.N. .

516 Vgl. *Prieß/Simonis* in: Kulartz/Kus/Portz/Prieß, Kommentar zum GWB-Vergaberecht, § 125 Rn. 61; *Friton* in: Gabriel/Mertens/Prieß/Stein – BeckOK Vergaberecht GWB § 125 Rn. 65; vgl. zur Rechtsschutzmöglichkeit auch *Radu* in: Müller-Wrede, GWB Vergaberecht, § 125 Rn. 74; Vgl.*Ley* in: Reidt/Stickler/Glahs, § 125 Rn. 106.

517 Vgl. *Ley* in: Reidt/Stickler/Glahs, § 125 Rn. 106.

c) *Keine andere Bewertung aufgrund der Überprüfungsmöglichkeiten nach dem WRegG*

Zu klären gilt es, ob möglicherweise das Wettbewerbsregistergesetz (WRegG) auch bei Vorliegen einer nur beschränkten Überprüfbarkeit der Bewertung des öffentlichen Auftraggebers eventuelle Rechtsunsicherheiten ausgleichen kann. Nach dem Gesetz zur Einführung eines Wettbewerbsregisters und zur Änderung des Gesetzes gegen Wettbewerbsbeschränkungen (WRegG) vom 18.07.2017[518] können öffentlichen Auftraggebern nach § 1 Abs. 2 WRegG Informationen über Ausschlussgründe im Sinne der §§ 123 und 124 GWB zur Verfügung gestellt werden. Ausweislich der Gesetzesbegründung zum WRegG soll durch das Gesetz sichergestellt werden, „*dass öffentliche Auftraggeber und Konzessionsgeber vor der Vergabe öffentlicher Aufträge oder Konzessionen abfragen, ob ein Unternehmen wegen begangener Wirtschaftsdelikte von dem Vergabeverfahren auszuschließen ist oder ausgeschlossen werden kann. Durch die Bereitstellung von umfassenden Informationen soll es den öffentlichen Auftraggebern, Sektorenauftraggebern und Konzessionsgebern erleichtert werden, zu prüfen, ob bei einem Bieter Ausschlussgründe vorliegen. Zudem soll eine zentrale Prüfung von durch Unternehmen durchgeführten Maßnahmen der Selbstreinigung ermöglicht werden.*“[519] Auf diese Weise können die gegebenenfalls abgegebenen Eigenerklärungen der Bieterunternehmen hinsichtlich des Vorliegens von Ausschlussgründen nach §§ 123, 124 GWB auf Grundlage einer zentralen Informationsdatenbank überprüft werden. § 125 GWB wird danach unter anderem mit einem Verweis auf § 8 WRegG erweitert werden.[520] Das Register wird vom Bundeskartellamt geführt (§ 1 Abs. 1 WRegG). Die Eintragungsvoraussetzungen unter anderem wegen fakultativen und obligatorischen Ausschlussgründen nach dem GWB finden sich unter § 2 f. WRegG.

§ 6 Abs. 5 S. 1 WRegG stellt dabei im Grundsatz klar, dass eine Eintragung in das Wettbewerbsregister nicht mit dem Ausschluss vom Vergabeverfahren gleichzustellen ist. Danach entscheidet der öffentliche Auftraggeber nach Maßgabe der vergaberechtlichen Vorschriften grundsätzlich in eigener Verantwortung über den Ausschluss eines Unternehmens von der Teilnahme an einem Vergabeverfahren. Das Register dient somit primär dazu, Auftraggeber über relevantes Fehlverhalten eines Unternehmens zu informieren. Dementsprechend übermittelt die Registerbehörde dem anfragenden Auftraggeber gemäß § 6 Abs. 3 WRegG

518 BGBl I 2017, 2739 f.)

519 Vgl. Gesetzesbegründung zum WRegG, BT-Drs 18/12051, S. 1 A.

520 Gesetzesbegründung zum WRegG, BT-Drs. 18/12051, S. 13 (Art. 2).

die im Wettbewerbsregister gespeicherten Daten über die sich bewerbenden oder bietenden Unternehmen, die im Register gespeichert sind. Dazu gehören gemäß § 3 Abs. 2 WRegG unter anderem auch die vom Unternehmen übermittelten Nachweise einer Selbstreinigung, sofern sie noch nicht zu einer Löschung geführt haben. Einen Ausnahmefall vom Grundsatz des § 6 Abs. 5 S. 1 WRegG sieht gemäß § 6 Abs. 5 S. 2 WRegG – und dies stellt insoweit eine Neuerung zur bestehenden Gesetzeslage dar – § 7 Abs. 2 WRegG vor: Nimmt die Registerbehörde die Löschung eines Eintrags vor, ist es Auftraggebern gemäß § 7 Abs. 2 S. 1 WRegG verboten, einen Ausschluss auf den zugrundeliegenden Sachverhalt zu stützen. Damit ist den Auftraggebern das Prüfungsergebnis in diesem Fall also verbindlich vorgegeben.[521] Auf die Möglichkeit der Löschung auf Antrag sowie die sich hieraus ergebenden Rechtsfolgen wird im Folgenden eingegangen:

Ungeachtet der regelmäßigen Fristen zur Löschung entsprechender Eintragungen (§ 7 WRegG) besteht gemäß§ 8 Abs. 1 S. 1 WRegG auf Antrag des betreffenden Unternehmens die Möglichkeit einer vorzeitigen Löschung der Eintragung aus dem Wettbewerbsregister aufgrund erfolgter Selbstreinigung. Gemäß § 8 Abs. 1 S. 3 WRegG ist (gebundene Entscheidung) die Eintragung unter anderem dann zu löschen, wenn das Unternehmen gegenüber der Registerbehörde die Selbstreinigung entsprechend § 125 GWB für die Zwecke des Vergabeverfahrens nachgewiesen hat. Durch die Bündelung der Prüfungskompetenz bei der Registerbehörde soll den öffentlichen Auftraggebern die Prüfung der Selbstreinigungsmaßnahmen erleichtert und den Bieterunternehmen deren Nachweis erleichtert werden und einheitliche sowie verbindliche Entscheidungen herbeigeführt werden[522]

Nach § 8 Abs. 4 S. 1 WRegG „*bewertet*“ die Registerbehörde die von dem Unternehmen ergriffenen Selbstreinigungsmaßnahmen „*und berücksichtigt dabei die Schwere und die besonderen Umstände der Straftat oder des Fehlverhaltens.*“ Der Wortlaut korrespondiert insoweit mit dem Wortlaut des § 125 Abs. 2 S. 1 GWB. Die Registerbehörde trifft somit – wie auch der öffentliche Auftraggeber gemäß § 125 Abs. 2 GWB – eine auf den Einzelfall bezogene externe Prognoseentscheidung.[523] Gemäß § 8 Abs. 4 S. 5 WRegG übermittelt die

521 Vgl. *Wolters*, KriPoZ 2017, 244 (250).

522 Vgl. Gesetzesbegründung zu § 8 WRegG, BT-Drs. 18/12051, S. 32.

523 Vgl. hierzu auch die Gesetzesbegründung zu § 8 WRegG, BT-Drs. 18/12051, S. 33, die in Bezug auf die Bewertung durch die Registerbehörde, ob die durchgeführten Selbstreinigungsmaßnahmen zur Wiederherstellung des Rechtsfriedens ausreichend sind, auf die Voraussetzungen des § 125 Abs. 2 GWB verweist

Registerbehörde einem Auftraggeber auf dessen Ersuchen die Entscheidung zu dem Löschungsantrag sowie weitere Unterlagen.

Aus dieser Regelungssystematik könnte auf den ersten Blick der Schluss gezogen werden, dass den Bieterunternehmen durch die Prüfung der Registerbehörde auf Antrag gemäß § 8 Abs. 1 WRegG ein zusätzliches Maß an Rechtsschutz zuteil wird, da eine Überprüfung der Selbstreinigungsmaßnahmen durch eine unabhängige staatliche Stelle vorgesehen ist, an die der öffentliche Auftraggeber gebunden ist. Dies würde bedeuten, dass das Bieterunternehmen nicht auf die Bewertung eines gegebenenfalls voreingenommenen Auftraggebers angewiesen wäre, um einem Verfahrensausschluss oder gar einer dauerhaften Vergabesperre nach § 126 GWB zu entgehen. Die Inkongruenz zwischen Ausschluss (Ermessensentscheidung) und Wiederzulassung (Beurteilungsspielraum) zum Vergabeverfahren würde dann mit Blick auf die Rechtsunsicherheiten für die Unternehmen unter Umständen weniger ins Gewicht fallen, da jedenfalls in Bezug auf die getroffenen Selbstreinigungsmaßnahmen eine zweite unabhängige Kontrollinstanz in Gestalt des Bundeskartellamtes zur Verfügung stände.

An dieser Betrachtungsweise bestehen indes mit Blick auf eine Erweiterung der Rechtssicherheit für die Bieterunternehmen Zweifel:

Zwar darf gemäß § 7 Abs. 2 S. 1 WRegG, sofern eine Eintragung im Wettbewerbsregister nach Absatz 1 oder § 8 gelöscht worden ist, die der Eintragung zugrunde liegende Straftat oder Ordnungswidrigkeit im Vergabeverfahren nicht mehr zum Nachteil des betroffenen Unternehmens verwertet werden. Ausweislich der Gesetzesbegründung

> *„darf nach der Löschung einer Eintragung – sei es auf Grund von Fristablauf nach Absatz 1 oder gemäß § 8 wegen Selbstreinigung – die Straftat oder Ordnungswidrigkeit, die der Eintragung zu Grunde lag, in Vergabeverfahren nicht mehr zum Nachteil des Unternehmens berücksichtigt werden. Daher hat insoweit die Entscheidung der Registerbehörde über die Löschung der Eintragung eine* ***Bindungswirkung*** *für Auftraggeber im Hinblick auf deren Entscheidung über den Ausschluss von Vergabeverfahren.“*[524]

Lediglich die Ablehnung eines Löschungsantrags nach § 8 Abs. 1 WRegG durch die Registerbehörde ist gemäß § 7 Abs. 2 S. 2 WRegG für den Auftraggeber nicht bindend. Lehnt die Registerbehörde daher einen Antrag des Bieterunternehmens auf vorzeitige Löschung wegen Selbstreinigung nach § 8 Abs. 1 WRegG ab, weil sie die Selbstreinigungsmaßnahmen als unzureichend bewertet, prüft der öffentliche Auftraggeber in eigener Verantwortung – und nur dann – ob er die

524 Gesetzesbegründung zu § 7 WRegG, BT-Drs. 18/12051, S. 31, 32, Hervorhebung durch Verfasser.

von dem Unternehmen durchgeführten Maßnahmen nach den Vorgaben des § 125 GWB als erfolgreich bewerten kann.[525]

Im Rahmen dieser Regelungssystematik darf dabei nicht außer Acht gelassen werden, dass auch die Bindungswirkung des öffentlichen Auftraggebers an die Bewertung der Registerbehörde in Bezug auf den Erfolg der Selbstreinigungsmaßnahmen gemäß § 7 Abs. 2 S. 1 WRegG ausweislich der Gesetzesbegründung zu § 8 WRegG nicht uneingeschränkt vorgesehen ist. In der Gesetzesbegründung heißt es hierzu ausdrücklich, dass

> *[s]olange die Registerbehörde noch nicht über einen Löschungsantrag nach § 8 entschieden hat oder wenn die Registerbehörde den Löschungsantrag abgelehnt hat und daher keine Bindungswirkung nach § 7 Absatz 2 vorliegt, [...] der einzelne Auftraggeber in einem konkreten Vergabeverfahren darüber [entscheidet], ob die von dem Unternehmen, bei dem ein Ausschlussgrund vorliegt, durchgeführten Selbstreinigungsmaßnahmen als erfolgreich zu bewerten sind.“*[526]

Insoweit besteht allenfalls ein Mehr an Rechtsschutz in Bezug auf Bündelung der Prüfungskompetenz in Bezug auf die Selbstreinigungsmaßnahmen für die betreffenden Bieterunternehmen, sofern die Löschung vollzogen ist. Vor einer Eintragung in das betreffende Register sowie bis zur Entscheidung über die Löschung verbleibt die Entscheidungskompetenz hingegen nach wie vor beim öffentlichen Auftraggeber, sodass sich an der gegenwärtigen Rechtslage einer Bewertung der Selbstreinigungsmaßnahmen gemäß § 125 Abs. 2 GWB nichts ändert. Gleiches gilt für den Fall, dass die Registerbehörde die Selbstreinigungsmaßnahmen für nicht ausreichend erachtet. Auch in diesem Fall verbleibt dem öffentlichen Auftraggeber die Entscheidungskompetenz darüber, ob die Selbstreinigungsmaßnahmen erfolgreich sind. Eine Entscheidung durch eine andere – der Registerbehörde nachgelagerte – Behörde ist nicht vorgesehen. Obgleich dem Bieterunternehmen in diesem Fall eine zusätzlich „Chance“ einer positiven Bewertung seiner Selbstreinigungsmaßnahmen durch den öffentlichen Auftraggeber im Falle einer ablehnenden Entscheidung durch die Registerbehörde eröffnet wird, bleibt zu befürchten, dass der öffentliche Auftraggeber nur in begründeten Ausnahmefällen im Zuge einer einheitlichen Verwaltungspraxis von der Bewertung der Registerbehörde Abstand nehmen wird.

Darüber hinaus – und dies wirkt im Zusammenhang mit der hier geprüften Frage der Rechtssicherheit noch schwerer – verlagert sich die Prognoseentscheidung hinsichtlich der Selbstreinigungsmaßnahmen lediglich auf eine

---

525 Vgl. Gesetzesbegründung zur § 7 WRegG, BT-Drs. 18/12051, S. 32.

526 Gesetzesbegründung zu § 3 WRegG, BT-Drs. 18/12051, S. 29.

andere – wenn auch zentral agierende – staatliche Stelle (Registerbehörde), sodass für die Bieterunternehmen auch nach Inkrafttreten des WRegG nach wie vor keine erweiterte Rechtssicherheit dahingehend besteht, welche Selbstreinigungsmaßnahmen inhaltlich als zureichend und damit im Ergebnis erfolgreich bewertet werden. Dies aber würde ein echtes Mehr an Rechtsschutz nach sich ziehen. Auch wenn berücksichtigt werden muss, dass sich die erforderlichen Selbstreinigungsmaßnahmen freilich auf individuelle Umstände in Bezug auf das jeweilige Unternehmen beziehen müssen, fehlt es nach wie vor an einem verbindlichen Prüfungsmaßstab der bewertenden Stelle. Ein echter inhaltlicher Mehrwert im Vergleich zu § 125 Abs. 2 GWB kann daher durch die bloße Verlagerung der Zuständigkeit nicht erkannt werden, sofern man nicht die These vertreten möchte, dass ein öffentlicher Auftraggeber stets voreingenommen ist und eine unabhängige Prüfung von Selbstreinigungsmaßnahmen ausgeschlossen ist.

Die Registerbehörde ermittelt den maßgeblichen Sachverhalt gemäß § 8 Abs. 2 S. 1 WRegG von Amts wegen. Der Amtsermittlungsgrundsatz besteht allerdings nur eingeschränkt, da sich die Behörde bei der Prüfung auf die ihr vom Unternehmen übermittelten und ihr sonst bekannten Informationen beschränken kann (§ 8 Abs. 2 S. 2 WRegG). Dies ist aus gesetzessystematischer Sicht als inkonsequent zu beurteilen, sofern man die Registerbehörde als unabhängige und vor allem umfassende Kontrollinstanz verstehen möchte, die von Amts wegen zu ermitteln und zu prüfen hat.

Aufgrund der Tatsache, dass sowohl der Wortlaut des § 8 Abs. 4 WRegG als auch die Gesetzesbegründung[527] explizit auf § 125 Abs. 2 GWB und dessen Wortlaut und Grundsätze Bezug nehmen, spricht dennoch nach der hier vertretenen Auffassung viel dafür, dass jedenfalls auch die Prognoseentscheidung der Registerbehörde (wie auch ursprünglich die des öffentlichen Auftraggebers nach § 125 Abs. 2 GWB) vollumfänglich gerichtlich überprüfbar ist.[528] Man mag zwar annehmen, dass die Bieterunternehmen durch die im WRegG vorgegebene zentrale Prüfung von Selbstreinigungsmaßnahmen durch die Registerbehörde in einigen Fällen vor willkürlichen und uneinheitlichen Entscheidungen der verschiedenen Auftraggeber geschützt sind. Auch ist es zu begrüßen, dass im Falle, dass die Selbstreinigungsmaßnahmen durch die Registerbehörde als erfolgreich eingestuft werden, der öffentliche Auftraggeber hieran zugunsten der Bieterunternehmen gebunden ist. Nach wie vor findet indes eine Prognoseentscheidung

527 Vgl. Gesetzesbegründung zu § 8 WRegG, BT-Drs. 18/12051,S. 33.

528 Vgl. zur vollständigen gerichtlichen Überprüfbarkeit der Entscheidung des öffentlichen Auftraggebers die nachstehenden Ausführungen unter B.III.4..

eben dieser Registerbehörde statt. Fällt diese in Bezug auf die getroffenen Selbstreinigungsmaßnahmen negativ aus, verbleibt die abschließende Entscheidung darüber, ob die Selbstreinigungsmaßnahmen erfolgreich sind, de facto wieder beim öffentlichen Auftraggeber. Dieser ist gemäß § 7 Abs. 2 S. 2 WRegG selbst befugt zu entscheiden, ob die Selbstreinigungsmaßnahmen tatsächlich nicht erfolgreich sind.

Das WRegG bietet damit kein signifikantes Mehr an Rechtsschutz für die einzelnen Bieterunternehmen sondern allenfalls eine weitere Informationsquelle für die öffentlichen Auftraggeber bei der Entscheidung darüber, ob hinsichtlich des betreffenden Bieterunternehmens Ausschlussgründe nach §§ 123, 124 GWB vorliegen.[529] Werden die Selbstreinigungsmaßnahmen eines Unternehmens von der Registerbehörde als unzureichend eingestuft, verbleibt den Bieterunternehmen – sofern der Auftraggeber zu keiner positiven abweichenden Entscheidung kommt – ebenfalls nur der Weg einer gerichtlichen Überprüfung der Entscheidung der Registerbehörde oder des öffentlichen Auftraggebers vor dem zuständigen Beschwerdegericht, § 11 WRegG. § 11 WRegG begründet insoweit eine abdrängende Rechtswegzuweisung an die Vergabesenate des Oberlandesgerichts gemäß § 11 Abs. 1 S. 2 WRegG i.V.m. § 171 Abs. 3 GWB. Diese Sonderrechtszuweisung an das für Vergabesachen zuständige Oberlandesgericht anstelle der Verwaltungsgerichte bietet die Gelegenheit, die Expertise der Vergabesenate in diesem Fällen nutzbar zu machen.[530] So oder so entscheidet am Ende derselbe Spruchkörper, sodass insoweit ein Mehr an Rechtsschutz nicht erkennbar ist.

Darüber hinaus treten die Melde-, Abfrage und Prüfpflichten erst mit Inkrafttreten einer entsprechenden Rechtsverordnung nach § 10 WRegG in Kraft, in der unter anderem die Anforderungen an vom Antragsteller vorzulegende geeignete Gutachten und Unterlagen nach § 8 Absatz 2 WRegG zur Bewertung der Selbstreinigungsmaßnahmen, mit denen geeignete Vorsorgemaßnahmen zur Verhinderung zukünftiger Verfehlungen für die Zwecke des Vergabeverfahrens belegt werden können, festgelegt werden.[531] Die Rechtsverordnung wird derzeit vorbereitet. Das Wettbewerbsregister soll nach Informationen des Bundesministeriums für Wirtschaft und Energie möglichst bis Ende 2020 funktionsfähig sein.[532] Es bleibt abzuwarten, welche Anforderungen der Gesetzgeber danach

529 § 6 Abs. 3 WRegG, zur Abfragepflicht des öffentlichen Auftraggebers vgl. § 6 Abs. 1 WRegG.

530 Vgl. Gesetzesbegründung zu § 11 WRegG, BT-Drs. 18/12051, S. 34

531 Vgl. Gesetzesbegründung zum WRegG, Artikel 3 Abs. 2, BT-Drs. 18/12051, S. 15.

532 Vgl. Information des Bundesministeriums für Wirtschaft und Energie („Fragen und Antworten zum Wettbewerbsregister"), abrufbar unter https://www.

an den Nachweis der Selbstreinigungsmaßnahmen stellt und ob dies zu mehr Rechtssicherheit für die Bieterunternehmen führen wird. Gegebenenfalls werden durch die Rechtsverordnung verbindliche Bewertungsvorgaben gemacht, bei deren Erfüllung stets der Erfolg einer Selbstreinigung angenommen werden kann.

d) Zwischenergebnis

Auch wenn berücksichtigt werden muss, dass das ausgeschlossene Unternehmen den Grund für den Ausschluss selbst herbeigeführt hat und daher weniger schutzwürdig sein dürfte, so darf dies aber nicht zu einem Ungleichgewicht zwischen potentiellen Bieter-/Bewerberunternehmen und den Vergabestellen führen.

Die Selbstreinigung soll gerade den Weg zurück in das Vergabeverfahren ebnen, um auf diese Weise den Wettbewerb möglichst offen zu halten und letztlich die Abgabe für den Auftraggeber wirtschaftlicher Angebote zu ermöglichen. Die Wiederzulassung im Wege der erfolgreichen Selbstreinigung dient daher sowohl dem im Vergabeverfahren geltenden Gleichbehandlungsgrundsatz aus § 97 Abs. 2 GWB als auch dem Wettbewerbsgrundsatz aus § 97 Abs. 1 S. 1 Alt. 1 GWB.[533] Eine vollständige Überprüfbarkeit der Bewertung des öffentlichen Auftraggebers scheint daher nach der hier vertretenen Auffassung erforderlich, um die Rechtsunsicherheiten sowie die wirtschaftlichen Folgen für die Bieterunternehmen möglichst gering zu halten. Insoweit muss durch eine entsprechende Auslegung eine Kongruenz zwischen den §§ 123, 124 GWB und § 125 GWB hergestellt werden, um einen einheitlichen Prüfungsmaßstab zu gewährleisten. Sowohl die Ausschlussentscheidung als auch die Entscheidung über die Wiederzulassung zum Verfahren müssen gleichermaßen vollumfänglich überprüfbar sein, um ein Mindestmaß an Rechtssicherheit zu schaffen.

Zweckmäßig scheint daher eine Bündelung der Prüfung der Selbstreinigungsmaßnahmen innerhalb eines Bundeslandes oder aber eine Zertifizierung von Selbstreinigungsmaßnahmen durch eine unabhängige, akkreditierte Stelle. Auf diese Weise könnte der öffentliche Auftraggeber vom entsprechenden Fachwissen der unabhängigen Stelle profitieren, ohne die finale Entscheidungskompetenz vollständig abzugeben. Entsprechende Möglichkeiten, insbesondere auch die Bündelung der Prüfung sowie die Schaffung von Präqualifizierungsstellen

---

bmwi.de/Redaktion/DE/FAQ/Wettbewerbsregister/faq-wettbewerbsregister.html (letzter Abruf: 29.03.2020).

533 Vgl. *Radu* in: Müller-Wrede, GWB Vergaberecht, § 125 Rn. 11 f..

und die Zertifizierung durch unabhängige Stellen sieht auch die Gesetzesbegründung vor.[534] Das WRegG geht hier einen ersten Schritt in die richtige Richtung, obgleich auch hierdurch keine obligatorische vorweggenommene Prüfung der Registerbehörde erfolgt sondern der Verfahrensausschluss grundsätzlich im Kompetenzbereich der des Auftraggebers verbleibt (§ 6 Abs. 5 WRegG). Einer Eintragung in das Wettbewerbsregister folgt jedenfalls nicht automatisch ein Ausschluss des betreffenden Unternehmens von der Teilnahme am Vergabeverfahren und auch keine generelle Vergabesperre nach.[535] Im Übrigen bleibt abzuwarten, wie die Rechtsverordnung gemäß § 10 WRegG im Hinblick auf die Vorgaben zur Prüfung der Selbstreinigungsmaßnahmen durch die Registerbehörde ausgestaltet werden wird.

2. Rechtssicherheit durch den IDW PS 980/die ISO 19600/die Leitlinien der DICO/den Leitfaden des Bundesministeriums zur Berücksichtigung von Selbstreinigungsmaßnahmen bei der Vergabe öffentlicher Aufträge

Es wurde bereits die grundsätzliche Systematik der Regelwerke erläutert (s.o.[536]). Im Folgenden sollen die Vor- und Nachteile einer verbindlichen Vorgabe zur Etablierung von Compliance-Management-Systemen am Maßstab des IDW-PS 980, der ISO 19600, sowie der DICO-Leitlinie oder dem Leitfaden des Bundesministeriums für Umwelt, Naturschutz, Bau und Reaktorsicherheit beleuchtet werden. Die Frage ist im Kern, zum einen, ob der öffentliche Auftraggeber vorgeben darf, dass er die Selbstreinigungsmaßnahmen als positiv bewertet, sofern einer der Standards im Bieterunternehmen zur Anwendung gekommen ist. Zum anderen ist mit Blick auf die Rechtssicherheit sowie den Erfolg einer vergaberechtlichen Selbstreinigung von Bedeutung, inwieweit der Einhaltung von Standards/Leitfäden bei der Etablierung von Compliance-Management-Systemen Enthaftungswirkung sowie Bindungswirkung für die Gerichte zukommen kann.

Es wird daher untersucht werden, ob es den Bietern im Vergabeverfahren zugemutet werden kann, sich beispielsweise einer standardisierten wenn auch freiwilligen Prüfung nach den Vorgaben des IDW-PS 980 zu unterwerfen und welche Impulswirkung die ISO 19600 sowie der Leitfaden des Bundesministeriums im Zusammenhang mit einer im Vergabeverfahren zu etablierenden

534 Vgl. Gesetzesbegründung zu § 125 GWB, BT-Drs. 18/6281, S. 110.

535 Vgl. Gesetzesbegründung zu § 6 WRegG, BT-Drs. 18/12051, S. 31.

536 Vgl. zur grundsätzlichen Bedeutung und Systematik die vorstehenden Ausführungen unter B.II.4. d) ff) (3) (h).

Zertifizierung haben kann[537]. Rechtssicherheit im Zusammenhang mit der vergaberechtlichen Selbstreinigung für die Bieterunternehmen kann in signifikantem Maße nur dann erreicht werden, wenn mit der Berücksichtigung eines Standards/Leitfadens die Möglichkeit einer enthaftenden Wirkung mit Blick auf die Verfehlungen der Vergangenheit einhergehen kann. Es ist bei der verbindlichen Vorgabe eines Standards oder Regelwerkes aufgrund der gegebenenfalls bestehenden heterogenen Bieterstruktur stets zu beachten, dass sowohl dem Grundsatz der Gleichbehandlung (§ 97 Abs. 2 GWB) als auch dem Grundsatz der Verhältnismäßigkeit (§ 97 Abs. 1 S. 2 GWB) in ausreichendem Maße Rechnung getragen werden muss.

a) Rechtssicherheit durch den IDW-PS 980

Die Beantwortung der Frage, ob der IDW-PS 980 seitens des öffentlichen Auftraggebers als für eine erfolgreiche Selbstreinigung verbindlich vorgegeben werden darf und gegebenenfalls aus Sicht der Bieter bei dessen Umsetzung einen Garanten für eine erfolgreiche Selbstreinigung darstellen kann, gebietet zunächst einen Blick auf dessen Rechtsnatur. Es handelt sich um einen seitens des Instituts der Wirtschaftsprüfer in Deutschland e.V. (IDW) entwickelten und an eben diese Berufsgruppe primär adressierten Prüfungsstandard. Dem Standard kommt folglich keine Gesetzes- oder unmittelbare Außenwirkung zu. Vielmehr wird die Rechtsnatur derartiger Prüfungsstandards in Literatur und Rechtsprechung weitgehend einheitlich dahingehend beurteilt, dass es sich um Meinungsäußerungen eines fachlich kompetenten Gremiums handelt. Diese Einordnung wird durch den Umstand gestützt, dass dem IDW als privater Verein keine Rechtsetzungskompetenz zukommt, da es an einer staatlichen Anerkennung oder gar einer Beleihung kraft gesetzlicher Grundlage fehlt.[538] Die rechtliche Unverbindlichkeit des IDW-PS 980 ergibt sich auch im unmittelbaren Vergleich mit anderen strukturell ähnlichen Regelungen. Beispielsweise sind die Empfehlungen der Deutschen Prüfstelle für Rechnungslegung e.V. rechtlich ebenfalls als nicht verbindlich einzustufen, da es auch diesen Empfehlungen – ähnlich dem Prüfungsstandard des IDW – an einer demokratischen Legitimation fehlt. Ebenso sind auch die IAS/IFRS-Rechnungslegungsgrundsätze, internationale fachtechnische

---

537 Vgl. hierzu: *Makowicz*, CB 10/2014, I (Editorial), der die ISO 19600 mit einem „Schweizer Taschenmesser" zur Schaffung individueller Compliance-Lösungen vergleicht.

538 Vgl. *Ruhke/Schmidt/Seidel*, BB 2002, 138 (139); *Böttcher*, NZG 2011, 1054 (1055); *Sünner*, CCZ 2015, 2 (3).

Prüfungsnormen vom International Accounting Standards Board (IASB) als privat besetztem und finanziertem Gremium zu bewerten.[539] Die Bedeutung des IDW-PS 980 auf die gerichtliche Auslegung bestimmt an den vorstehend genannten Grundsätzen. Mangels unmittelbarer Außen- und damit Bindungswirkung kann der Standard eine gerichtliche Überprüfung nicht verbindlich lenken oder ersetzen.[540] Die Frage nach der Wirksamkeit eines Compliance-Management-Systems bleibt folglich eine seitens der Gerichte vollumfänglich zu überprüfende Rechtsfrage, sodass die Gerichte hier zu einer eigenen Subsumtion unter Beachtung der gesetzlichen Vorgaben verpflichtet sind.[541] Dennoch ergeben sich jedenfalls faktische Auswirkungen sowohl auf die Praxis als auch die Gerichte dahingehend, dass der Prüfungsstandard eine Entscheidungshilfe darstellt.[542]

Die Rechtsnatur des IDW-PS 980 hat darüber hinaus auch Einfluss auf die Frage einer möglichen Enthaftungswirkung im Falle seiner Umsetzung im Unternehmen. Für eine enthaftende Wirkung spräche zunächst die faktische Bindungswirkung für die Gerichte, welche mit dem Prüfungsstandard einhergeht. Zwar sind die im IDW-PS 980 aufgestellten Grundsätze für die rechtliche Beurteilung hinsichtlich der Rechtmäßigkeit des Handelns der Geschäftsleitung nicht bindend. Dennoch spiegeln sie insoweit einen Vergleichsmaßstab wider, der dazu führen könnte, dass die Gerichte sich hieran orientieren und eine Exkulpation annehmen könnten.[543] Allerdings darf auch in diesem Kontext nicht verkannt werden, dass Compliance Teil der Leitungsaufgabe des oder der geschäftsleitenden Organe eines Unternehmens ist, sodass es Aufgabe des Managements ist, zu ermitteln, ob ein Compliance-Management-System erforderlich ist, ein solches einzuführen und darüber hinaus fortlaufend und regelmäßig auf seine Wirksamkeit zu überprüfen.[544] Diese Pflicht der Unternehmensleitung dient in erster Linie dem Zweck, das Unternehmen vor Sanktionen zu bewahren und die Unternehmensleitung soweit als möglich zu enthaften.[545] Vor diesem Hintergrund ist eine enthaftende Wirkung des IDW-PS 980 kritisch zu betrachten,

539 Vgl. *Böttcher*, NZW 2011, 1054 (1055/1056) m.w.N..
540 Vgl. *Böttcher*, NZW 2011, 1054 (1056) m.w.N.; AG Duisburg, Urt. v. 31.12.1993 – 23 HR B 3193.
541 Vgl. *Rieder/Falge*, BB 2013, 778 (779); *Böttcher*, NZW 2011, 1054 (1057); *Rieder/Jerg*, CCZ 2010, 201 (204).
542 Vgl. *Sünner*, CCZ 2015, 2 (3); *Böttcher*, NZW 2011, 1054 (1056).
543 Vgl. *Böttcher*, NZW 2011, 1054 (1056).
544 Vgl. *Fleischer*, CCZ 2008, 1 (2, 3); *Rieder/Falge* BB 2013, 778 (778).
545 Vgl. *Rieder/Jerg* CCZ 2010, 1 (4).

da zum einen die rechtliche Dimension der Überprüfung von Compliance-Programmen – beispielsweise in Bezug auf die Korruptionsbekämpfung, Kartellrechts-Compliance oder Datenschutz – verkannt wird und sich zum anderen eine sinnvolle Überprüfung von Compliance-Maßnahmen an der praktischen Umsetzung im Unternehmen orientieren muss, was eine auf Basis des IDW-PS 980 eingeholte Wirtschaftsprüferbestätigung in der Regel nicht leisten kann. Der Wirtschaftsprüfer wird insoweit im Zweifel nicht die erforderliche Sachkunde in Bezug auf die zu beantwortenden gesellschafts- und vergaberechtlichen Fragen aufweisen.[546]

Nimmt man somit an, dass der IDW-PS 980 Grundelemente eines Compliance-Management-Systems formuliert, ohne dass ihm letztlich verbindliche Außenwirkung oder gar Enthaftungswirkung zukommt, so ist auch mit Blick auf die vergaberechtliche Selbstreinigung eine restriktive Handhabung angezeigt. Nach der hier vertretenen Auffassung führt auch die Etablierung eines Compliance-Management-Systems am Maßstab des IDW-PS 980 nicht automatisch dazu, dass vom Erfolg der Selbstreinigungsmaßnahmen – konkret der technischen, organisatorischen und personellen Maßnahmen gemäß § 125 Abs. 1 Nr. 3 GWB – ausgegangen werden kann. Zwar ist es durchaus denkbar, dass sich sowohl der öffentliche Auftraggeber als auch die Nachprüfungsinstanzen von den aufgestellten Grundelementen leiten lassen und im Falle der Etablierung vom Erfolg der Selbstreinigung ausgehen könnten. Allerdings entfaltet der IDW-PS 980 insoweit auch mit Blick auf das Vergaberecht weder Bindungs- noch Enthaftungswirkung. Ein signifikantes Mehr an Rechtssicherheit für die Unternehmen geht somit auch im Falle der Etablierung der Grundelemente effektiver Compliance gemäß des Prüfungsstandards nicht einher.

Auch eine Vorgabe des öffentlichen Auftraggebers an die potentiellen Bieter, die Grundelemente des IDW-PS 980 im Falle einer erforderlichen Selbstreinigung verbindlich vorzugeben, ist nach der hier vertretenen Auffassung kritisch zu betrachten. Zum einen orientieren sich die erforderlichen Compliance-Maßnahmen im Unternehmen – wie vorstehend erörtert – stets an der konkreten Risikoanalyse im betreffenden Bieterunternehmen. Zum anderen ist aus Sicht der Bieterunternehmen nicht gewährleistet, dass die Nachprüfungsinstanzen und insbesondere die Gerichte hier eine Bindungswirkung für sich annehmen. Diese werden die getroffenen Selbstreinigungsmaßnahmen stets unter Berücksichtigung des konkreten Einzelfalls bewerten.[547] Eine verpflichtende Vorgabe

546 Vgl. *Rieder/Falge* BB 2013, 778 (779); *Rieder/Jerg* CCZ 2010, 1 (4); *Böttcher*, NZW 2011, 1054 (1057) m.w.N..

547 Vgl. *Sünner*, CCZ 2015, 2 (3).

der Beachtung sämtlicher Grundelemente des IDW-PS 980 unabhängig von Größe, Struktur und Risikoanalyse des Bieterunternehmens verstieße darüber hinaus möglicherweise gegen das Verhältnismäßigkeitsgebot aus § 97 Abs. 1 GWB. Der Verhältnismäßigkeitsgrundsatz gehört zu den allgemeinen Grundsätzen des Unionsrechts und beansprucht folglich auch im Rahmen des Vergaberechts Geltung[548]. Öffentliche Auftraggeber dürfen danach unter anderem nur diejenigen Maßnahmen ergreifen, die zur Erreichung des verfolgten Zwecks angemessen und erforderlich sind und die potentiellen Bieterunternehmen in ihrer Wirtschaftstätigkeit am wenigsten belasten.[549] Bis zur Vergaberechtsnovelle im April 2016 war der Verhältnismäßigkeitsgrundsatz nicht ausdrücklich kodifiziert. Im Zuge der Vergaberechtsmodernisierung wurde der allgemein geltende Verfahrensgrundsatz nun ausdrücklich in das Gesetz aufgenommen.[550] Ausweislich der Gesetzesbegründung handelt es sich dabei lediglich um eine klarstellende Aufnahme in das Gesetz.[551] Der öffentliche Auftraggeber hat im Kontext seiner gesamten Beschaffungsaktivitäten danach den Verhältnismäßigkeitsgrundsatz zu wahren. § 97 Abs. 1 S. 2 GWB setzt damit den in Art. 18 Abs. 1 RL 2014/24/EU geforderten Verhältnismäßigkeitsgrundsatz um. Der Grundsatz gilt ausweislich der Gesetzesbegründung insbesondere bei den Anforderungen an die Leistungsbeschreibung, die Eignung, den Zuschlag und die Ausführungsbedingungen.[552] Folglich kommt dem Verhältnismäßigkeitsgrundsatz insbesondere im Rahmen des Ausschlusses von Bietern oder Bewerbern eine tragende Bedeutung zu.[553] Zu der Beschaffungsaktivität zählt nach der hier vertretenen Auffassung indes spiegelbildlich zum Ausschluss eines Bieters auch der Bereich der Selbstreinigung. Danach unterfiele dem Oberbegriff der Beschaffungsaktivität auch die Vorgabe verbindlicher Leitlinie und Standards im Zusammenhang mit der Bewertung von Selbstreinigung durch den Auftraggeber. Der Verhältnismäßigkeitsgrundsatz geböte es diesbezüglich, nach Größe und Struktur sowie dem in Rede stehenden und zu bewertenden Verstoß Rechnung zu tragen. Dem widerspräche – nach der hier vertretenen Auffassung – jedenfalls eine Vorgabe, nach der der Erfolg einer Selbstreinigungsmaßnahme schematisch von der Umsetzung des IDW-PS 980 abhängig gemacht werden würde.

---

548 Vgl. *Ziekow* in; Ziekow/Völlink, Vergaberecht 3. Aufl., § 97 GWB Rn. 56.
549 EuGH, Urt. v.15.03.2001 – C-165/98, Rn. 26.
550 Vgl. *Marx* in: BeckOK Vergaberecht GWB § 97 Rn. 56.
551 Vgl. Gesetzesbegründung zu § 97 GWB, BT-Drs. 18/6281, S. 67.
552 Vgl. Gesetzesbegründung zu § 97 GWB, BT-Drs. 18/6281, S. 68.
553 Vgl. *Marx* in: BeckOK Vergaberecht GWB § 97 Rn. 57.

Ferner wäre mit Blick auf die heterogene Bieterstruktur (sowohl große wie auch mittlere und kleine Unternehmen) der Gleichbehandlungsgrundsatz aus § 97 Abs. 2 GWB zu beachten. Allen am ausgeschriebenen Auftrag interessierten Unternehmen muss danach dieselbe Chance auf den Zuschlag gegeben werden, was unter anderem neben einer Gleichheit der Rechtsanwendung auch der Festlegung die Gleichheit der materiellen Bewertungskriterien voraussetzt.[554] Dabei gilt ausweislich der Entscheidungspraxis das Gleichbehandlungsgebot in sämtlichen Phasen des Vergabeverfahrens und nicht lediglich für den Fall, dass ein Unternehmen tatsächlich ein Angebot abgegeben hat. Es darf mithin kein europäisches Unternehmen durch bestimmte Vorgaben per se von einer Teilnahme am Vergabeverfahren abgeschreckt werden.[555]

Diesen Grundsätzen würde hier – vorbehaltlich einer Einzelfallbetrachtung in Bezug auf das jeweilige Vergabeverfahren – nicht in ausreichendem Maße Rechnung getragen. Denn unabhängig davon, dass der IDW-PS 980 keinen Anspruch auf Vollständigkeit erhebt[556], werden gegebenenfalls abhängig von der konkreten Bieterunternehmenssituation ohnehin nicht sämtliche im IDW-PS 980 genannten Elemente umzusetzen sein, um die Funktionalität der etablierten Compliance-Maßnahmen und damit den Erfolg der Selbstreinigungsmaßnahmen zu gewährleisten. Entscheidend sind hier vor allem die Art des Verstoßes sowie die Struktur und Größe des Unternehmens. Eine generelle Vorgabe würde die Bieterunternehmen folglich in unverhältnismäßiger und diskriminierender Art und Weise beeinträchtigen.

Mit Blick auf die Rechtssicherheit der Unternehmen im Zusammenhang mit der vergaberechtlichen Selbstreinigung erschöpft sich der Mehrwert des Prüfungsstandards mangels Außen- und Enthaftungswirkung daher in einer Orientierungshilfe zur Etablierung effektiver Compliance-Maßnahmen. Nicht mehr und nicht weniger.

b) *Rechtssicherheit durch die ISO 19600*

Auch in Bezug auf die ISO 19600 soll untersucht werden, ob diese als verbindlicher Standard seitens der Auftraggeber im Kontext der vergaberechtlichen Selbstreinigung vorgegeben werden kann und ob der Standard aus Sicht der

---

554 Vgl. *Ziekow* in; Ziekow/Völlink, Vergaberecht 3. Aufl., § 97 GWB Rn. 22; *Dörr* in: Dreher/Motzke Beck´scher Vergaberechtskommentar § 97 Rn. 10.

555 Vgl. *Ziekow* in; Ziekow/Völlink, Vergaberecht 3. Aufl., § 97 GWB Rn. 20; EuGH, Urt. v. 05. 10. 2000 – Rs C – 16/98.

556 *Böttcher*, NZW 2011, 1054 1057 m.w.N..

Bieterunternehmen einen Mehrwert bezüglich einer erfolgreichen Selbstreinigung darstellen kann. Im Gegensatz zum IDW-PS 980, der ein seitens des Berufsstandes der Wirtschaftsprüfer vorgegebenes Regelwerk zur unabhängigen Kontrolle bereits etablierter Compliance-Systeme darstellt, wurde die ISO 19600 „Compliance Management Systems – Guidelines" – mit dem Ziel entwickelt, international einheitliche Handlungsempfehlungen für die Ausgestaltung von Compliance-Management-Systemen zu geben.[557] Bereits der Titel der ISO 19600 verdeutlich deren (lediglich) empfehlenden Charakter („*guidelines*"). Sie versteht sich dabei bewusst als Leitfaden, der den Unternehmen einen Umsetzungsspielraum hinsichtlich der einzelnen Aspekte lässt.[558] Die Norm stellt primär keinen zertifizierbaren Standard dar und gibt folglich auch keine zwingenden Mindestanforderungen zur Etablierung eines Compliance-Management-Systems vor. Die einzelnen Kapitel weisen – wie bereits ausgeführt[559] – Parallelen zu den im IDW-PS 980 beschriebenen Grundelementen auf sodass die beiden Regelwerke geeignet sind, einander zu ergänzen und zu konkretisieren.[560] Zwar ist der Anwendungsbereich der ISO 19600 weiter gefasst als der des IDW-PS 980, da die ISO 19600 von allen Organisationen, d.h. neben den Unternehmen auch von Stiftungen, Verbänden oder staatlichen Institutionen angewendet werden kann und nicht allein an die Berufsgruppe der Wirtschaftsprüfer adressiert ist.[561] Folglich kann zumindest ein Mehrwert für die Bieterunternehmen dahingehend gesehen werden, dass die ISO 19600 gewissermaßen einer heterogenen Bieterunternehmensstruktur Rechnung trägt.

Unter Beachtung des Normcharakters der ISO 19600, die bereits ausweislich ihrer klaren Bezeichnung allenfalls einen Leitfaden darstellen will, darf in Bezug auf eine Zertifizierung von Compliance-Maßnahmen im Allgemeinen und im Kontext der vergaberechtlichen Selbstreinigung im Speziellen nicht außer Acht gelassen werden, dass ISO-Normen (Typ B/generic guidelines) selbst ihrem Charakter nach keine Bindungswirkung haben können.[562] Die Norm darf

557 Vgl. *Schmidt/Wermelt/Eibelshäuser*, CCZ 2015, 18 (18).

558 Vgl. *Ehnert*, CCZ 2015, 6(6); *Schmidt* in: Hauschka/Moosmayer/Lösler, Corporate Compliance, § 45 Rn. 108; *Schmidt/Wermelt/Eibelshäuser*, CCZ 2015, 18 (18).

559 Vgl. zur grundsätzlichen Bedeutung der ISO 19600 die Ausführungen unter B.II.4.d) ff) (3) (h).

560 Vgl. *Schmidt* in: Hauschka/Moosmayer/Lösler, Corporate Compliance, § 45 Rn. 108; *Sünner*, CCZ 2015, 2 (3); vgl. zur Darstellung der Schnittmengen zwischen ISO 19600 und IDW-PS 980 im Einzelnen auch *Schmidt/Wermelt/Eibelshäuser*, CCZ 2015, 18 (19).

561 Vgl. *Schmidt/Wermelt/Eibelshäuser*, CCZ 2015, 18 (18).

562 Vgl. *Ehnert*, CCZ 2015, 6(8).

somit nicht als zertifizierbarer Standard missverstanden werden, sondern liefert allenfalls Anregungen und Orientierungspunkte zur Etablierung effektiver Compliance-Systeme in Gestalt eines Leitfadens. Wie auch der IDW-PS 980 kommt der ISO Norm bereits aufgrund ihres Normcharakters keine enthaftende Wirkung zugunsten der Bieterunternehmen im Nachprüfungsverfahren zu, was den Mehrwert für die Bieterunternehmen mit Blick auf eine Rechtssicherheit in Bezug auf den Erfolg von Selbstreinigungsmaßnahmen (insbesondere Compliance-Strukturen) schmälert. Mit Blick auf die potentiell enthaftende Wirkung der ISO 19600 gelten mithin die Grundsätze zum Ausschluss der Haftung bei Vertrauen auf externen Rechtsrat.[563] Eine gerichtliche Auslegung von Rechtsnormen sowie die unabhängige richterliche Entscheidung kann auch die ISO 19600 nicht ersetzen, allenfalls positiv beeinflussen.

Zwar kann vor diesem Hintergrund die ISO Norm positiven Einfluss auf die Selbstreinigung der Unternehmen dahingehend haben, dass ihnen eine zusätzlich international beeinflusste Orientierungshilfe an die Hand gegeben wird. Folglich wird die Norm auch de facto Organisationsstandards setzen können, die die Compliance-Praxis innerhalb der Unternehmen beeinflussen und verbessern können. Allerdings ist nach der hier vertretenen Auffassung der Mehrwert einer verbindlichen Vorgabe der Beachtung der ISO 19600 bei der Etablierung von Selbstreinigungsmaßnahmen innerhalb eines Vergabeverfahrens zweifelhaft. Den Bieterunternehmen kann zwar seitens des öffentlichen Auftraggebers angeraten werden, sich an der ISO Norm zu orientieren. Die zwingende Vorgabe einer verbindlichen Beachtung würde indes dem Verhältnismäßigkeitsgrundsatz aus § 97 Abs. 1 GWB sowie dem Gleichbehandlungsgrundsatz aus § 97 Abs. 2 GWB zuwiderlaufen. Die vorstehend im Kontext des IDW-PS 980 gemachten Ausführungen zum Verhältnismäßigkeits- und Gleichbehandlungsgrundsatz (s.o. a)) gelten entsprechend. Die Bieterunternehmen könnten stets einwenden, dass die Vorgabe unverhältnismäßig ist und kleine unter mittlere Unternehmen benachteiligt. Denn Fakt bleibt, dass die erforderlichen Maßnahmen stets am Maßstab der Risikoanalyse im Bieterunternehmen gemessen werden müssen. Die Vorgabe eines Leitfadens, welcher schematisch abgearbeitet werden muss, wäre hier wenig zielführend. Den Unternehmen muss stets die Möglichkeit gegeben werden, individuelle und unabhängig von Regelwerken wie der ISO 19600 entwickelte Compliance-Maßnahmen zu etablieren. Auch bei der Bewertung von vergaberechtlichen Selbstreinigungsmaßnahmen ist stets eine Einzelfallbetrachtung angezeigt,[564] sodass sich im Kern jede schematische Lösung verbietet.

563 Vgl. *Koch* in: Hüffer/Koch, AktG, § 76 Rn. 16 f..

564 Vgl. Gesetzesbegründung zu § 125 GWB, BT-Drs. 18/6281, S. 110.

c) *Rechtssicherheit durch die DICO Leitlinie „Kartellrechtliche Compliance" und den Leitfaden des Bundesministeriums*

Die vorstehend erläuterten Grundsätze sind im Ergebnis sowohl auf die DICO Leitlinie „Kartellrechtliche Compliance" als auch den „Leitfaden des Bundesministeriums zur Berücksichtigung von Selbstreinigungsmaßnahmen bei der Vergabe öffentlicher Aufträge" anwendbar.

Wie bereits erörtert[565], verfolgt die DICO-Leitlinie in erster Linie das Ziel, den kleinen und mittleren Unternehmen am Markt eine Hilfestellung bei der Errichtung ihres unternehmensindividuellen Compliance-Programms zu geben. Normhierarchisch ist sie auf gleicher Höhe wie die ISO 19600 anzusiedeln und konkretisiert die hierin sowie im IDW-PS 980 festgelegten Anforderungen an Compliance-Management-Systeme insbesondere in Bezug auf die Bedürfnisse des Mittelstandes.[566] Sie stellt somit einen Diskussionsbeitrag zur Konkretisierung der Anforderungen der vergaberechtlichen Selbstreinigung gemäß § 125 Abs. 1 Nr. 3 GWB dar.[567]

Auch der Leitfaden des Bundesministeriums für Umwelt, Naturschutz, Bau und Reaktorsicherheit „Leitfaden zur Berücksichtigung von Selbstreinigungsmaßnahmen bei der Vergabe öffentlicher Bauaufträge" verfolgt letztlich das Ziel einer Konkretisierung der Voraussetzungen des § 125 Abs. Nr. 3 GWB. Intention und Ziel des Leitfadens soll es sein, den Vergabestellen den praktischen Umgang mit der durch die Vergaberechtsreform 2016 erstmals in das nationale Vergaberecht eingeführte Möglichkeit der Selbstreinigung eines Bieters (§ 6f EU VOB/A, § 125 GWB) zu erleichtern.[568] Anders als die DICO-Leitlinie ist der Leitfaden insoweit an die Vergabestellen und weniger an die Bieter adressiert, sodass sich die Regelwerke bereits aufgrund des Adressatenkreises unterscheiden. Er enthält gesonderte Prüfblätter mit Handlungsempfehlungen für jeden einschlägigen

565 Vgl. zur allgemeinen Bedeutung und Einordnung der DICO-Leitlinie die Ausführungen unter B.II.4.d) ff) (3) (h).

566 Vgl. *Reimers/Hainz*: CCZ 2016, 188 (188).

567 Vgl. *Reimers/Hainz*: CCZ 2016, 188 (189).

568 So auch „Forschungsprojekt „Leitfaden zur Berücksichtigung von Selbstreinigungsmaßnahmen bei der Vergabe öffentlicher Bauaufträge" – Vorgang 81063.09/05-2017/000006, abrufbar unter http://www.verwaltungsvorschriften-im-internet.de/pdf/BMUB-B-20170906-SF-A001.pdf (zuletzt abgerufen am 09.11.2018); zur allgemeinen Bedeutung und Struktur des Leitfadens vergleiche Ausführungen unter Ausführungen unter B.II.4.d) ff) (3) (h).

Ausschlussgrund. Wie im Leitfaden selbst klargestellt enthält dieser *„insofern Verallgemeinerungen und kann nur beispielhaft Lösungen anbieten und auf mögliche Varianten hinweisen, nicht aber die Vielschichtigkeit jedes Einzelsachverhaltes abbilden.“*[569].

Da dem Leitfaden keine Gesetzeskraft zukommt und er selbst von den ausschreibenden Stellen nicht zwingend zu nutzen ist, kann bereits aus diesem Grund nicht unmittelbar von einem für die Bieter verbindlichen Standard ausgegangen werden. Darüber hinaus ist er erkennbar in erster Linie an die Vergabestellen selbst und nicht originär an die Bieter adressiert. Ausweislich S. 1 des Leitfadens soll dieser *„den Vergabestellen die Prüfung der von Bewerbern bzw. Bietern durchgeführten Selbstreinigungsmaßnahmen bei der Vergabe öffentlicher Bauaufträge erleichtern.“*[570]. Auch wenn im Rahmen dieses Leitfadens sowohl erforderliche Selbstreinigungsmaßnahmen als auch die tauglichen Nachweise beispielhaft aufgeführt sind, ist es nach der hier vertretenen Auffassung unzweckmäßig, den Bietern diesen Leitfaden als verbindliches Werk zur Etablierung ihrer individuellen Selbstreinigungsmaßnahmen vorzugeben. Wie auch im Rahmen des IDW-PS 980, der ISO 19600 oder auch der DICO-Leitlinie erörtert, wird es auch bei Beachtung des Leitfadens zu einer individuellen Betrachtung durch den entscheidenden Richter kommen müssen, sollte die Bewertung des öffentlichen Auftraggebers gemäß § 125 Abs. 2 GWB letztinstanzlich vor den Vergabesenaten des Oberlandesgerichtes gerichtlich vollumfänglich überprüft werden.

Sollte ein öffentlicher Auftraggeber die Selbstreinigungsmaßnahmen eines Bieters als nicht ausreichend erachten und im Rahmen seiner Bewertung nach § 125 Abs. 2 GWB zu einem für den Bieter negativen Ergebnis kommen, so wird es nicht ausreichen, dass dies mit der Nichteinhaltung der Orientierungshilfen des Leitfadens durch den jeweiligen Bieter begründet wird. Anders herum kann von den Bietern nicht generell mit Erfolg vorgebracht werden, dass die Selbstreinigungsmaßnahmen bei Konformität mit dem Leitfaden generell als erfolgreich

---

569 Anlage 1 zum Schlussbericht Leitfaden zur Berücksichtigung von Selbstreinigungsmaßnahmen bei der Vergabe öffentlicher Bauaufträge (S. 2), abrufbar unter http://www.verwaltungsvorschriften-im-internet.de/pdf/BMUB-B-20170906-SF-A001.pdf (zuletzt abgerufen am 09.11.2018)..

570 „Leitfaden zur Berücksichtigung von Selbstreinigungsmaßnahmen bei der Vergabe öffentlicher Bauaufträge“ – Vorgang 81063.09/05-2017/000006, S. 1 abrufbar unter http://www.verwaltungsvorschriften-im-internet.de/pdf/BMUB-B-20170906-SF-A001.pdf (zuletzt abgerufen am 31.03.2020)

zu bewerten sind. Gleichwohl kann in den Vergabeunterlagen ein Hinweis auf den Leitfaden dahingehend eingefügt werden, dass Selbstreinigungsmaßnahmen zunächst am Maßstab dieses Leitfadens geprüft werden, um die Prüfung insgesamt transparenter zu gestalten.

Aufgrund mangelnder Außenwirkung ergibt es nach der hier vertretenen Auffassung weder Sinn, die DICO-Leitlinie oder aber den Leitfaden des Bundesministeriums als verbindliche Regelwerke für die Etablierung von Selbstreinigungsmaßnahmen vorzugeben, noch kann die Beachtung aus Sicht der Bieterunternehmen mit hinreichender Wahrscheinlichkeit den Erfolg der Maßnahmen garantieren. Es wird vor den Nachprüfungsinstanzen in letzter Instanz (Beschwerdeinstanz vor dem Oberlandesgericht, §§ 171 ff. GWB) stets eine vollumfängliche Kontrolle durch den erkennenden Senats über den Erfolg der Selbstreinigung und in der Konsequenz über die Rechtmäßigkeit eines Verfahrensausschlusses erfolgen.

d) Zwischenergebnis

Bei der Frage, ob Regelwerke wie die ISO 19600, der IDW-PS 980, die DICO-Leitlinie „Kartellrechtliche Compliance" oder aber der Leitfaden des Bundesministeriums für Umwelt, Naturschutz, Bau und Reaktorsicherheit zur Berücksichtigung von Selbstreinigungsmaßnahmen bei der Vergabe öffentlicher Bauaufträge seitens der öffentlichen Auftraggeber als verbindlich vorgegeben werden dürfen und auf diese Weise ein Mehr an Rechtssicherheit bei der Etablierung von Selbstreinigungsmaßnahmen erreicht werden kann, stellen sich im Kern zwei Fragen. Zum einen ist fraglich, ob ein Auftraggeber den einen oder anderen Standard als verbindlich vorgeben darf, ohne eine Ungleichbehandlung und damit eine Diskriminierung einzelner Bieterunternehmen zu riskieren. Zum anderen stellt sich die Frage, ob es den Bieterunternehmen ein Mehr an Rechtssicherheit bietet, sich an einem der Regelwerke bei der Etablierung ihrer individuellen Selbstreinigungsmaßnahmen, insbesondere den Compliance-Maßnahmen zu orientieren.

Gemäß den vorstehenden Erörterungen stellt sich die verbindliche Vorgabe eines der Regelwerke im Ergebnis – vorbehaltlich einer Einzelfallprüfung im jeweiligen Vergabeverfahren – als mit hoher Wahrscheinlichkeit unverhältnismäßige Vorgabe (§ 97 Abs. 1 S. 2 GWB) und diskriminierend dar. Dies vor allem aus der Erwägung heraus, dass stets die Größe des Unternehmens, die konkreten Umstände des zum Ausschluss führenden Rechtsverstoßes und damit letztlich die konkrete Risikoanalyse innerhalb des Bieterunternehmens maßgeblich für die Ausgestaltung der Compliance-Programme im Unternehmen sein müssen.

Eine statische Verweisung auf einzelne Regelwerke wäre insoweit vor dem Hintergrund einer individuellen Risikoanalyse als Fundament der Etablierung eines Compliance-Management-Systems nicht zielführend. Besonders in KMU werden häufig ressourcenschonendere Maßnahmen ausreichend sein. Dabei sind stets die Grundsätze der Bietergleichbehandlung und der Verhältnismäßigkeitsgrundsatz zu berücksichtigen.

Auch die Frage, ob es den Bieterunternehmen ein Mehr an Rechtssicherheit gäbe, würden einzelne Standards bei der Etablierung von Compliance-Management-Systemen 1:1 umgesetzt, muss nach der hier vertretenen Auffassung verneint werden. Denn zum einen beinhaltet keines der Regelwerke eine (vollständig) enthaftende Wirkung, sodass stets ein Restrisiko verbleibt. Zum anderen können weder Prüfungsstandards wie der IDW-PS 980 noch Regelwerke wie die ISO 19600 oder die DICO-Leitlinie und der Leitfaden des Bundesministeriums die gerichtliche Auslegung von Rechtsnormen verdrängen. Obgleich der erkennende Richter/Senat bei seiner Entscheidung die Berücksichtigung entsprechender Regelwerke zugunsten der Bieterunternehmen positiv berücksichtigen wird[571], so verbleibt es in letzter Instanz doch immer bei einer nicht sicher zu prognostizierenden Einzelfallentscheidung über den Erfolg der Selbstreinigungsmaßnahmen durch die Nachprüfungsinstanzen.

Daher kann hier schwerlich ein bestimmter Standard als verbindlich vorausgesetzt werden. Allerdings kann es für den Auftraggeber angezeigt sein, die Beachtung der verbindlichen und in der Praxis bewährten Standards wohlwollend zu berücksichtigen. Dies zum einen aus Gründen der Verfahrensbeschleunigung aber auch der Gleichbehandlung aller Bieter. Ähnlich wie im Rahmen gerichtlicher Entscheidungen kann daher bei Beachtung insbesondere der ISO 19600 sowie der im IDW-PS 980 aufgestellten Grundsätze eine Indizwirkung mit Blick auf die Wirksamkeit der etablierten Selbstreinigungsmaßnahmen bestehen. Gleichwohl begründen die Regelwerke eben keinen Rechtsanspruch der Bieterunternehmen auf eine bestimmte Bewertung der Selbstreinigungsmaßnahmen durch den öffentlichen Auftraggeber oder die Nachprüfungsinstanzen. Mangels verbindlichen Charakters wird auch eine Ermessensreduzierung auf Null im Rahmen eines Verfahrensausschlusses nicht ohne weiteres anzunehmen

571 Vgl. in Bezug auf den IDW-PS 980 auch *Böttcher*, NZG 2011, 1054 (1056), der vertritt, dass die gerichtliche Auslegung von Rechtsnormen durch die Prüfungsstandards zwar nicht verdrängt, wohl aber beeinflusst werden kann. Die Regelungen des IDW PS 980 sind nach der dort vertretenen Auffassung faktisch geeignet, als wichtige Entscheidungshilfen für die Praxis und auch die Gerichte zu dienen.

sein. Da KMU gerade in der kommunalen Auftragsvergabe eine tragende Rolle spielen und die Mittelstandsförderung gemäß § 97 Abs. 4 S. 1 GWB vom Gesetzgeber ausdrücklich kodifiziert ist, kann durch die positive Berücksichtigung systemisch etablierter Selbstreinigungsmaßnahem am Maßstab der erörterten Regelwerke eine Hürde genommen werden, sich auch im Falle des Verfahrensausschlusses mit Hilfe von Selbstreinigungsmaßnahmen eine Wiederzulassung zum Vergabeverfahren zu verschaffen. Dies fördert die Bietervielfalt und somit den Wettbewerb, welcher erst eine für die öffentliche Hand wirtschaftliche Beschaffung ermöglicht und Ziel des Vergabeverfahrens sein muss.[572]

3. Die Business Judgement Rule im Kontext der vergaberechtlichen Selbstreinigung

Nimmt man entsprechend der vorstehenden Erörterungen in Bezug auf den Bewertungsmaßstab an, dass die Bewertung der öffentlichen Auftraggeber in Bezug auf die Selbstreinigungsmaßnahmen seitens der Nachprüfungsinstanzen vollumfänglich überprüfbar sein muss und insbesondere § 125 Abs. 1 Nr. 3 GWB keine verbindlichen Mindeststandards für eine erfolgreiche Selbstreinigungsmaßnahme in Bezug auf die zu treffenden technischen, organisatorischen und personellen Maßnahmen vorgibt, so stellt sich die Frage, ob nicht dennoch auf anderem Wege als eine (bloße) Auslegung des § 125 GWB ein Mindeststandard hergeleitet werden kann, bei dessen Einhaltung seitens der Unternehmen zumindest in der Regel planbar davon ausgegangen werden kann, dass der öffentliche Auftraggeber bei seiner Bewertung (oder aber die Nachprüfungsinstanzen bei ihrer Überprüfung der Bewertung) eben diese Mindeststandards berücksichtigen und eine erfolgreiche Selbstreinigung annehmen wird, sofern keine außergewöhnlichen Umstände des Einzelfalls eine andere Bewertung rechtfertigen. Wie bereits erläutert, besteht ein solches Bedürfnis seitens der Unternehmen vor allem mit Blick auf den drohenden Verfahrensausschluss oder sogar eine Vergabesperre bei nicht fristgerecht nachgewiesener Selbstreinigung.

Gegebenenfalls kann in diesem Zusammenhang – als gesellschaftsrechtlicher Lösungsansatz – die Business Judgement Rule den Bieterunternehmen ein zusätzliches Maß an Rechtssicherheit verschaffen. Dies vor dem Hintergrund, dass die Leitungsorgane der Bieterunternehmen – sollte ihnen tatbestandlich nach § 125 GWB keine ausreichenden Handlungsverpflichtungen auferlegt

---

572 Vgl. zum Zweck des Vergaberechts in diesem Zusammenhang auch: *Ziekow* in: Ziekow/Völlink, Vergaberecht 3. Aufl. § 97 GWB Rn. 2.; *Dörr* in: Dreher/Motzke Beck´-scher Vergaberechtskommentar § 97 Rn. 4 .

werden – jedenfalls in gewissem Maße frei sein müssen, ihre unternehmerischen Entscheidungen zu fällen. Dies kann gegebenenfalls dazu führen, dass „ausreichende", „geeignete" bzw. „zureichende" Selbstreinigungsmaßnahmen weit zu verstehen wären und von der Vergabestelle nicht vorschnell als unzureichend bewertet werden dürften (§ 125 Abs. 2 GWB).

a) Grundsatz des Geschäftsleiterermessens/Auswirkung auf das Vergabeverfahren

In Anlehnung an die ARAG/Garmenbeck-Rechtsprechung des BGH[573], welche sich an US-amerikanische Vorbilder anlehnt, wurde die sogenannte „Business Judgement Rule" implementiert.[574] Diese besagt im Wesentlichen, dass der Vorstand einer AktG dann pflichtgemäß handelt, wenn er sich im Vorfeld seiner unternehmerischen Entscheidung hinreichend informiert hat, sich nicht in einem Interessenkonflikt befindet und darauf vertrauen durfte, zum Besten der Gesellschaft zu handeln. Dies muss, da die Regel ohnehin nur eine Selbstverständlichkeit konkretisiert, nämlich dass mangels eines justitiablen Maßstabs für „richtiges unternehmerisches Verhalten" eine in Unsicherheit getroffene Entscheidung keine Haftung auslösen soll, unter Gleichbehandlungsgesichtspunkten für sämtliche leitende Angestellte[575] und auch den Geschäftsführer einer GmbH gelten.[576] Dies gilt unabhängig von dem Geschäftsfeld in dem sich das Unternehmen betätigt und somit auch im Rahmen von Vertragsschlüssen infolge einer öffentlichen Ausschreibung.

Um einen möglichen vergaberechtlichen Zusammenhang der Business Judgement Rule herzuleiten, ist zunächst ein Blick auf die Systematik des § 93 AktG erforderlich. § 93 Abs. 1 S. 1 AktG kodifiziert insoweit die Pflicht der Vorstandsmitglieder, bei ihrer Geschäftsführung die Sorgfalt eines ordentlichen und gewissenhaften Geschäftsleiters anzuwenden. Gemäß § 93 Abs. 1 S. 2 AktG liegt eine Pflichtverletzung nicht vor, „*wenn das Vorstandsmitglied bei einer unternehmerischen Entscheidung vernünftigerweise annehmen durfte, auf der Grundlage angemessener Information zum Wohle der Gesellschaft zu handeln.*" Der deutsche

573 BGH, Urt. V. 21.04.1997-IIZR 175/95.

574 Grundlegend: *Dauner-Lieb,* FS Röhricht , 2005, S. 83 f.

575 Vgl. *Dauner-Lieb* in: Henssler/Strohn, Gesellschaftsrecht, § 93 AktG Rn. 18.

576 Vgl. *Ziemons* in: Michalski/Heidinger/Leible/Schmidt, GmbHG, § 43 Rn. 134; BGH, Beschl. v. 14.07. 2008 – II ZR 202/07.

Gesetzgeber hat im Zuge des Art. 1 Nr. 1a UMAG für die Aktiengesellschaft die Regelung des § 93 Abs. 1 S. 2 AktG geschaffen, welche grundsätzlich auch in der GmbH Geltung beansprucht.[577] Die Vorschrift beruht daher auf dem Grundsatz eines Geschäftsleiterermessens und damit eines Handlungsspielraums des Vorstandes bei unternehmerischen Entscheidungen.[578] Regelungstechnisch handelt es sich bei der Business Judgement Rule um die Figur eines „safe harbor" für die von der Geschäftsführung getroffenen unternehmerischen Entscheidungen.[579] Sie sorgt somit dafür, dass ein negatives Ergebnis einer unternehmerischen Entscheidung nicht die Haftung des Vorstands zur Folge hat, sofern die Voraussetzungen des § 93 Abs. 1 S. 2 AktG eingehalten wurden.[580] Zwar ist in der Literatur zum Aktienrecht umstritten, ob die Business Judgement Rule eine bloße Lockerung der gerichtlichen Kontrolldichte bewirkt[581], oder aber eine unwiderlegliche Vermutung für ein objektiv rechtmäßiges Verhalten nach sich zieht[582].

In Fällen, in denen die Geschäftsleitungsorgane die Voraussetzungen des § 93 Abs. 1 S. 2 AktG erfüllen, kann indes diskutiert werden, ob dieses pflichtgemäße Handeln nicht auch Auswirkungen auf die vergaberechtliche Beurteilung getroffener interner Compliance-Maßnahmen haben kann und die Bewertung des öffentlichen Auftraggebers lenken muss. Da die aktienrechtlichen Grundsätze des Geschäftsleiterermessens des Vorstandes sowie die Grundsätze der Business Judgement Rule nach herrschender Auffassung auch auf den GmbH-Geschäftsführer übertragbar sind,[583] kann es dabei im Ergebnis keinen Unterschied

577 Vgl. *Ziemons* in: Michalski/Heidinger/Leible/Schmidt, GmbHG, § 43 Rn. 134; *Mertens/Cahn* in: KölnKomm/AktG, § 93 Rn 12; BGH, Beschl. v. 14. 07.2008 – II ZR 202/07.

578 Vgl. *Wiesner*, Münchener Handbuch zum Gesellschaftsrecht, § 25 Rn. 57.

579 Vgl. *Wiesner*, Münchener Handbuch zum Gesellschaftsrecht, § 25 Rn. 58; *Mertens/Cahn* in: KölnKomm/AktG, § 93 Rn 13; *Ziemons* in: Michalski/Heidinger/Leible/Schmidt, GmbHG, § 43 Rn. 134; *Fleischer* in Spindler/Stilz, AktG, § 93 Rn. 65.

580 Vgl. *Mertens/Cahn* in: KölnKomm/AktG § 91 Rn. 36; *Koch* in: Hüffer/Koch, AktG, § 93 Rn. 12 f..

581 so *Fleischer* in Spindler/Stilz, AktG, § 93 Rn. 65 m.w.N. mit Blick auf den ermahnenden Charakter und der verhaltenssteuernden Pflichten der Sorgfaltspflichten; vgl. auch *Kocher*, CCZ 2009, 215 (216).

582 so *Koch* in: Hüffer/Koch, AktG, § 93 Rn. 12, der in Anlehnung an den Gesetzeswortlaut eine Pflichtverletzung bereits tatbestandlich ausscheiden lässt; *Spindler* in: MünchKomm AktG, § 93 Rn. 93; *Wiesner*, Münchener Handbuch zum Gesellschaftsrecht, § 25 Rn. 58.

583 Vgl. *Fleischer* in: MünchKomm GmbHG, § 43 Rn. 71; *Ziemons* in: Michalski/Heidinger/Leible/Schmidt, GmbHG, § 43 Rn. 134 m.w.N..

machen, ob sich eine GmbH oder eine Aktiengesellschaft am Vergabeverfahren beteiligt.

b) Wesentliche Tatbestandsmerkmale der Business Judgement Rule

Bevor ein konkreter Bezug der Business Judgement Rule zum Vergaberecht hergestellt werden kann, sind zunächst deren tragenden Voraussetzungen darzustellen. § 93 Abs. 1 S. 2 AkG verlangt insoweit, dass das Vorstandsmitglied „bei einer unternehmerischen Entscheidung vernünftigerweise annehmen werden durfte „auf der Grundlage angemessener Information zum Wohle der Gesellschaft zu handeln". In den Fokus zu nehmen sind insbesondere die Merkmale der „unternehmerischen Entscheidung" sowie der „angemessenen Information".

Obgleich das Gesetz das Tatbestandsmerkmal nicht definiert, so steht die unternehmerische Entscheidung gemäß der Gesetzesbegründung zum UMAG im Gegensatz zur gebundenen Entscheidung. Unternehmerische Entscheidungen seien demzufolge infolge ihrer Zukunftsbezogenheit durch Prognosen und nicht justiziable Einschätzungen geprägt. Dies unterscheide sie von der Beachtung gesetzlicher, satzungsmäßiger oder anstellungsvertraglicher Pflichten ohne tatbestandlichen Beurteilungsspielraum.[584] Danach ist im Einklang mit der Auffassung in Literatur und Rechtsprechung bei der Auslegung jedenfalls die haftungsrechtliche Eigenart unternehmerischer Tätigkeit und in der Konsequenz das Handeln in Unsicherheit, zu berücksichtigen. Dem Vorstand muss daher in jedem Fall ein gewisser Handlungsspielraum eingeräumt sein. Er muss ferner eine rechtmäßige Entscheidung entsprechend des Unternehmensgegenstandes getroffen haben. Weitere Voraussetzung ist, dass es im Rahmen der zu treffenden Entscheidung um Risiken und Prognosen geht und folglich eine Entscheidung in Unsicherheit und mit Zukunftsbezug zu fällen ist.[585]

Sieht man die Compliance-Organisationspflicht als Teil der Legalitätskontrollpflicht des Vorstandes an[586] und besteht nach einer konkreten Risikoanalyse im Unternehmen die Pflicht, konkrete Compliance-Maßnahmen zu ergreifen, so steht dem geschäftsleitenden Organ auch diesbezüglich im Rahmen der Ausgestaltung ein unternehmerisches Ermessen zu. Dabei ist bereits an dieser Stelle zu

---

584 Vgl. Gesetzesbegründung zum UMAG (Gesetz zur Unternehmensintegrität und Modernisierung des Anfechtungsrechts), BT-Drs. 15/5092, S. 11.

585 Vgl. *Dauner-Lieb* in: Henssler/Strohn, Gesellschaftsrecht, § 93 AktG Rn. 20, 21; *Dauner-Lieb,* FS Röhricht , 2005, S. 94; *Spindler* in MünchKomm AktG, § 93 Rn. 41; BGH, Urt. v. 15.01.2013 – II ZR 90/11.

586 Vgl. *Bicker*, AG 2012, 542 (543); s. auch Ausführungen unter B.II.4. d) ff) (2).

betonen, dass grundsätzlich nicht das „Ob“ eines derartigen Systems zur Disposition des geschäftsleitenden Organs steht, sondern lediglich die konkrete Ausgestaltung („Wie“), die u.a. von der Art und Größe des Unternehmens sowie seiner hierarchischen Strukturen und der bereits erwähnten Risikoanalyse abhängig ist.[587] Nichts anderes kann im vergaberechtlichen Kontext gelten, sodass sich die Etablierung von Compliance-Maßnahmen im Zuge der vergaberechtlichen Selbstreinigung ebenso wie die Frage, ob sich das Unternehmen überhaupt an einem Vergabeverfahren beteiligen soll, als unternehmerische Entscheidung im Sinne des § 93 Abs. 1 S. 2 AktG darstellt.

Ferner hat das Vorstandsmitglied – will es sich pflichtgemäß verhalten – gemäß § 93 Abs. 1 S. 2 AktG seine unternehmerische Entscheidung auf Grundlage „angemessener Information“ zum Wohle der Gesellschaft zu treffen.[588] Welche Informationen als „angemessen im Sinne der Vorschrift zu qualifizieren sind, ergibt sich nicht unmittelbar aus deren Wortlaut. Gleichwohl ist dieses Tatbestandsmerkmal für die Gesellschaft – auch im Kontext der vergaberechtlichen Selbstreinigung – von besonderer praktischer Bedeutung, stellt sich doch zwangsläufig die Frage, ob gegebenenfalls externe Berater hinzuzuziehen sind, was gegebenenfalls einen gewissen zeitlichen Vorlauf für die Entscheidungsfindung und Informationsbeschaffung nach sich ziehen dürfte.

Zunächst einmal ist in diesem Zusammenhang die Schaffung einer ausreichenden Tatsachengrundlage von zentraler Bedeutung. Obgleich das Kosten-Nutzen Verhältnis stets im Auge zu behalten ist, hat der Vorstand alle ihm zur Verfügung stehenden Erkenntnisquellen auszuschöpfen. Dabei ist stets eine ex-ante-Betrachtung im konkreten Einzelfall erforderlich, sodass es beim Umfang der Informationseinholung ebenso einen am konkreten Einzelfall angepassten Spielraum gibt.[589] Diese ex-ante-Betrachtung ist ungeachtet der Tatsache

---

587 Vgl. *Bicker*, AG 2012, 542 (545); *Mertens/Cahn* in: KölnKomm/AktG § 91 Rn *35 f.*; *Ziemons* in: Michalski/Heidinger/Leible/Schmidt, GmbHG, § 43 Rn. 174; vgl für die GmbH auch *Zoelner/Noack* in: *Baumbach/Hueck* § 43 Rn. 17; *Fleischer* in: MünchKomm GmbHG, § 43 Rn. 145 f..

588 Vgl. hierzu auch *Dauner-Lieb*, FS Röhricht , 2005, S. 95, die insbesondere die Aussagekraft des Kriteriums der „angemessenen Information“ für die Aktivitäten am Markt, welche den Kernbereich unternehmerischer Tätigkeit darstelle, thematisiert. Es wird zu Recht darauf hingewiesen, dass sich die entscheidende Unsicherheit, nämlich die künftige Reaktion des eigenen Marktes auch durch noch so breite und gründliche Information nicht vollständig beseitigen lassen.

589 Vgl. *Spindler* in MünchKomm AktG, § 93 Rn. 48; *Hölters* in: Hölters, AktG, § 93 Rn. 34; v. *Falkenhausen*, NZG 2012, 644 (648).

angezeigt, dass die Einschätzung der Angemessenheit durch den Vorstand der Gesellschaft durch das Kriterium „vernünftigerweise" eine objektive Komponente enthält. Es ist folglich aus einer ex-ante-Sicht zu beurteilen, welche Informationsgrundlage vernünftigerweise als angemessen angesehen werden durfte, sodass ein Gericht bei der Überprüfung der unternehmerischen Entscheidung seine Prüfung nicht auf Grundlage späterer entscheidungsrelevanter Ereignisse durchführen darf.[590] Eine routinemäßige Anforderung von Sachverständigengutachten, Fremdberatung oder Marktanalysen ist in diesem Zusammenhang keineswegs in jedem Fall erforderlich.[591] Dies ergibt sich bereits aus der Gesetzesbegründung zum UMAG, wonach der Entwurf nicht darauf abziele „durch routinemäßige Einholung von Sachverständigengutachten, Beratervoten oder externe[n] Marktanalysen eine rein formale Absicherung" stattfinden zu lassen. Die Frage, ob und in welchem Umfang externe Gutachten eingeholt werden müssen, sei nach betriebswirtschaftlichen Notwendigkeiten sowie den eigenen Möglichkeiten der Gesellschaft zu beantworten.[592]

Gleichwohl spricht aus rechtlicher Sicht nichts gegen die Einhaltung bestimmter, im Regelfall einzuhaltender Standards im Kontext der Informationsbeschaffung.[593] Wie vorstehend[594] erörtert, kann davon ausgegangen werden, dass keine vergaberechtlich kodifizierte Besonderheiten ersichtlich sind, die im Bereich der Selbstreinigungsmaßnahem speziell für die Umsetzung von Compliance-Programmen und Maßnahmen zu beachten und gegenüber den allgemeinen gesellschaftsrechtlichen Grundsätzen vorrangig sind. Aus diesem Grund kann nach der hier vertretenen Auffassung auf die allgemeinen gesellschaftsrechtlich etablierten Compliance-Maßnahmen zurückgegriffen werden.[595] Diese sind vielfältig und müssen im Einzelfall und zielgerichtet getroffen werden. Hieraus kann allerdings nicht der zwingende Schluss gezogen werden, dass stets eine Beiziehung vergaberechtlich und/oder gesellschaftsrechtlich versierter externer Unternehmens- oder Rechtsberater erforderlich ist. Wie viel Fremdberatung zur effektiven Etablierung von Compliance-Maßnahmen für die erfolgreiche Selbstreinigung das betreffende Bieterunternehmen benötigt, ist

590 Vgl. *Hölters* in: Hölters, AktG, § 93 Rn. 35.

591 Vgl. *Spindler* in MünchKomm AktG, § 93 Rn. 48 m.w.N.; *Dauner-Lieb*, FS Röhricht , 2005, S. 96; *Mertens/Cahn* in: KölnKomm/AktG § 93 Rn. 34.

592 Gesetzesbegründung zum UMAG, BT-Drs. 15/5092, S. 12.

593 Vgl. *Dauner-Lieb*, FS Röhricht, 2005, S. 96.

594 s.o. B.II.4.d) ff) (3).

595 Vgl. *Wimmer*, Zuverlässigkeit im Vergaberecht, S. 193.

(ebenfalls) im konkreten Einzelfall zu bestimmen. Bei entsprechender fachlicher Expertise scheint es – auch mit Blick auf die Förderung und Entwicklung der eigenen Kräfte im Unternehmen – auch möglich, gänzlich auf externes Expertenwissen zu verzichten.[596] Bedient sich der Vorstand des Wissens der internen Rechtsabteilung, so sprechen grundsätzlich keine Gründe gegen das Vertrauen auf deren Einschätzung (Vertrauensgrundsatz), solange keine Anhaltspunkte für fehlerhafte Informationen oder Fehleinschätzungen vorliegen. Sofern die Rechtsabteilung oder Compliance-Abteilung erst neu eingerichtet ist, sind die eingeholten Informationen naturgemäß sorgfältiger zu kontrollieren und unter Umständen durch externe Bewertungen abzusichern.[597] Wie bereits vorstehend erörtert, ist folglich auch mit Blick auf die Gesetzesbegründung zum UMAG das konkrete Unternehmen und dessen Möglichkeiten in den Blick zu nehmen. Holt der Vorstand bei fehlender Sachkunde den Rat externer Rechts- oder Unternehmensberater ein, die die in Betracht zu ziehenden (Compliance-) Maßnahmen unabhängig und fachlich qualifiziert bewerten, so kann er – nach entsprechender Aufklärung über die erheblichen Umstände sowie einer eigenen Plausibilitätskontrolle – grundsätzlich auf diesen Rat vertrauen.[598]

Damit scheint auch im Kontext der vergaberechtlichen Selbstreinigung in einem ersten Schritt die Gesellschaft selbst- aber gegebenenfalls auch externer Rat als Informationsquelle in Betracht zu kommen.

c) Vergaberechtlicher Bezug

Sowohl die Entscheidung, an einem Vergabeverfahren teilzunehmen („Ob"), als auch das „Wie" der Ausgestaltung von Compliance-Maßnahmen – seien sie nun durch den Versuch einer Selbstreinigung indiziert oder aber ungeachtet dessen am Maßstab des Risikoprofils des Unternehmens etabliert – sind als unternehmerische Entscheidungen zu qualifizieren. Bereits an dieser Stelle offenbart sich die Schnittstelle zwischen dem Vergabe- und Gesellschaftsrecht.

Sind danach abhängig von der unternehmensspezifischen Risikoanalyse ausreichende Compliance-Maßnahmen getroffen worden, kann in der Konsequenz nach der hier vertretenen Auffassung auch im Rahmen der Bewertung der Selbstreinigungsmaßnahmen nach § 125 Abs. 2 GWB im vergaberechtlichen Kontext die Geeignetheit der getroffenen organisatorischen Maßnahmen nach § 125 Abs. 1 Nr. 3 GWB und damit die erfolgreiche Selbstreinigung bejaht

596 So im Ergebnis auch *Dauner-Lieb*, FS Röhricht, 2005, S. 96.
597 Vgl. *Spindler* in MünchKomm AktG, § 93 Rn. 51 f. m.w.N.
598 Vgl. *Fleischer* in Spindler/Stilz, AktG, § 93 Rn. 70; BGH, Urteil vom 14. 5. 2007 – II ZR 48/06; Gesetzesbegründung zum UMAG, BT-Drs. 15/5092, S: 12

werden. Dabei muss freilich die Frage im Fokus stehen, ob die Maßnahmen geeignet sind, die Integrität des Unternehmens auch im vergaberechtlichen Kontext wiederherzustellen und ausreichende Garantien bieten, dass sich in Zukunft ein entsprechendes strafbares Verhalten oder Fehlverhalten höchstwahrscheinlich nicht wiederholen wird.[599]

Die Business Judgement Rule würde allerdings ihren Sinn – nämlich die Schaffung von Rechtssicherheit – verfehlen, wenn das geschäftsleitende Organ sich innerhalb der Gesellschaft nach Maßgabe des § 93 Abs. 1 S. 1 und 2 AktG regelkonform verhält, diese Maßnahmen im Rahmen des vergaberechtlichen Nachprüfungsverfahrens indes nicht ausreichen sollen, eine erfolgreiche Selbstreinigung zu begründen. Insoweit ist ein vergabe- und gesellschaftsrechtlich homogener Haftungsmaßstab zu gewährleisten. Zwar ist zu berücksichtigen, dass sich die Bewertung der getroffenen Maßnahmen stets an den Besonderheiten des konkreten Vergabeverfahrens orientieren muss. In der Regel wird es sich allerdings bei dem Fehlverhalten, welches zum Ausschluss aus dem Vergabeverfahren führt, um Fehlverhalten handeln, auf welches das geschäftsleitende Organ sowohl im Rahmen seiner Legalitätskontrollpflicht innerhalb der Gesellschaft als auch zur Wiedererlangung der vergaberechtlichen Integrität im Sinne des § 125 GWB nach außen reagieren muss. Wurden innerhalb der Gesellschaft die Voraussetzungen zur effektiven Etablierung von Compliance-Maßnahmen zur Vermeidung von Fehlverhalten indes eingehalten, so dürfte dies im Ergebnis im Rahmen des Vergabeverfahrens seitens der Nachprüfungsinstanzen ebenfalls positiv zu berücksichtigen sein und eine entsprechende Indizwirkung für eine erfolgreiche Selbstreinigung begründen.

Dies hätte zur Folge, dass auch bei der Bewertung der Selbstreinigungsmaßnahmen durch den öffentlichen Auftraggeber nach § 125 Abs. 2 GWB (oder im Rahmen der Überprüfung durch die Nachprüfungsinstanzen) ein gesellschaftsrechtlich pflichtgemäßes Verhalten der Leitungsorgane am Maßstab der Business Judgement Rule bei der Etablierung von Compliance-Maßnahmen berücksichtigt werden und zu einer für das Bieterunternehmen positiven Bewertung führen müsste. Sind danach im Einklang mit der Business Judgement Rule die getroffenen Compliance-Maßnahmen seitens der Geschäftsleitung etabliert worden und unter diesem Gesichtspunkt ausreichend, kann im Vergabeverfahren nur unter besonderen Umständen – nämlich nur dann, wenn im Einzelfall dennoch

599 Vgl. zum Prüfungsmaßstab auch die Gesetzesbegründung zu § 125 GWB, BT-Drs. 18/6281, S. 110.

davon ausgegangen werden muss, dass sich ein entsprechendes Fehlverhalten im Rahmen der Auftragsausführung wiederholen wird und daher die Integrität der Unternehmens zu verneinen ist – von dieser gesellschaftsrechtlichen Bewertung abgewichen werden. Nur in gesonderten Fällen können danach die Selbstreinigungsmaßnahmen dann noch als „unzureichend" im Sinne des § 125 Abs. 2 GWB erachtet werden. Dieser Schluss wird durch den Gedanken flankiert, dass es dem öffentlichen Auftraggeber häufig an dem gesellschaftsrechtlichen Know-How zur Bewertung von Compliance-Maßnahmen fehlen dürfte. Mangels vergaberechtsspezifischer Vorgaben sind die gesellschaftsrechtlichen Rahmenbedingungen effektiver Compliance auch im Vergaberecht heranzuziehen. Jedenfalls aber darf auch im Vergaberecht nicht außer Acht gelassen werden, dass sich das geschäftsleitende Organ[600] innerhalb der Gesellschaft pflichtgemäß verhält, sofern er die Compliance-Maßnahmen im Bedarfsfall unter Berücksichtigung der Business Judgement Rule etabliert. Der öffentliche Auftraggeber prüft zwar gemäß § 125 Abs. 2 GWB, ob die ergriffenen Selbstreinigungsmaßnahmen als ausreichend angesehen werden können, um die Integrität des Unternehmens wiederherzustellen und ausreichende Garantien zu bieten, dass von ihm in Zukunft höchstwahrscheinlich keine Gefahr der Begehung von Straftaten oder eines Fehlverhaltens mehr ausgeht.[601] Er berücksichtigt dabei aber – jedenfalls in Bezug auf die Selbstreinigungsmaßnahmen nach § 125 Abs. 1 Nr. 3 GWB, ob die gesellschaftsrechtlichen Grenzen der Business Judgement Rule eingehalten und somit im gesellschaftlichen Innenverhältnis ein pflichtgemäßes Handeln angenommen werden kann, das sich positiv auf die vergaberechtlich Relevante Unternehmensintegrität auswirkt.

Die Grundsätze der Business Judgement Rule verdeutlichen die enge (praktische) Verzahnung von Gesellschafts- und Vergaberecht.

d) Zwischenergebnis

Der Wirkungskreis der Business Judgement Rule erstreckt sich mithin auch auf das Vergaberecht. Nach Maßgabe der Regelung handelt der Vorstand der Aktiengesellschaft dann pflichtgemäß, wenn er sich im Vorfeld seiner unternehmerischen Entscheidung hinreichend informiert hat, sich nicht in einem Interessenkonflikt befindet und darauf vertrauen durfte, zum Besten der Gesellschaft

---

600 Vorstand einer Aktiengesellschaft gemäß § 76 Abs. 1 AktG, Geschäftsführer der GmbH §§ 35, 43 GmbHG

601 Vgl. *Stolz* in: Ziekow/Völlink, Vergaberecht 3. Auf., § 125 Rn. 16.

zu handeln. Als Ergebnis der vorstehenden Analyse kann festgehalten werden, dass sowohl die Entscheidung, in welchem Maße („Wie") Compliance-Maßnahmen im Unternehmen etabliert werden als auch der Umfang von Selbstreinigungsmaßnahmen nach § 125 Abs. 1 Nr. 3 GWB als unternehmerische Entscheidung qualifiziert werden können, die in den Anwendungsbereich der Business Judgement Rule fallen. Die Business Judgement Rule schafft insoweit im Innenverhältnis zwischen Geschäftsleitung und Gesellschaft eine Rechtssicherheit dahingehend, dass – sofern die Voraussetzungen des § 93 Abs. 1 S. 2 AktG vorliegen – ein pflichtgemäßes Handeln des Vorstandes anzunehmen ist. Die Bieterunternehmen müssen sich folglich aus Gründen der Rechtssicherheit darauf verlassen dürfen, dass sie, wenn sich die geschäftsleitenden Organe im Rahmen der GmbH- und aktienrechtlichen Vorschriften im Verhältnis zu ihrer Gesellschaft pflichtgemäß verhalten, dieser Umstand auch im Rahmen des Vergaberechts Wirkung entfaltet. Dies ergibt sich aus der Kontrollüberlegung, dass das Vergaberecht zum einen keine eigenen Rechtsvorschriften für pflichtgemäßes Verhalten beinhaltet und somit – gerade im Kontext der vergaberechtlichen Compliance – auf gesellschaftsrechtliche Grundsätze zurückzugreifen ist. Zum anderen prüft der öffentliche Auftraggeber nach § 125 Abs. 2 GWB, ob die ergriffenen Selbstreinigungsmaßnahmen als ausreichend angesehen werden können, um die Integrität des Unternehmens wiederherzustellen und ausreichende Garantien zu bieten, dass von ihm in Zukunft höchstwahrscheinlich keine Gefahr der Begehung von Straftaten oder eines Fehlverhaltens mehr ausgeht. Gerade die Prognose dahingehend, ob die Integrität des Unternehmens wiederhergestellt ist und eine Wiederholung pflichtwidrigen Verhaltens ausgeschlossen scheint, knüpft eng an die Frage an, ob die Geschäftsleitung sich auch innerhalb des Unternehmens pflichtgemäß verhält. Denn meist wird es sich bei Pflichtverletzungen, die eine Selbstreinigung erforderlich machen, um solche handeln, die auch innerhalb der Gesellschaft parallel zum vergaberechtlichen Kontext zum Einschreiten der verantwortlichen Stellen im Unternehmen aufgrund gesellschaftsrechtlichen Fehlverhaltens des geschäftsleitenden Organs veranlassen. Faktisch dürfte es sich häufig um ein und denselben Sachverhalt handeln, sodass sich eine vollständig separate Betrachtungsweise verbietet.

Dies gilt ganz besonders bei Compliance- Maßnahmen, die sowohl im Innenverhältnis der Gesellschaft als auch im Außenverhältnis relevant werden.

Denn die Zielrichtung von Compliance-Maßnahmen ist sowohl im Innenverhältnis als auch im Außenverhältnis – beispielsweise in Bezug auf Selbstreinigungsmaßnahmen im Vergabeverfahren – dieselbe. In beiden Fällen soll strafbares Verhalten oder sonstiges Fehlverhalten zukunftssicher verhindert werden. Dazu bedarf es in jedem Fall einer unternehmensspezifischen Risikoanalyse und der Aufklärung aktuellen Fehlverhaltens zur Etablierung entsprechender spezifischer Maßnahmen.

Werden folglich die Voraussetzungen der Business Judgement Rule im Innenverhältnis eingehalten, sprechen aus Gründen der Rechtssicherheit gute Gründe dafür, dass der Auftraggeber auch im Vergaberechtlichen Kontext zu einer positiven Prognose in Bezug auf die Selbstreinigungsmaßnahmen nach § 125 Abs. 1 Nr. 3 GWB kommt.

C. Praktischer Lösungsansatz

Darüber hinaus stellt sich über die vorstehend beschriebene, theoretische Grundlage der Compliance hinaus die Frage, welche Compliance-Organisationsmodelle zur Erfüllung der Compliance-Aufgaben im Unternehmen aus praktischer Sicht in Betracht kommen. Obgleich die Compliance-Verantwortung in den Kernbereich der Leitungsaufgabe des Vorstandes einer Aktiengesellschaft i.S.d. § 76 Abs. 1 AktG fällt[602], bleibt diesem neben der horizontalen Arbeitsteilung die Möglichkeit der vertikalen Arbeitsteilung.[603] Obwohl das Ressortprinzip dem Grunde nach zu einem Mehr an Professionalität führen mag, bleibt es haftungsrechtlich dennoch bei der Gesamtverantwortung des Vorstandes gemäß § 76 Abs. 1 AktG, sodass es weder zu einer Privilegierung bei der Gesamtverantwortung noch zu einer Verschärfung der Verantwortlichkeiten in Bezug auf die Zuständigkeit in den Geschäftsbereichen kommt.[604] Wie gezeigt wurde, setzt eine effektive Compliance-Organisation damit sowohl eine klare Zuordnung der Verantwortlichkeiten für die Compliance-Aufgaben innerhalb des Vorstandes (horizontale Delegation) als auch in den nachgeordneten Unternehmensebenen innerhalb des Konzerns (vertikale Delegation) voraus.[605] Der Compliance-Beauftragte kann folglich sowohl mit dem Aufbau sowie der Betreuung des Compliance-Systems betraut werden.[606] Ob die Compliance-Stelle organisatorisch der Rechtsabteilung, einem aus verschiedenen Stabsstellen zusammengesetzten Lenkungskreis oder einer eigenständigen Compliance Abteilung zugeschlagen wird, liegt im Ermessen des Vorstandes, dem insofern die Aufsicht obliegt.[607]

Folglich stellt sich die Frage nach der Positionierung von Compliance-Management-Systemen im Unternehmen sowie den zur reaktiven vergaberechtlichen Selbstreinigung in Betracht kommenden praktischen Maßnahmen. Dabei

---

602 Vgl. *Fleischer* in Spindler/Stilz, AktG, § 91 Rn. 63; *Bicker*, AG 2012, 542 (544); *Arnold* ZGR 2014, 76 (80); Gleiches dürfte auch für den Geschäftsführer einer GmbH gemäß § 43 Abs. 1 GmbHG gelten.

603 Vgl. *Spindler* in: MünchKomm AktG § 91 Rn. 68; *Mertens/Cahn* in: KölnKomm/AktG § 91 Rn. 36.

604 So auch allgemein zur Gesamtverantwortung des Vorstandes auch: *Dauner-Lieb*, FS Röhricht , 2005, S. 99.

605 Vgl. *Bicker*, AG 2012, 542 (546).

606 Vgl. Fleischer in: Spindler/Stilz AktG, § 91 Rn. 66; *Bicker*, AG 2012, 542 (546); *Bürkle* in: Hauschka/Moosmayer/Lösler, Corporate Compliance, § 36 Rn. 33.

607 Vgl. *Fleischer*, CCZ 2008, 1 (3) m.w.N..

stellt sich die Frage, welche etablierten und bewährten Compliance-Management Systeme aus dem Gesellschaftsrecht im Hinblick auf § 125 Abs. 1 Nr. 3 GWB in Betracht kommen und wie die organisatorische Umsetzung im Konzern abhängig von seiner Größe praktisch aussehen kann. Dabei ist stets der vergaberechtliche Gleichbehandlungsgrundsatz gemäß § 97 Abs. 2 GWB[608] zu beachten, möchte der Auftraggeber das ein oder andere Modell verbindlich vorgeben.

I. Organisatorische Umsetzung von Compliance-Strukturen im Unternehmen

Grundsätzlich ist die Aufteilung von Abläufen und Verantwortlichkeiten bei der Compliance-Risikoanalyse und dem Management von Compliance-Programmen zwischen den bestehenden Fachbereichen im Unternehmen von den Merkmalen und Strukturen des einzelnen Unternehmens abhängig.[609] Allerdings sind bei der Erfüllung von Compliance-Aufgaben im Grunde genommen zwei etablierte Grundmodelle zu unterscheiden. Zum einen die „Autonome-Organisation" zum anderen die „Matrix-Organisation". Die Modelle unterscheiden sich im Wesentlichen durch die Art und Weise der Organisation der mit dem Thema Compliance betrauten Fachbereiche. Werden auf Grundlage der vorstehend erörterten theoretischen Grundlagen organisatorische Selbstreinigungsmaßnahmen in Gestalt von Compliance-Programmen gemäß § 125 Abs. 1 Nr. 3 GWB etabliert, so wird zwangsläufig auch die Frage nach der praktischen Umsetzung sowie dem Maß an Rechtssicherheit je nachdem welches der Modelle etabliert wird, relevant.

1. Autonome Organisation

Bei der autonomen Compliance-Organisation werden seitens der Compliance-Abteilung unter Leitung des Chief-Compliance-Officers sowohl Prävention, Aufdeckung als auch Reaktion, und damit sämtliche Grundfunktionen der Compliance (s.o. „Aufklären, Abstellen, Ahnden") erfüllt. Sie unterteilt sich regelmäßig in eine zentrale Stabsorganisation und nachgeordneten operativen

---

608 Vgl. etwa: OLG München, Beschl v. 05.10.2012 – Verg 15/12; zum Regelungsinhalt sowie dem weit zu verstehenden Anwendungsbereich des vergaberechtlichen Gleichbehandlungsgebots vgl. auch *Ziekow* in: Ziekow/Völlink, Vergaberecht 3. Aufl., § 97 Rn. 20 f..

609 Vgl. *Pauthner/Stephan* in: Hauschka/Moosmayer/Lösler, Corporate Compliance, § 16 Rn. 46.

Compliance-Abteilungen in den verschiedenen Geschäftsbereichen. Dabei berichten alle nachgeordneten Stellen dem Chief-Compliance-Officer, welcher wiederum den Vorstand informiert. In den verschiedenen geographischen Teilbereichen eines Konzerns können dabei gegebenenfalls lokal agierende Compliance-Beauftrage für gewisse Teilfunktionen eingesetzt werden. Damit bilden sich im Ergebnis zwei Zuständigkeitsebenen heraus: An der Spitze der Compliance-Abteilung steht der Chief Compliance Officer. Darunter auf der zweiten Ebene agieren Compliance Officer für die verschiedenen Geschäftsbereiche und verschiedenen Regionen/Länder.[610]

Der Chief-Compliance-Officer hat folglich den Durchgriff auf den gesamten Compliance-Prozess innerhalb des betreffenden Unternehmens und trägt die Verantwortung gegenüber der Unternehmensleitung. Dem delegierenden Vorstandsmitglied obliegt indes weiterhin die Kontrollpflicht.[611]

2. Matrix-Organisation

Eine weitere praktische Umsetzungsform für Compliance-Strukturen innerhalb eines Unternehmens ist die Matrix-Organisation. In einer Matrix-Organisation übernimmt die Compliance-Abteilung vorwiegend präventive Aufgaben, während die Bereiche Aufdeckung und Reaktion überwiegend von bereits bestehenden Organisationseinheiten im Unternehmen übernommen werden wie etwa die Rechtsabteilung, Revision, Controlling, Finanzen und Personal.[612] Vereinfacht ausgedrückt ist die Compliance-Abteilung – sofern eine solche existiert – auf der ersten Stufe präventiv tätig, auf der zweiten Stufe übernehmen die Verwaltungsabteilungen die Aufgaben im Zusammenhang mit der Aufdeckung von Fehlverhalten sowie die Reaktion auf entsprechende Vorgänge.[613]

Koordiniert wird die Arbeit der einzelnen Abteilungen in einem „Compliance-Komitee", in welchem der Chief-Compliance-Officer und die Leiter der am Prozess beteiligten Fachabteilungen einen fachlichen Austausch betreiben und gegenüber der Unternehmensleitung die Verantwortung für die operativen

---

610 Vgl. hierzu: *Pauthner/Stephan* in: Hauschka/Moosmayer/Lösler, Corporate Compliance, § 16 Rn. 47; *Bicker*, AG 2012, 542 (54/); *Moosmayer*, Compliance 2010, S. 31 f..

611 Vgl. *Spindler* in: MünchKomm AktG, § 91 Rn. 68; *Mertens/Cahn* in: KölnKomm/ AktG, § 91 Rn. 36.

612 Vgl. *Pauthner/Stephan* in: Hauschka/Moosmayer/Lösler, Corporate Compliance, § 16 Rn. 47; Moosmayer, Compliance 2015, Rn. 108; *Bicker*, AG 2012, 542 (547).

613 Vgl. *Bicker*, AG 2012, 542 (547).

Compliance-Prozesse übernehmen.[614] Der Abstimmung in Compliance-Angelegenheiten kommt dabei gewissermaßen keine Sonderstellung neben der sonstigen Kommunikation im Tagesgeschäft zu.[615]

II. Vorzugswürdige Organisationsform/ Vergaberechtlicher Bezug

Mit Blick auf eine effektive vergaberechtliche Selbstreinigung nach § 125 GWB wird im Folgenden zum einen der Frage nach dem (abstrakt gesehen) vorzugswürdigen Umsetzungsmodell sowie der Frage, ob ausgehend von den vorstehend genannten gesellschaftsrechtlichen Modellen ein Mindeststandard für zu etablierende Compliance-Maßnahmen festgelegt werden kann, welche im Ergebnis eine erfolgreiche Selbstreinigung begründen können, nachgegangen werden. Dies vor dem Hintergrund des Erfordernisses einer Gleichbehandlung der Bieter im gesamten Vergabeverfahren unter Beachtung des Verhältnismäßigkeitsgrundsatzes. Herausgestellt werden soll insbesondere, was seitens der Behörde im Rahmen einer Selbstreinigung zur Wiedererlangung der Zuverlässigkeit eines Bieters in jedem Fall verlangt werden kann. Im Kern geht es um die Frage, ob angesichts der Tatsache, dass das Erfordernis konkreter Compliance-Maßnahmen, wie im Rahmen obenstehender Ausführungen bereits angerissen, von einer Risikoanalyse im Unternehmen abhängen dürfte, überhaupt einer einheitlichen und standardisierten Betrachtung zugänglich ist. Diesbezüglich gilt es herauszustellen, ob unter diesem Gesichtspunkt überhaupt einheitliche Standards aufgestellt werden können, oder nicht nach wie vor eine Betrachtung im Einzelfall erforderlich ist.

In Bezug auf die abstrakt zu beantwortende Frage, welches der vorstehend erörterten Compliance-Organisationsmodelle (Autonome Organisation oder Matrix-Organisation) vorzugswürdig ist, gilt es zunächst, die rechtlichen und wirtschaftlichen Aspekte gleichermaßen zu beleuchten.

Welche Organisationsform danach sinnvoller Weise gewählt wird, ist auf Basis der unternehmensindividuellen Risikoanalyse zu bestimmen und richtet sich letztlich auch nach dem intendierten Ressourceneinsatz. Dabei gibt es aus gesellschaftsrechtlicher Sicht jedenfalls keine richtige oder falsche Entscheidung, sofern die Entscheidung in Anlehnung an die konkrete Risikoanalyse im

---

614 Vgl.*Moosmayer*, Compliance 2015, Rn. 108; *Bicker*, AG 2012, 542 (547); *Pauthner/ Stephan* in: Hauschka/Moosmayer/Lösler, Corporate Compliance, § 16 Rn. 47.

615 Vgl. *Pauthner/Stephan* in: Hauschka/Moosmayer/Lösler, Corporate Compliance, § 16 Rn. 47.

jeweiligen Unternehmen angelehnt ist.[616] Auch in Bezug auf die konkrete Umsetzung steht dem Unternehmensvorstand ein Gestaltungsspielraum zu. Es ist nicht zwingend erforderlich, die Compliance-Verantwortung auf eine ausschließlich dafür zuständige Funktionseinheit zu übertragen und damit zwingend ein autonomes Umsetzungskonzept zu forcieren.[617]

Wesentlicher Vorteil der autonomen Organisation ist deren von den Fachabteilungen abgegrenzte Wirkungsweise. Sie kann zwar kostenintensiver als eine Matrix-Organisation sein. Dennoch ist sie in der Lage, das gesamte Compliance-Management zentral zu steuern, ohne dass es einer zeitintensiven und inhaltlich teils schwierigen Abstimmung unter den einzelnen beteiligten Fachabteilungen des Unternehmens – wie beispielsweise der Personal- oder Rechtsabteilung – im Compliance-Komitee bedarf.[618] Dennoch ist zu berücksichtigen, dass im Rahmen einer zentralen Steuerung der Compliance-Strukturen durch den Chief-Compliance-Officer einer deutschen Konzernzentrale ein unmittelbarer disziplinarischer Durchgriff auf im Ausland tätige Mitarbeiter aus arbeits- und steuerrechtlichen Gründen nicht möglich sein dürfte.[619]

Vorteil der Matrix-Struktur ist im Wesentlichen der nur geringe personelle und finanzielle Aufwand im Rahmen der Etablierung von Compliance-Strukturen. Dennoch muss hier aufgrund des erheblichen Abstimmungsbedarfs zwischen den Abteilungen auf eine sorgfältige Verteilung der Verantwortlichkeiten und Zuständigkeiten geachtet werden.[620] Das System birgt somit die Gefahr von zeitintensiven und damit für das Unternehmen nachteiliger Verzögerungen der Etablierung konkreter Compliance-Maßnahmen und verhindert den schnellen Aufbau von Expertenwissen, da die Compliance-Organisation neben den übrigen Aufgaben im Rahmen des Tagesgeschäfts erfüllt wird.[621] Gleichwohl ist dieser Compliance-Organisationsform positiv zuzusprechen, dass jedenfalls die mit der Compliance-Organisation beauftragten Fachbereiche die Compliance-Risiken innerhalb der Abteilung häufig sehr gut einschätzen und zielführende

---

616 Vgl.*Moosmayer*, Compliance 2015, Rn. 108; *Pauthner/Stephan* in: Hauschka/Moosmayer/Lösler, Corporate Compliance, § 16 Rn. 48.

617 Vgl. *Mertens/Cahn* in: KölnKomm/AktG, § 91 Rn. 36.

618 Vgl. *Pauthner/Stephan* in: Hauschka/Moosmayer/Lösler, Corporate Compliance, § 16 Rn. 48.

619 Vgl.*Moosmayer*, Compliance 2015, Rn. 106.
pliance 2015, Rn. 106.

620 Vgl. *Bicker*, AG 2012, 542 (547); *Moosmayer*, Compliance 2015, Rn. 109.

621 Vgl. *Pauthner/Stephan* in: Hauschka/Moosmayer/Lösler, Corporate Compliance, § 16 Rn. 48; *Moosmayer*, Compliance 2015, Rn. 109; *Bicker*, AG 2012, 542 (547).

Handlungsempfehlungen aussprechen können. Die Vorschläge können dann im Compliance-Komitee entsprechend diskutiert und um die Argumente aus anderen Fachabteilungen erweitert werden.

Es stellt sich folglich vergaberechtlich die Frage, ob aus rechtlicher Sicht das Erfordernis einer bestimmten Form der Compliance-Organisation besteht. Aufgrund des insoweit erhöhten Bedarfs an Personal und finanziellen Mitteln ist insbesondere in Bezug auf die Autonome Organisation zu klären, ob aus vergaberechtlicher Sicht eine derart umfangreiche, wenn auch weitgehend selbstständige Abteilung als Maßstab einer effektiven Selbstreinigung gelten kann.

Wie auch die Frage nach den in Betracht kommenden Compliance-Maßnahmen sowie der Verantwortlichkeiten innerhalb eines Konzerns[622] gemäß § 125 Abs. 1 Nr. 3 GWB kann diese Frage nicht ohne Rückgriff auf die gesellschaftsrechtlichen Grundsätze beantwortet werden. Grundsätzlich sind die spezifischen Anforderungen an die Compliance-Organisation sowohl von der Größe als auch der Struktur des betreffenden Unternehmens abhängig, wobei dem Vorstand ein weiter Gestaltungsspielraum zukommt. Die Compliance fordert mithin nicht zwingend ein bestimmtes Umsetzungsmodell.[623] Dies gilt nach der hier vertretenen Auffassung auch für die Wahl des Organisationsmodells im Zusammenhang mit der Auswahl der organisatorischen Selbstreinigungsmaßnahmen gemäß § 125 Abs. 1 Nr. 3 GWB im Einzelfall. Denn beides hängt untrennbar miteinander zusammen. Das Bieterunternehmen hat bei der Auswahl der Maßnahmen einen Beurteilungsspielraum. In Betracht kommt dabei die Einrichtung eines komplexen Compliance-Systems bis hin zu einzelnen Compliance-Maßnahmen.[624] Es muss seitens des Bieterunternehmens abhängig von der Unternehmensstruktur und dem in Rede stehenden Verstoß individuell analysiert werden, welche Maßnahmen im Einzelfall getroffen werden müssen. Dabei bilden die gesellschaftsrechtlichen Grundsätze gewissermaßen eine Grenze. Der Vorstand hat sich innerhalb eines (aktienrechtlichen) Konzerns stets am Maßstab einer ordnungsgemäßen Geschäftsführung[625] zu orientieren. Auch wenn er mit Blick auf die Umsetzung von Compliance-Anforderungen einen Gestaltungsspielraum hat, so hat er doch stets die Grenzen der Business-Judgement-Rule zu beachten. Dabei kann der Vorstand freilich auch in Bezug auf die Frage, ob eine Autonome Organisation oder

622 Vgl. insoweit vorstehende Ausführungen unter B.II.4. d) ff) f..

623 Vgl. *Mertens/Cahn* in: KölnKomm/AktG, § 91 Rn. 36 m.w.N; *Fleischer* in Spindler/Stilz AktG § 91 Rn. 36.

624 Vgl. *Ley* in: Reidt/Stickler/Glahs, § 125 Rn. 61.

625 Parallel hierzu hat sich der Geschäftsführer einer GmbH gemäß § 43 Abs. 1 GmbHG am Maßstab eines „ordentlichen Geschäftsmannes“ zu orientieren.

eine Matrix-Organisation angezeigt ist, eigene Ermessenserwägungen und eine eigene Einschätzung von Kosten und Nutzen bestimmter Maßnahmen anstellen.[626] In internationalen Großunternehmen kann eine umfassende Koordination sämtlicher Compliance-Aufgaben durch eine separate Organisation ein zwingendes Erfordernis einer ordnungsgemäßen Geschäftsführung sein.[627] Dies gilt parallel demnach auch im Vergaberecht.

Zwar hat jedes Bieterunternehmen einen Gestaltungsspielraum hinsichtlich der organisatorischen Selbstreinigungsmaßnahmen. Die Erwägungen haben sich allerdings an dem Grundsatz einer ordnungsgemäßen und verantwortungsvollen Geschäftsführung zu orientieren. Vor diesem Hintergrund kann nicht verallgemeinernd festgelegt werden, welches Compliance-Organisationsmodell im Einzelfall erforderlich und rechtlich geboten ist, wenn es um die vergaberechtliche Selbstreinigung geht. Spiegelbildlich dazu wäre auch die Vorgabe eins bestimmten Compliance-Organisationsmodells als aus Sicht des öffentlichen Auftraggebers erfolgsversprechendes Konzept nach der hier vertretenen Auffassung nicht zielführend. Analog zu den vorstehend erörterten Grundsätzen zur verbindlichen Vorgabe bestimmter Prüfungsstandards und Leitlinien (insbesondere IDW-PS 980 und ISO 19600)[628], bestehen gegen eine solche Vorgabe erhebliche Bedenken mit Blick auf den Grundsatz der Verhältnismäßigkeit (§ 97 Abs. 1 S. 2 GWB) und dem Gleichbehandlungsgebot (§ 97 Abs. 2 GWB).

Problematisch ist eine pauschale Vorgabe in Bezug auf eine bestimmte Umsetzungsform auch vor dem Hintergrund, dass hierdurch indirekt die Effizienz des bereits gewählten Compliance-Organisationssystems des Bieterunternehmens pauschal in Zweifel gezogen würde. Gerade die von der Gesetzesbegründung des § 125 Abs. 2 GWB intendierte Einzelfallbetrachtung gebietet es, auch die erfolgreiche Weiterentwicklung eines bereits bestehenden Systems zu prüfen.

---

626 Vgl. *Bicker*, AG 2012, 542 (545); *Mertens/Cahn* in: KölnKomm/AktG, § 91 Rn. 36.

627 Vgl. *Mertens/Cahn* in: KölnKomm/AktG, § 91 Rn. 36.

628 Vgl. insoweit die vorstehenden Ausführungen zum Verhältnismäßigkeitsgrundsatz sowie zum Gleichbehandlungsgrundsatz unter Ziff. IV. 2.

D. Ergebnis/Zusammenfassung

Als Ergebnis der vorstehenden Untersuchung zeigt sich die in der Praxis häufig verkannte enge Verzahnung vergaberechtlicher und gesellschaftsrechtlicher Problemstellungen. Jedenfalls sofern sich die vergaberechtlichen organisatorischen Selbstreinigungsmaßnahmen eines Bieter- oder Bewerberunternehmens – insbesondere die Compliance-Maßnahmen – im Rahmen der gesellschaftsrechtlich zulässigen Grenzen halten, ist nach hier vertretener Auffassung im Regelfall von einer für den Bieter/Bewerber positiven Prognose hinsichtlich der Selbstreinigungsmaßnahmen auszugehen, welche gerichtlich vollumfänglich überprüfbar ist.

I. Bedürfnis der Bieterunternehmen nach Rechtssicherheit

Wie gezeigt wurde, ist Ausgangssituation der vorstehenden rechtlichen Analyse das Bestreben von Unternehmen, erfolgreich an einer öffentlichen Ausschreibung teilzunehmen. Ziel des öffentlichen Auftraggebers im Rahmen des Vergabeverfahrens ist es, das wirtschaftlichste Angebot zu ermitteln und sicherzustellen, dass lediglich solche Unternehmen den Zuschlag erhalten, die die erforderliche Integrität aufweisen und die Gewähr dafür liefern, dass die vertraglichen Verpflichtungen über die gesamte Vertragslaufzeit vollumfänglich erfüllt werden. Aus diesem Grund sieht der im Zuge der Vergaberechtenovelle 2016 neu in das GWB eingefügte § 122 Abs. 1 GWB vor, dass öffentliche Aufträge (nur) an fachkundige und leistungsfähige (geeignete) Unternehmen vergeben werden, die nicht nach den §§ 123 oder 124 GWB ausgeschlossen worden sind. Auf die alte Wortfassung des die Eignung betreffenden § 97 Abs. 4 S. 1 GWB a.F., wonach öffentliche Aufträge nur an „fachkundige, leistungsfähige, gesetzestreue und zuverlässige Unternehmen" vergeben werden, wurde explizit verzichtet. Insbesondere die Zuverlässigkeit eines Unternehmens war nach alter Rechtslage elementarer Bestandteil der Eignungsprüfung sowie Anknüpfungspunkt von Ausschlussgründen (vgl. etwa § 6 Abs. 6 VOL/A-EG; § 16 Nr. 2 VOB/A-EG). Hierin liegt bereits einer der wesentlichen Unterschiede zur vor der Vergaberechtsnovelle geltenden Rechtslage. Auf den unbestimmten Rechtsbegriff der Zuverlässigkeit wurde verzichtet. Darüber hinaus ist die Prüfung der Eignung bereits dogmatisch (§ 122 GWB) von der Prüfung der Ausschlussgründe (§§ 123, 124 GWB) entkoppelt worden. Im Kontext der obligatorischen Ausschlussgründe in § 123 GWB erfolgt ein zwingender Ausschluss des betreffenden Unternehmens, im Kontext der fakultativen Ausschlussgründe nach § 124 GWB ist der Ausschluss regelmäßig das Ergebnis einer Ermessensentscheidung des öffentlichen Auftraggebers. Wird ein Bieterunternehmen nun wegen Vorliegens von Ausschlussgründen nach §§ 123, 124 GWB und diesbezüglich angenommener mangelnder Integrität vom Vergabeverfahren ausgeschlossen, gehen mit einem solchen Ausschluss gerade für kleine und mittlere Unternehmen häufig erhebliche wirtschaftliche Nachteile einher. Die Bezuschlagung erfolgt dann zugunsten eines Konkurrenzunternehmens, welches durch den Auftrag seine Position am Markt stärkt. An dieser Stelle knüpft die vergaberechtliche Selbstreinigung an.

Im Zuge der Umsetzung der Richtlinie 2014/24/EU vom 26.02.2014 über die öffentliche Auftragsvergabe wurde das „Gesetz zur Modernisierung des Vergaberechts“ (VergRModG), welches am 18.04.2016 in Kraft getreten ist, verabschiedet. In Umsetzung des Art. 57 Abs. 6 der RL 2014/24/EU sieht § 125 GWB für die betreffenden Bieterunternehmen nun für den Fall eines Ausschlusses gemäß §§ 123, 124 GWB erstmals als gesetzliche Ausgestaltung vor, im Wege einer vergaberechtlichen Selbstreinigung gemäß § 125 GWB – gewissermaßen als „zweite Chance“ – die Wiederzulassung zum Vergabeverfahren zu erreichen, sofern die dort kodifizierten Voraussetzungen erfüllt sind und der öffentliche Auftraggeber im Ergebnis zu einer positiven Prognose hinsichtlich der Integrität des betreffenden Unternehmens kommt (§ 125 Abs. 2 GWB). Die vergaberechtliche Selbstreinigung war – wie gezeigt wurde – in Rechtsprechung und Literatur bereits vor der Vergaberechtsnovelle 2016 anerkannt, erfuhr aber erst im Zuge der Novelle eine Kodifizierung in § 125 GWB. In der Vergangenheit war Raum für eine vergaberechtliche Selbstreinigung allenfalls im Kontext der Ermessensentscheidung über den Ausschluss des Unternehmens (§ 6 Abs. 6 VOL/A-EG, § 16 Nr. 2 VOB/A-EG). Auf diesem Wege konnte sich der betreffende Bieter im Wege der Selbstreinigung vom Verdacht der Unzuverlässigkeit wegen Fehlverhaltens befreien und den Nachweis dafür bringen, dass von ihm eine ordnungsgemäße Ausführung des Auftrags zu erwarten ist.[629] Von dieser Regelungssystematik, wonach die Selbstreinigung die Zuverlässigkeit und damit die Eignung des Bieters wiederherstellen soll, hat sich der Gesetzgeber ausweislich der Gesetzesbegründung im Kontext der Vergaberechtsnovelle 2016 verabschiedet. Unter Selbstreinigung sind danach nach neuer Rechtslage „Maßnahmen zu verstehen, die ein Unternehmen ergreift, um seine Integrität wiederherzustellen und eine Begehung von Straftaten oder schweres Fehlverhalten in der Zukunft zu

629 Vgl. stellvertretend: OLG München, Beschl. v. 22. 11. 2012 – Verg 22/12.

verhindern."[630] Aus dogmatischer Sicht neu und damit beachtenswert ist im Kern vor allem die Abkehr von der Kopplung der vergaberechtlichen Selbstreinigung an die Zuverlässigkeit als Teil der Eignung des jeweiligen Bieterunternehmens gemäß § 97 Abs. 4 S. 1 GWB a.F. Konnte nach alter Rechtslage im Wege der Selbstreinigung die Zuverlässigkeit der Unternehmen wiederhergestellt werden, schließt der öffentliche Auftraggeber ein Unternehmen, bei dem ein Ausschlussgrund nach §§ 123 oder 124 GWB vorliegt, nunmehr nicht von der Teilnahme an dem Vergabeverfahren aus, wenn die unter § 125 Abs. 1–3 GWB normierten Voraussetzungen der vergaberechtlichen Selbstreinigung vorliegen. Statt der Anlehnung an den unbestimmten Rechtsbegriff der Zuverlässigkeit, bietet die Selbstreinigung daher die Möglichkeit einer Wiederzulassung zum Vergabeverfahren in Fällen, in denen Ausschlussgründe nach §§ 123, 124 GWB vorliegen. Damit ist nicht nur die Prüfung des Vorliegens von Ausschlussgründen, sondern auch die vergaberechtliche Selbstreinigung von der Eignungsprüfung im engeren Sinne entkoppelt.

Will ein Bieterunternehmen durch die Selbstreinigung die Wiederzulassung zum Vergabeverfahren erreichen, so hat es die unter § 125 Abs. 1 Nr. 1–3 GWB genannten Maßnahmen nachzuweisen. Kommt der öffentliche Auftraggeber im Rahmen seiner Bewertung (§ 125 Abs. 2 GWB) zu dem Ergebnis, dass die unter § 125 Abs. 1 Nr. 1–3 GWB kodifizierten Voraussetzungen vorliegen, besteht ein Rechtsanspruch des Unternehmens auf Wiederzulassung zum Vergabeverfahren. Bei der Bewertung des öffentlichen Auftraggebers gemäß § 125 Abs. 2 GWB dahingehend, ob die ergriffenen Selbstreinigungsmaßnahmen ausreichend sind, um die Integrität des betreffenden Bieterunternehmens wiederherzustellen und ausreichende Garantien zu bieten, dass von ihm künftig höchstwahrscheinlich keine Gefahr der Begehung von Straftaten oder eines Fehlverhaltens mehr ausgeht, ist der konkrete Einzelfall zu berücksichtigen. Die Schwere des Fehlverhaltens muss ausweislich der Gesetzesbegründung zum VergRModG im Hinblick auf den konkret zu vergebenden Auftrag und unter Berücksichtigung des konkreten Vergabeverfahrens bewertet werden.[631]

Auf den ersten Blick scheint den Bieterunternehmen somit ein wirksames Instrument zur Wiederzulassung an die Hand gegeben worden zu sein. Dies zunächst einmal ungeachtet der Frage, ob die Selbstreinigung nun die Zuverlässigkeit (und damit die Eignung) oder die Integrität (bezogen auf den konkreten Auftrag) wiederherstellt. Die Problematik für den Rechtsanwender offenbart

---

630 Vgl. Gesetzesbegründung zu § 125 Abs. 1 GWB, BT-Drs. 18/6281, S. 107.

631 Vgl. Gesetzesbegründung zu § 125 Abs. 1 GWB, BT-Drs. 18/6281, S. 110.

sich indes bereits am Wortlaut der Vorschrift des § 125 GWB. Die Norm ist insoweit allgemein gehalten und kodifiziert keine näheren Anforderungen an die Selbstreinigung, die es der Unternehmensleitung erlaubt, konkrete erfolgsversprechende Maßnahmen im Unternehmen zu etablieren, die im Ergebnis planbar zu einer Wiederzulassung führen. Dies gilt insbesondere für die unter § 125 Abs. 1 Nr. 3 GWB genannten „konkrete[n] technische[n], organisatorische[n] und personelle[n] Maßnahmen […], die geeignet sind, weitere Straftaten oder weiteres Fehlverhalten zu vermeiden." Da die Wiederzulassung für die Bieter- und Bewerberunternehmen allerdings enorme wirtschaftliche Bedeutung hat und eine Selbstreinigung erheblichen personellen und finanziellen Aufwand erfordern kann, ist aus Gründen der Rechtssicherheit für diese Unternehmen von entscheidender praktischer Bedeutung, welche Voraussetzungen für eine erfolgreiche Selbstreinigung konkret erfüllt sein müssen und welche Rechtsschutzmöglichkeiten im Falle einer negativen Bewertung der getroffenen Selbstreinigungsmaßnahme durch den Auftraggeber zur Verfügung stehen. Bleiben sie nämlich untätig, so droht ihnen wegen Vorliegens von Ausschlussgründen nach §§ 123, 124 GWB neben dem Ausschluss vom weiteren Verfahren in letzter Instanz sogar eine dauerhafte Vergabesperre für mehrere Jahre (§ 126 GWB). Für die Unternehmen ist in diesem Zusammenhang folglich von enormer praktischer Bedeutung, welchen Umfang die Selbstreinigungsmaßnahmen haben müssen, ob externe Beratung erforderlich ist und gegebenenfalls auf bekannte gesellschaftsrechtliche Grundsätze zurückgegriffen werden kann. Auch für den öffentlichen Auftraggeber stellen sich – wie gezeigt wurde – im Rahmen der Prüfung von zivil-, straf-, und gesellschaftsrechtlich relevanten Sachverhalten eine Reihe dogmatischer wie auch praktischer Fragen, da es sich auch für ihn regelmäßig um atypische und komplexe Fragestellungen handelt, die die fachlichen Möglichkeiten der Vergabestelle überschreiten. Sowohl bei der Bewertung des in Streit stehenden Fehlverhaltens als auch der Selbstreinigungsmaßnahmen – insbesondere der Compliance-Maßnahmen – wird die Klärung von Rechtsfragen relevant, für die eigentlich die im Kontext der betreffenden Rechtsgebiete (u.a. Gesellschaftsrecht und Strafrecht) etablierten Verfahren und Stellen berufen sind.[632]

632 Vgl. *Roth*, NZBau 2016, 672 (677).

II. Geltung gesellschaftsrechtlicher Grundsätze für die (konzernweite) vergaberechtliche Selbstreinigung

Neben den in § 125 Abs. 1 Nr. 1 und 2 GWB genannten Voraussetzen der Selbstreinigung, wonach Schadenswiedergutmachung sowie eine aktive Zusammenarbeit mit den Ermittlungsbehörden zu leisten ist, sind aus Sicht der Bieter vor allem die unter § 125 Abs. 1 Nr. 3 GWB genannten Selbstreinigungsvoraussetzungen von Bedeutung, deren Reichweite sich nicht unmittelbar aus dem Wortlaut erschließt. Angesichts des Umstandes, dass im Falle eines Verfahrensausschlusses wegen Vorliegens von Ausschlussgründen nach §§ 123, 124 GWB ein Ausschluss des Bieters vom weiteren Verfahren oder sogar eine dauerhafte Vergabesperre für mehrere Jahre (§ 126 GWB) droht, sind – will man die Frage der Rechtssicherheit für die Bieterunternehmen analysieren – für diese im Kern zwei Fragen von zentraler Bedeutung, die sowohl tatsächliche wie dogmatische Problemstellungen aufwerfen und die den Schwerpunkt der rechtlichen Analyse dieser Arbeit bildeten:

In einem ersten Schritt gilt es zu klären, wie die technischen, organisatorischen und personellen Maßnahmen gemäß § 125 Abs. 1 Nr. 3 GWB ausgestaltet sein müssen, um eine positive Prognose des öffentlichen Auftraggebers hinsichtlich der Integrität und damit eine Wiederzulassung zum Vergabeverfahren zu erreichen (§ 125 Abs. 2 GWB). Da es sich bei den Maßnahmen ausweislich der Gesetzesbegründung um „Compliance-Maßnahmen im weitesten Sinne" handelt[633], stellt sich zwangsläufig die Frage, inwiefern das Gesellschaftsrecht hier zwingende oder potentiell anzuwendende -möglicherweise enthaftende – Standards vorgibt und ob bereits die Einhaltung gesellschaftsrechtlicher anerkannter Compliance-Standards, die auch im Vergaberecht Geltung entfalten, Rechtssicherheit bringen können.

Zum anderen stellt sich – und dies ist in der Praxis ebenso bedeutsam – aus Rechtsschutzgesichtspunkten die Frage, wie und in welchem Umfang die Unternehmen im Falle einer negativen Bewertung der ihrerseits getroffenen Selbstreinigungsmaßnahmen durch den öffentlichen Auftraggeber als öffentliche Stelle effektiven Rechtsschutz erlangen können. Die Problematik ist dabei keine rein vergaberechtliche. Wie auch in anderen Rechtsgebieten, stellt sich im Umgang mit öffentlichen Einrichtungen die Frage, welche Rechtsmittel gegen ablehnende Prognoseentscheidungen zur Verfügung stehen. Die Unternehmen können ihre Selbstreinigungsmaßnahmen noch so akribisch und möglicherweise

633 Vgl. Gesetzesbegründung zu § 125 Abs. 1 GWB, BT-Drs. 18/6281, S. 109.

sogar unter Zuhilfenahme externer (Rechts-) Beratung durchführen. Die Frage nach effektiven Rechtsschutzmöglichkeiten stellt sich spätestens dann, wenn der öffentliche Auftraggeber bei seiner Bewertung, ob die ergriffenen Selbstreinigungsmaßnahmen ausreichend sind (§ 125 Abs. 2 GWB), um die Integrität des Unternehmens wiederherzustellen und ausreichende Garantien zu bieten, dass von ihm in Zukunft höchstwahrscheinlich keine Gefahr der Begehung von Straftaten oder eines Fehlverhaltens mehr ausgeht, zu einer negativen Entscheidung kommt und eine Wiederzulassung zum Vergabeverfahren versagt. Zwar handelt es sich ausweislich der Gesetzesbegründung um eine auf das konkrete Vergabeverfahren bezogene Prognoseentscheidung, die – ausweislich der Rechtsprechung der Vergabekammern sowie der Literatur – lediglich beschränkt überprüfbar sein soll.[634] Dabei darf allerdings nicht außer Acht gelassen werden, dass es sich bei einem Vergabeverfahren um ein Verwaltungsverfahren im weiteren Sinne handelt, sodass die Voraussetzungen eines beschränkt überprüfbaren Beurteilungsspielraums am Maßstab der verwaltungs- und verfassungsrechtlichen Grundsätze nicht vorschnell angenommen werden dürfen. Hier liegt ein wesentlicher Schwerpunkt der rechtlichen Problematik, die die Bewertung der Rechtsschutzmöglichkeiten der Bieter entscheidend prägen.

In Bezug auf die zu etablierenden Maßnahmen gilt entsprechend dem Ergebnis der dieser Arbeit zugrunde liegenden Analyse Folgendes:

> Unter den Maßnahmen gemäß § 125 Abs. 1 Nr. 3 GWB sind dem Grunde nach strukturelle und organisatorische Maßnahmen zu verstehen, die geeignet sind, weitere Straftaten oder Fehlverhalten wirksam zu verhindern und der rechtstreuen und vergaberechtskonformen Verhaltensweise innerhalb eines Unternehmens zu dienen.[635] Die organisatorischen Maßnahmen werden mithin in der Literatur auch als „vergaberechtliche Compliance" betitelt.[636] Konkret ist in diesem Zusammenhang an sogenannte Compliance-Management-Systeme (bzw. Anpassung bestehender Systeme) zu denken, wobei Faktoren wie Größe, Struktur und Unternehmensbranche sowie die Art des Fehlverhaltens entscheidende Bedeutung zukommt. Dabei verbietet sich nach der hier vertretenen Auffassung gerade aufgrund der regelmäßig heterogenen Bieterstruktur jede schematische Lösung in Bezug auf die Etablierung derartiger Systeme. Es ist vielmehr seitens der Unternehmen

---

634 Vgl. *Stolz* in: Ziekow/Völlink, Vergaberecht 3. Auf., § 125 Rn. 17, wonach dem öffentlichen Auftraggeber ein Beurteilungsspielraum zustehen soll, der lediglich im Hinblick auf Beurteilungsfehler der Nachprüfung unterliegt; *Gabriel/Ziekow*, VergabeR 2017, 119 (129) m.w.N. aus der Rechtsprechung.

635 Vgl. *Gabriel/Ziekow*, VergabeR 2017, 119 (126); *Dreher/Hoffmann*, NZBau, 2014, 150 (150); *Mutschler-Siebert/Dorschfeld*, BB 2015, 642 (647); *Hölzl/Ritzenhoff*, NZBau 2012, 28 (30).

636 Vgl. *Dreher/Hoffmann*, NZBau 2014, 150 (150) m.w.N. .

stets auf den konkreten Einzelfall zu reagieren und die auf den konkreten Einzelfall hin getroffenen Maßnahmen vom öffentlichen Auftraggeber spezifisch zu bewerten (§ 125 Abs. 2 GWB).[637] Gleichwohl stellen diese wenig detaillierten Vorgaben die betreffenden Unternehmen vor rechtliche Auslegungsprobleme, da sie nicht ohne weiteres bestimmen können, welche Maßnahmen nun zu ergreifen sind. Ungeachtet dessen, in welcher Rechtsform die Bieterunternehmen organisiert sind, unterliegen sie sowohl den gesellschaftsrechtlichen wie auch den vergaberechtlichen Vorschriften, welche es zu beachten gilt. Das Vergaberecht jedenfalls kodifiziert in diesem Zusammenhang keine spezifischen Vorgaben für die Etablierung von Compliance-Management-Systemen im Kontext der Selbstreinigung nach § 125 GWB. Die Gesetzesbegründung zu § 125 GWB nennt unter Bezugnahme auf den Erwägungsgrund Nr. 102 der RL 2014/24/EU lediglich allgemein „Personal- und Organisationsmaßnahmen, wie den „Abbruch aller Verbindungen zu den an dem Fehlverhalten beteiligten Personen oder Organisationen, geeignete Personalorganisationsmaßnahmen, die Erfüllung von Berichts- und Kontrollsystemen, die Schaffung einer internen Audit-Struktur zur Überwachung der Compliance oder die Einführung interner Haftungs- und Entschädigungsregelungen."[638] Da das Vergaberecht damit keine spezifischen verbindlichen Vorgaben für die Umsetzung eben dieser genannten Maßnahmen macht, muss im Ergebnis in diesem Zusammenhang auf die gesellschaftsrechtlich etablierten Grundsätze zur Einführung effektiver Compliance-Maßnahmen zurückgegriffen werden. Dies gilt sowohl für die konkret infrage kommenden Compliance-Maßnahmen, wie etwa die klare Zuordnung von Compliance-Zuständigkeiten, die Etablierung eines unternehmensweiten Verhaltenskodexes oder klare Berichtsstrukturen und eine ausreichende Ressourcenausstattung, als auch die konkrete Umsetzung im Rahmen einer „Autonomen-" oder einer „Matrix-Organisation". Die Herausforderung für alle Beteiligten im Vergabeverfahren besteht stets insbesondere darin, den vergabe- sowie gesellschaftsrechtlichen Vorgaben hinreichend Rechnung zu tragen. Sofern die Bieterunternehmen bei der Etablierung der Compliance-Strukturen gemäß § 125 Abs. 1 Nr. 3 GWB auf gesellschaftsrechtliche Grundsätze zurückgreifen, kann es aus ihrer Sicht durchaus Sinn ergeben, – ausgehend von einer individuellen Risikoanalyse –gesellschaftsrechtlich etablierte Regelwerke wie beispielsweise den IDW-PS 980, die ISO 19600, die DICO-Leitlinie „Kartellrechtliche Compliance" oder aber den „Leitfaden zur Berücksichtigung von Selbstreinigungsmaßnahmen bei der Vergabe öffentlicher Bauaufträge" des Bundesministeriums für Umwelt, Naturschutz, Bau- und Reaktorsicherheit als Orientierungshilfen heranzuziehen. All diesen Regelwerken ist jedoch gemein, dass sie keine verbindliche Außenwirkung und folglich auch keine Enthaftungswirkung zugunsten der Bieterunternehmen nach sich ziehen. Spiegelbildlich hierzu ist es aus Sicht der Rechtssicherheit für die Unternehmen daher weder zweckmäßig, diese Regelwerke im Falle einer erforderlichen Selbstreinigungsmaßnahme seitens der öffentlichen Auftraggeber verbindlich vorzugeben, noch bietet die Beachtung für die Bieterunternehmen eine Garantie dafür, dass die Selbstreinigungsmaßnahmen als erfolgreich bewertet werden. Der Mehrwert erschöpft sich aus

637 Vgl. Gesetzesbegründung zu § 125 Abs. 1 GWB, BT-Drs. 18/6281, S. 110 f. .
638 Vgl. Gesetzesbegründung zu § 125 Abs. 1 GWB, BT-Drs. 18/6281, S. 109 f. .

Sicht der Rechtssicherheit allenfalls darin, dass der erkennende Richter bei der Bewertung des konkreten Einzelfalls die Beachtung der Regelwerke positiv berücksichtigen dürfte, ohne dass dadurch die Unabhängigkeit seiner Entscheidung tangiert wäre. Sie bieten mithin einen Orientierungspunkt sowohl für die Bieterunternehmen als auch die Auftraggeber und die vergaberechtlichen Nachprüfungsinstanzen. Eine Vorgabe eines verbindlichen Standards ungeachtet der Größe und Struktur des Unternehmens oder des in Rede stehenden Fehlverhaltens durch den öffentlichen Auftraggeber würde zudem nach der hier vertretenen Auffassung einen Verstoß gegen das im gesamten Vergabeverfahren zu beachtende Gleichbehandlungsgebot (§ 97 Abs. 2 GWB) als auch den zu beachtenden Verhältnismäßigkeitsgrundsatz (§ 97 Abs. 1 S. 2 GWB) nach sich ziehen und ist vor diesem Hintergrund als unzulässig zu bewerten.

Ein weiterer Ansatzpunkt für die Definierung eines verbindlichen Standards im Bereich der Selbstreinigung bietet die Business Judgement Rule. Diese in § 93 Abs. 1 S. 2 AktG kodifizierte Regelung besagt insoweit, dass das geschäftsleitende Organ sich im Verhältnis zur Gesellschaft nicht pflichtwidrig verhält, wenn das Vorstandsmitglied bei einer unternehmerischen Entscheidung vernünftigerweise annehmen durfte, auf der Grundlage angemessener Informationen zum Wohle der Gesellschaft zu handeln. Die Etablierung von Compliance-Maßnahmen kann danach aufgrund der für den Vorstand bestehenden Handlungsoptionen grundsätzlich als unternehmerische Entscheidung qualifiziert werden. Sind danach abhängig von der unternehmensspezifischen Risikoanalyse sowie auf Grundlage angemessener Informationen ausreichende Compliance-Maßnahmen getroffen worden, kann in der Konsequenz nach der hier vertretenen Auffassung auch im Rahmen der Bewertung der Selbstreinigungsmaßnahmen nach § 125 Abs. 2 GWB im vergaberechtlichen Kontext die Geeignetheit der getroffenen organisatorischen Maßnahmen nach § 125 Abs. 1 Nr. 3 GWB und damit die erfolgreiche Selbstreinigung bejaht werden. Im Wesentlichen ist dabei entscheidend, dass das jeweilige Bieterunternehmen – sei es durch die Einholung externen Rechtsrats oder durch die fachkundige eigene Rechtsabteilung – eine sorgfältige Informationsgrundlage schafft. Bei der Entscheidung, welche Compliance-Maßnahmen ergriffen werden, muss freilich die Frage im Fokus stehen, ob die Maßnahmen geeignet sind, die Integrität des Unternehmens auch im vergaberechtlichen Kontext wiederherzustellen und ausreichende Garantien zu bieten, dass sich in Zukunft ein entsprechendes strafbares Verhalten oder Fehlverhalten höchstwahrscheinlich nicht wiederholen wird.[639] Die Business Judgement Rule würde allerdings ihren Sinn – nämlich das Schaffen von Rechtssicherheit für die Geschäftsleitung – verfehlen, wenn das geschäftsleitende

639 Vgl. zum Prüfungsmaßstab auch die Gesetzesbegründung zu § 125 GWB, BT-Drs. 18/6281, S. 110.

Organ sich innerhalb der Gesellschaft nach Maßgabe des § 93 Abs. 1 S. 1 und 2 AktG regelkonform verhält, diese Maßnahmen im Rahmen des vergaberechtlichen Nachprüfungsverfahrens allerdings nicht ausreichen sollen, eine erfolgreiche Selbstreinigung zu begründen. Insoweit ist ein homogener Haftungsmaßstab zu gewährleisten, obwohl nicht verkannt werden darf, dass es sich hier streng genommen um die Anwendung einer das gesellschaftsrechtliche Innenrecht betreffende Haftungsnorm auf den außerhalb der Gesellschaft liegenden Pflichtenkreis handelt. In Bezug auf die für die Bieterunternehmen entscheidende Enthaftungswirkung gilt allerdings auch bei Beachtung der Business Judgement Rule das oben Gesagte. Einen Garanten für eine positive Prognose in Bezug auf die etablierten Selbstreinigungsmaßnahmen oder gar eine Enthaftungswirkung für das Bieterunternehmen kann auch die Beachtung der Business Judgement Rule nicht geben. Obgleich dieser aus vergaberechtlicher Sicht keine unmittelbare Außenwirkung zukommt und primär die Haftung des Vorstandes gegenüber der eigenen (Aktien-) Gesellschaft betrifft (Innenhaftung), kann die Einhaltung der Grundsätze der Business Judgement Rule seitens der Gerichte ebenfalls positiv berücksichtigt werden. Endgültige Rechtssicherheit dahingehend, welche Selbstreinigungsmaßnahmen als erfolgsversprechend bewertet werden, vermittelt aber auch die Business Judgement Rule nicht.

Die Problematik des erforderlichen Umfangs von vergaberechtlichen Selbstreinigungsmaßnahmen wird auch im Falle der Beteiligung eines konzernangehörigen (Tochter-) Unternehmens bedeutsam und wichtig. Im Kontext von konzernangehörigen Unternehmen ist zu berücksichtigen, dass sich im Ergebnis aus der gesellschaftsrechtlich motivierten Compliance-Verantwortung der einzelnen Konzernunternehmen dem Grunde nach auch eine Verpflichtung zur Selbstreinigung lediglich in dem sich am Vergabeverfahren beteiligenden Konzernunternehmen ergibt. Anders ist dies allenfalls zu bewerten, sofern das Fehlverhalten der Muttergesellschaft der Tochter zurechenbar ist und aus diesem Grund konzernweite Compliance-Maßnahmen zwingend erforderlich sind. Zur Vermeidung künftiger Rechtsverstöße kann es in diesen Fällen angezeigt sein, dass konzernweit personelle, technische und organisatorische Selbstreinigungsmaßnahmen implementiert werden, damit das jeweilige Konzernunternehmen trotz eines ihm zurechenbaren Rechtsverstoßes i.S.v. §§ 123, 124 GWB nicht von einem Vergabeverfahren ausgeschlossen wird. Je enger die konzerninternen Bindungen zwischen Mutter- und Tochterunternehmen sind, desto mehr besteht die Verpflichtung zur Etablierung von technischen, personellen und organisatorischen Selbstreinigungsmaßnahmen gemäß § 125 Abs. 1 Nr. 3 GWB im gesamten Konzern.[640] Dabei darf nicht außer

640 vgl. hierzu wie bereits erörtert auch *Gabriel/Ziekow*, VergabeR 2017, 119 (128).

Acht gelassen werden, dass primäres Ziel der Selbstreinigung gemäß § 125 GWB stets die Wiederherstellung der Integrität des sich am Vergabeverfahren beteiligenden Bieterunternehmen und nicht per se des gesamten Konzerns ist, sofern sich nur einzelne Konzernunternehmen am Vergabeverfahren beteiligen. An dieser Stelle ist stets eine Betrachtung des konkreten Einzelfalls in Bezug auf die Zurechnung konzerninternen Fehlverhaltens sowie die Beachtung der gesellschaftsrechtlichen Grundsätze zur Compliance-Verantwortung im Konzern erforderlich, sodass sich hier die Vorgabe einheitlicher verbindlicher Regelungen verbietet.

III. Aktuell kein Mehr an Rechtssicherheit durch das WRegG

Auf deutscher Gesetzgebungsebene existieren aktuelle Bemühungen, die Prüfung der Selbstreinigung durch eine zentrale Stelle zu verlagern und auf diese Weise eine einheitlich strukturierte Prüfung vorzugeben, wenngleich eine konkrete Umsetzungsverordnung erst für das Jahr 2020 zu erwarten ist. Das am 29.07.2017 in Kraft getretene Wettbewerbsregistergesetz (WRegG), das die Prüfung einer Selbstreinigung zukünftig dem registerführenden Bundeskartellamt zuweist, stellt insoweit eine neue Konzeption der vergaberechtlichen Selbstreinigung in Aussicht, wenngleich hieraus gegenwärtig mangels Anwendbarkeit der für die Selbstreinigung maßgeblichen Vorschriften kein signifikantes Mehr an Rechtssicherheit für die Bieterunternehmen resultiert. Kernelement des WRegG ist die Schaffung eines beim Bundeskartellamt als Registerbehörde geführten Zentralverzeichnisses, in welchem sämtliche Unternehmen eingetragen werden, zu denen Erkenntnisse über das Vorliegen von Ausschlussgründen nach §§ 123, 124 GWB vorliegen. Weist ein Unternehmen seine getroffenen Selbstreinigungsmaßnahmen gegenüber der Registerbehörde erfolgreich nach und erachtet diese die Maßnahmen als zureichend, so ist der öffentliche Auftraggeber an diese Feststellung gebunden und wird dieses Wissen bei der Prüfung der Integrität des Unternehmens zugrunde legen. Für die Bieter ergibt sich hierdurch eine außerhalb des konkreten Vergabeverfahrens liegende Prüfmöglichkeit ihrer Selbstreinigungsmaßnahmen.[641] Das Bundeskartellamt prüft nach Maßgabe des WRegG in eigener Verantwortung, ob auf Grund der vorgetragenen Selbstreinigungsmaßnahmen die Eintragung des Unternehmens im Register gelöscht wird, wobei es sich um eine auf den Einzelfall bezogene Prognoseentscheidung handelt.[642]

Allerdings treten die im Gesetz normierten Melde-, Abfrage und Prüfpflichten erst in Kraft, wenn eine Rechtsverordnung der Bundesregierung i.S.v. § 10

641 Vgl. auch BT-Drs. 18/12051, S. 32.
642 Vgl. § 8 Abs. 4 WRegG; BT-Drs. 18/12051, S. 32.

WRegG die näheren Einzelheiten geregelt und das Bundeskartellamt die technisch-organisatorischen Voraussetzungen geschaffen hat. Es bleibt abzuwarten, welche Vorgaben die Rechtsverordnung gemäß § 10 WRegG, welche unter anderem die Anforderungen an vom Antragsteller vorzulegende geeignete Gutachten und Unterlagen zur Bewertung von Selbstreinigungsmaßnahmen (vgl. § 10 Nr. 7 i.V.m. § 8 Abs. 2 S. 3 Nr. 2 WRegG) verbindlich vorgeben wird, machen wird. Ein verbindlicher Termin, wann mit dem Inkrafttreten einer entsprechenden Verordnung zu rechnen ist, existiert bisher nicht. Ab dem Zeitpunkt der Anwendbarkeit des WRegG auf die vergaberechtliche Selbstreinigung verlagert sich die bisher durch den Auftraggeber vorgenommene Bewertung der Selbstreinigungsmaßnahmen zwar auf eine unabhängige staatliche Stelle. Inhaltlich enthält das WRegG indes ebenfalls keine exakten Vorgaben für die Unternehmen insbesondere im Hinblick auf die zu treffenden organisatorischen Selbstreinigungsmaßnahmen. Sollten durch die künftige Rechtsverordnung hier keine detaillierten Standards vorgegeben werden, erschöpft sich unter Rechtsschutzgesichtspunkten der Mehrwert für die Unternehmen in der unabhängig vom konkreten Auftraggeber durchgeführten Prüfung ihrer Selbstreinigungsmaßnahmen. Jedenfalls der Gefahr eines durch einen voreingenommenen Auftraggeber intendierten Prüfungsergebnisses kann auf diese Weise wirksam begegnet werden.

IV. Vollumfängliche gerichtliche Kontrolle der Prognoseentscheidung des öffentlichen Auftraggebers

In Bezug auf die letztlich entscheidenden Rechtsschutzmöglichkeiten der sich am Vergabeverfahren beteiligenden Unternehmen gegen die Bewertung ihrer Selbstreinigungsmaßnahmen durch den öffentlichen Auftraggeber gemäß § 125 Abs. 2 GWB gilt Folgendes:

Gegenwärtig ist aus dem Blickwinkel der Rechtssicherheit für die Unternehmen von besonderem Interesse, inwiefern die Bewertung der Selbstreinigungsmaßnahmen seitens des öffentlichen Auftraggebers (§ 125 Abs. 2 GWB) und die damit im Zusammenhang stehende Entscheidung über eine Wiederzulassung zum Vergabeverfahren von den Nachprüfungsinstanzen (insbesondere letztinstanzlich durch die Vergabesenate bei den Oberlandesgerichten, §§ 171 ff. GWB) überprüfbar ist. Rechtsprechung und Literatur nehmen hier teils ohne nähere Begründung einen nur beschränkt überprüfbaren Beurteilungsspielraum der Nachprüfungsinstanzen an.[643] Dies greift im Ergebnis jedoch zu kurz. Denn

643 Vgl. stellvertretend: *Stolz* in: Ziekow/Völlink, Vergaberecht 3. Auf., § 125 Rn. 17; *Gabriel/Ziekow*, VergabeR 2017, 119 (129) m.w.N. aus der Rechtsprechung.

sollte dem so sein, so würde sich der Prüfungsmaßstab in der Frage erschöpfen, ob von einem zutreffend und vollständig ermittelten Sachverhalt ausgegangen wurde und allgemeine Wertungsgrundsätze beachtet worden sowie keine sachwidrigen Erwägungen in die Wertungsentscheidung des prüfenden Auftraggebers eingeflossen sind. Eine inhaltlich vollumfängliche Überprüfung der Wertungsentscheidung würde daher nicht stattfinden, was die Rechtsschutzqualität für die Bieterunternehmen schmälern würde.

Diesbezüglich ist im Ergebnis auf die im allgemeinen Verwaltungsrecht entwickelten Grundsätze zur Überprüfbarkeit von Beurteilungsspielräumen durch die Gerichte zurückzugreifen, da sich das vergaberechtliche Handeln der öffentlichen Auftraggeber materiell als Verwaltungshandeln[644] und das Nachprüfungsverfahren als Verwaltungsverfahren darstellt.[645] Danach ist grundsätzlich – entsprechend der normativen Ermächtigungslehre – von einem uneingeschränkt überprüfbaren Beurteilungsspielraum der öffentlichen Stelle auszugehen. Für eine Ausnahme von einer gerichtlichen Vollkontrolle bedarf es neben einer hierauf hindeutenden Gesetzesauslegung und eines unbestimmten Rechtsbegriffes nach der Rechtsprechung des BVerfG zusätzlich eines hinreichenden Sachgrundes, der etwa dann vorliegt, wenn eine vollständige Kontrolle der Gerichte nicht sachgerecht erscheint, praktisch unmöglich ist und der Verwaltung eine besondere Sachkompetenz und überlegenes Wissen zukommt. Zumindest an diesem zuletzt genannten sachlichen Grund fehlt es im Falle der Bewertung der Selbstreinigungsmaßnahmen durch den öffentlichen Auftraggeber. Zwar soll ausweislich der Gesetzesbegründung dem öffentlichen Auftraggeber gemäß § 125 Abs. 2 GWB ein Beurteilungsspielraum dahingehend zukommen, ob die von einem Unternehmen durchgeführten Selbstreinigungsmaßnahmen zureichend sind und die Integrität des Unternehmens wiederhergestellt ist.[646] Allerdings fehlt es nach der hier vertretenen Auffassung an einer besonderen Sachkenntnis des öffentlichen Auftraggebers in Bezug auf die organisatorischen Selbstreinigungsmaßnahmen. Nach der hier vertretenen Auffassung bestehen insbesondere an der Annahme einer besonderen überlegenen Sachkunde des öffentlichen Auftraggebers hinsichtlich der Etablierung gesellschaftsrechtlich motivierter Compliance und damit der Grundlage eines lediglich beschränkt überprüfbaren Beurteilungsspielraums erhebliche rechtliche Bedenken.

---

644 S.o. B.I.3.a) aa) (1); zur Qualifizierung des Vergabeverfahrens als Verwaltungsverfahren im weitesten Sinne vgl.: *Stelkens* in: Stelkens/Bonk/Sachs, VwVfG, § 35 Rn. 124.

645 S.o. B.I.3.a) aa) (2).

646 vgl. Gesetzesbegründung zu § 125 GWB, BT-Drs. 18/6281, S. 107.

Aufgrund der Geltung gesellschaftsrechtlicher Grundsätze bei der Bewertung der getroffenen Compliance-Maßnahmen im Kontext organisatorischer Selbstreinigungsmaßnahmen gemäß § 125 Abs. 1 Nr. 3 GWB ist dem Gericht eine Vollkontrolle der behördlichen Entscheidung unter Heranziehung seiner Informationsmöglichkeiten (insbesondere gesellschaftsrechtlich versierter Sachverständiger) ohne weiteres möglich. In Bezug auf die im Rahmen dieser Arbeit gesondert beleuchteten Compliance-Maßnahmen als „organisatorische Maßnahmen" im Sinne des § 125 Abs. 1 Nr. 3 GWB zeigt sich dies bereits an der Komplexität der möglichen Compliance-Maßnahmen innerhalb eines Unternehmens. Grundlage ist stets eine konkrete Risikoanalyse im Unternehmen, gefolgt von individuell zu etablierenden Maßnahmen personeller und struktureller Art. Dabei spielen neben Zuständigkeitsfragen – beispielsweise zwischen Mutter- und Töchterunternehmen eines Konzerns – sowie die erforderlichen Maßnahmen unter Beachtung der Business Judgement Rule insbesondere gesellschaftsrechtliche, und – je nach Gesellschaftsform – auch aktien- und GmbH-rechtliche Fragen eine zentrale Rolle. Eben hier ist nach der vorliegend vertretenen Auffassung aus Rechtsschutzgesichtspunkten entgegen der zur alten Vergaberechtslage ergangen Rechtsprechung nicht vorschnell von einem lediglich beschränkt überprüfbaren Beurteilungsspielraum in Bezug auf die Wertungsentscheidung gemäß § 125 Abs. 2 GWB des öffentlichen Auftraggebers als Teil der Verwaltung auszugehen. Denn mit Blick auf die Rechtssicherheit der Unternehmen steht im Falle, dass der Auftraggeber die Selbstreinigungsmaßnahmen als nicht erfolgversprechend bewertet, ein wirtschaftlich relevanter Verfahrensausschluss oder sogar eine dauerhafte Vergabesperre im Raum, welche jedenfalls einen signifikanten Eingriff in die Berufsfreiheit der betreffenden Bieterunternehmen darstellt. Insbesondere den Vergabesenaten vor dem Oberlandesgericht dürfte insoweit eine höhere Sachkompetenz hinsichtlich der letztinstanzlichen Bewertung derartiger Compliance-Maßnahmen zukommen. Dies insbesondere, da diese mit einer hohen Fallzahl vergaberechtlicher Sachverhalte betraut sind und darüber hinaus der engen Verzahnung von gesellschaftsrechtlichen und vergaberechtlichen Sachverhalten in angemessenerem Maße Rechnung tragen können. Bei Bedarf können seitens des Gerichts gegebenenfalls externe Gutachten eingeholt werden. Zu eben dieser Einholung sind die Auftraggeber nicht unmittelbar verpflichtet. Zwar kann sich eine entsprechende Pflicht zur Einholung externen Sachverständigenrates aus den sich aus dem Vergabeverfahren ergebenden vorvertraglichen Pflichtverhältnis zwischen Auftraggeber und Bieterunternehmen ergeben. Dennoch ist in der Entscheidungspraxis bisher nicht letztinstanzlich geklärt, ob der Auftraggeber diesbezüglich eine Pflichtverletzung begeht, wenn er entsprechende Gutachten nicht einholt und seine Wertungsentscheidung nach § 125 Abs. 2 GWB in eigener Verantwortung trifft.[647] Aus dogmatischen Gründen wie auch aus Gründen der Rechtssicherheit für die Unternehmen ist es daher angezeigt, die Bewertung gemäß § 125 Abs. 2 GWB einer vollständigen gerichtlichen Kontrolle zugänglich zu machen und dem öffentlichen Auftraggeber damit einen nur beschränkt überprüfbaren Beurteilungsspielraum abzusprechen.

Auch aus gesetzessystematischer Sicht ist eine umfassende gerichtliche Kontrolle geboten. Denn im Rahmen der Ausschlussentscheidung nach § 124 GWB wegen Vorliegens eines fakultativen Ausschlussgrundes kommt dem öffentlichen Auftraggeber ein gerichtlich voll überprüfbarer Ermessensspielraum zu. Im Rahmen der Ermessensentscheidung über die Rechtmäßigkeit des Ausschlusses sind eventuell erfolgreich getroffene Selbstreinigungsmaßnahmen zu berücksichtigen. Der Rechtsschutz in Gestalt einer vollumfänglichen gerichtlichen Kontrolle der Ermessensentscheidung über den Ausschluss nach § 124 GWB würde massiv beschränkt, wäre nicht auch die Einschätzung des öffentlichen Auftraggebers über die getroffenen Selbstreinigungsmaßnahmen einer vollumfänglichen gerichtlichen Kontrolle zugänglich. Die Gerichte müssten dann die Wertung des Auftraggebers über den Erfolg der Selbstreinigungsmaßnahmen – abgesehen von einer beschränkten Prüfungspflicht auf Berücksichtigung eines vollständigen Sachverhalts und der Beachtung des Willkürverbots (sachwidrige Erwägungen) – als gegeben hinnehmen, obwohl eigentlich gerade dort der Schwerpunkt der Entscheidungsfindung über die ermessensfehlerfreie Ausübung des Ausschlussermessens liegt. Es käme hier zu Lasten der Unternehmen zu einem unauflösbaren Spannungsverhältnis zwischen Ermessens- und Beurteilungsspielraum, was es zu verhindern gilt.

Als Ergebnis der vorhergehenden rechtlichen Analyse kann daher abschließend festgehalten werden, dass es für die vergaberechtliche Selbstreinigung naturgemäß keine allgemeinverbindlichen Lösungen geben kann. Dies gilt insbesondere für die technischen und organisatorischen Selbstreinigungsmaßnahmen gemäß § 125 Abs. 1 Nr. 3 GWB, da insoweit – in Anlehnung an gesellschaftsrechtliche Grundsätze – stets der individuelle Einzelfall am Maßstab einer unternehmensindividuellen Risikoanalyse entscheidend ist. In Bezug auf den Rechtsschutz gegen eine negative Entscheidung des öffentlichen

---

647 Zur Begründung eines vorvertraglichen Schuldverhältnisses im Zuge der öffentlichen Auftragsvergabe vgl. BGH, Urt. v. 09.06.2011 – X ZR 143/10; *Voppel* in: Voppel/Osenbrück/Bubert,VgV, Anhang zu § 82: Nachprüfungsverfahren (§§ 102ff. GWB) Rn. 140 m.w.N..

Auftraggebers bezüglich der getroffenen Selbstreinigungsmaßnahmen (§ 125 Abs. 2 GWB), muss nach der hier vertretenen Auffassung aus dogmatischen Gründen sowie als elementarer Bestandteil eines effektiven Rechtsschutzes eine vollumfängliche Kontrolle der Entscheidung und damit der Effektivität der Selbstreinigungsmaßnahmen durch die Nachprüfungsinstanzen erfolgen können. Dies gilt ungeachtet dessen, ob die Bewertung der Selbstreinigungsmaßnahmen künftig durch die Registerbehörde nach dem WRegG oder unmittelbar durch den öffentlichen Auftraggeber erfolgt. Vor diesem Hintergrund ist für die Bieter- und Bewerberunternehmen zur Sicherstellung effektiven Rechtsschutzes damit vor allem die vollumfängliche gerichtliche Kontrolle durch die Vergabesenate bei den Oberlandesgerichten hinsichtlich der Bewertung des Auftraggebers gemäß § 125 Abs. 2 GWB und damit eine Abkehr von der nach alter Rechtslage geltenden eingeschränkten Überprüfbarkeit von essentieller Bedeutung. Mangels kodifizierter Mindestanforderungen an die erfolgreiche vergaberechtliche Selbstreinigung, ist der öffentliche Auftraggeber unter Berücksichtigung des Einzelfalls bei seiner Bewertung jedenfalls aus vergaberechtlicher Sicht gehalten, ein bieter- und bewerberfreundliches Verhalten an den Tag zu legen, um eine möglichst homogene und willkürfreie Entscheidungsfindung zu gewährleisten. Das Personal in den Vergabestellen ist mit Blick auf die gesellschaftsrechtlichen Aspekte der vergaberechtlichen Selbstreinigung sowie die in Betracht kommenden Maßnahmen zu schulen, um ein Bewusstsein für die Schnittmengen zwischen dem Gesellschafts- und Vergaberecht zu schaffen. Die Bieterunternehmen sind gehalten, ihre Selbstreinigungsmaßnahmen – gegebenenfalls unter Einschaltung externer Experten – auszugestalten und transparent zu dokumentieren, um das zukünftig zu erwartende rechtskonforme Verhalten und damit ihre vergaberechtliche Integrität gegenüber dem Auftraggeber nachzuweisen.

******

Literaturverzeichnis

Arnold, Michael. Verantwortung und Zusammenwirken des Vorstands und Aufsichtsrats bei Compliance-Untersuchungen, ZGR 2014, 76–106. [zitiert: *Arnold*, ZGR 2014, 76]

Bachmann, Gregor. Anmerkungen zum Urteil LG München, Urteil vom 10.12.2013 - 5 HK O 1387/10, ZIP 2014, 579. [zitiert: *Bachmann*, ZIP 2014, 579]

Baumbach, Adolf [Begr./Hueck, Alfred. GmbHG, 20. Auf., München 2013. [zitiert: *Bearbeiter* in: Baumbach/Hueck, GmbHG § Rn.]

Bicker, Eike. Compliance - organisatorische Umsetzung im Konzern, AG 2012, 542. [zitiert: *Bicker*, AG 2012, 542]

Blum, Heribert/Gassner, Kathi/Seith, Sebastian. Ordnungswidrigkeitengesetz – Handkommentar, 1. Aufl., Baden-Baden 2016. [zitiert: *Bearbeiter* in: Blum/Gassner/Seith, OWiG, § Rn.]

Böttcher, Lars. Der IDW PS 980 - Keine Lösung für alle (Haftungs-) Fälle, NZG 2011, 1054. [zitiert: *Böttcher*, NZG 2011, 1054]

Breßler, Steffen/Kuhnke, Michael/Schulz, Stephan/Stein, Roland. Inhalt und Grenzen von Amnestien bei Internal Investigations, NZG 2009, 721. [zitiert: *Breßler/Kuhnke/Schulz/Stein*, NZG 2009, 721]

Brückner, Götz. Das Vergaberecht und seine Beurteilungsspielräume – verfassungsrechtliche Anforderungen, LKV 2015, 534. [zitiert: *Brückner*, LKV 2015, 534]

Brüning, Christoph. Die ubiquitäre Zuverlässigkeitsprüfung im Vergaberecht, NZBau 2016, 723. [zitiert: *Brüning*, NZBau 2016, 723]

Burgi, Martin [Hrsg.]/Dreher, Meinrad [Hrsg.]. Vergaberechtskommentar, Band 1 – Gesetz gegen Wettbewerbsbeschränkungen – GWB 4. Teil, 3. Aufl. München 2017. [zitiert: *Bearbeiter* in: Burgi/Dreher, Beck´scher Vergaberechtskommentar, §, Rn.]

Burgi, Martin. Ausschluss und Vergabesperre als Rechtsfolgen von Unzuverlässigkeit, NZBau 2014, 595. [zitiert: *Burgi*, NZBau 2014, 595]

Bürkle, Jürgen. Corporate Compliance als Standard guter Unternehmensführung des Deutschen Corporate Governance Kodex, BB 2007, Heft 34, 1797. [zitiert: *Bürkle*, BB 2007, 1797]

Dauner-Lieb, Barbara. Unternehmerische Tätigkeit zwischen Kontrolle und Kreativität, in: Festschrift für Volker Röhricht zum 65. Geburtstag – Gesellschaftsrecht Rechnungslegung Sportrecht, Köln 2005, S. 83–103. [zitiert: *Dauner-Lieb*, FS Röhricht, 2005, S.]

DICO, BUJ FACHGRUPPE COMPLIANCE, BDCO. Stellungnahme der Verbände zu ISO-Normen im Bereich Compliance, CCZ 2015, 21. [zitiert: Stellungnahme der Verbände zu ISO Normen im Bereich Compliance, CCZ 2015, 21]

Dieckmann, Martin [Hrsg.]/Scharf, Peter [Hrsg.]/Wagner-Cardenal, Kersten [Hrsg.]. Vergabe- und Vertragsordnung für Leistungen (VOL)- Teil A, 1. Aufl., München 2013. [zitiert: *Bearbeiter* in: Dieckmann/Scharf/Wagner-Cardenal VOL/A-EG § 6 EG Rn.]

Dreher, Meinrad/Hoffmann, Jens. Die erfolgreiche Selbstreinigung zur Wiedererlangung der kartellvergaberechtlichen Zuverlässigkeit und die vergaberechtliche Compliance – Teil 1, NZBau, 2014, 67. [zitiert: *Dreher/Hoffmann*, NZBau 2014,67]

Dreher, Meinrad/Hoffmann, Jens. Die erfolgreiche Selbstreinigung zur Wiedererlangung der kartellvergaberechtlichen Zuverlässigkeit und die vergaberechtliche Compliance – Teil 2, NZBau, 2014, 150. [zitiert: *Dreher/Hoffmann*, NZBau 2014, 150]

Dreher, Meinrad/Hofmann, Jens. Sachverhaltsaufklärung und Schadenswiedergutmachung bei der vergaberechtlichen Selbstreinigung, NZBau 2012, 265. [zitiert: *Dreher/Hoffmann*, NZBau 2012, 265]

Dreher, Meinrad. Die Vorstandsverantwortung im Geflecht von Risikomanagement, Compliance und interner Revision, in: Kindler ua. (Hrsg.), Festschrift für Uwe Hüffer zum 70. Geburtstag, München 2010, S. 161 ff. [zitiert: *Dreher* in FS Hüffer, S.]

Ehnert, Manja. Standardisierung mit variablen Compliance-Standards ISO 19600 und ISO 37001, CCZ 2015, 6. [zitiert: *Ehnert*, CCZ 2015, 6]

Fleischer, Holger. Vorstandsverantwortlichkeit und Fehlverhalten von Unternehmensangehörigen – Von der Einzelüberwachung zur Errichtung einer Compliance-Organisation, AG 2003, 291. [zitiert: *Fleischer*, AG 2003, 291]

Fleischer, Holger. Aktienrechtliche Compliance-Pflichten im Praxistest: Das Siemens/Neubürger-Urteil des LG München I, NZG 2014, 321, 322. [zitiert: *Fleischer*, NZG 2014, 321]

Fleischer, Holger. Corporate-Compliance im aktienrechtlichen Unternehmensverbund, CCZ 2008, 1. [zitiert: *Fleischer*, CCZ 2008, 1]

Fleischer, Holger [Hrsg.]/Goette, Wulf [Hrsg.]. Münchener Kommentar zum GmbHG, 2. Aufl., München 2016. [zitiert: *Bearbeiter* in: MünchKomm GmbHG, §, Rn.]

Fuhrmann, Lambertus. Internal Investigations: Was dürfen und müssen die Organe beim Verdacht von Compliance Verstößen tun?, NZG 2016, 881. [zitiert: *Fuhrmann*, NZG 2016, 881]

Gabriel, Marc [Hrsg.]/Mertens, Susanne [Hrsg.]/Prieß, Hans-Joachim [Hrsg.]/ Stein, Roland M. [Hrsg.]. BeckOK zum Vergaberecht mit Kommentierungen zur VgV, UVgO, KonzVgV, Gabriel,Mark; Mertens, Susanne; Prieß, Hans-Joachim; Stein, Roland M. (Hrsg.),8. Edition Stand. 15.04.2017, München 2017. [zitiert: *Bearbeiter* in: BeckOK Vergaberecht GWB §, Rn.]

Gabriel, Marc [Hrsg.]/Krohn, Wolfgang [Hrsg.]/Neun, Andreas [Hrsg.]. Handbuch des Vergaberechts – Gesamtdarstellung und Kommentierung zu Vergaben nach GWB, VgV, SektVO, VSVgV, KonzVgV; VOB/A; UVgO; VOL/A; VO (EG) 1370; SGB V; AEUV, 2. Aufl. München 2017. [zitiert: *Bearbeiter* in: Gabriel/Krohn/Neun, Handbuch des Vergaberechts § Rn.]

Gabriel, Marc/Ziekow, Christina. Die Selbstreinigung von Unternehmen nach dem neuen Vergaberecht, VergabeR 2017, 119. [zitiert: *Gabriel/Ziekow*, VergabeR 2017, 119]

Goette, Wulf/Habersack, Mathias (Hrsg.). Münchener Kommentar zum Aktiengesetz Band 1 (§§ 1–75), 4. Auflage, München 2014. [zitiert: *Bearbeiter* in MünchKomm AktG, § Rn.]

Greeve, Gina. Compliance in der Korruptionsprävention – was müssen, was sollen, was können die Unternehmen tun?, BB 2007, 165. [zitiert als: *Greeve*, BB 2007, 165]

Hauschka, Christoph [Hrsg.]/Moosmayer, Klaus [Hrsg.]/Lösler, Thomas [Hrsg.]. Hauschka/Moosmayer/Lösler, Corporate Compliance – Handbuch der Haftungsvermeidung im Unternehmen, 3. Aufl., München 2016. [zitiert: *Bearbeiter* in: Hauschka/Moosmayer/Lösler, Corporate Compliance, § Rn.]

Harbath, Stephan. Anforderungen an die Compliance-Organisation in börsennotierten Unternehmen, ZHR 179 (2015), 136. [zitiert: *Harbath*, ZHR 179 (2015), 136]

Heidinger, Andreas [Hrsg.]/Leible, Stefan [Hrsg.]/Schmidt, Jessica [Hrsg.]. Kommentar zum Gesetz betreffend die Gesellschaften mit beschränkter Haftung (GmbH-Gesetz), 3. Aufl. München 2017. [zitiert: *Bearbeiter* in: Michalski/Heidinger/Leible/Schmidt, GmbHG, §, Rn.]

Heiermann, Wolfgang [Hrsg.]/Zeiss, Christopher [Hrsg.]/Summa, Hermann [Hrsg.]. JurisPK Vergaberecht, GWB; VgV; SektVO; KonzVgV; VSVgV; VOB/A; VOL/A; UVgO, 5. Aufl. 2016. [zitiert: *Bearbeiter* in: Heiermann/Zeiss/Summa, juris PK-VergR, 5. Aufl. 2016 § Rn.]

Henssler, Martin [Hrsg.]/Strohn, Lutz [Hrsg.]. Gesellschaftsrecht – BGB; HGB; PartGG; GmbHG; AktG; GenG; UmwG; InsO; AnfG; IntGesR, 3. Aufl. München 2016. [zitiert: *Bearbeiter* in: Henssler/Strohn, Gesellschaftsrecht, § Rn.]

Hoffmann-Becking, Michael [Hrsg.]. Münchener Handbuch des Gesellschaftsrechts, 4. Aufl. München 2015. [*zitiert*: *Bearbeiter* in: Münchener Handbuch zum Gesellschaftsrecht, § Rn.]

Hoffmann, Andreas C./Schieffer, Anita. Pflichten des Vorstandes bei der Ausgestaltung einer ordnungsgemäßen Compliance-Organisation, NZG 2017, 401. [zitiert: *Hoffmann/Schieffer*, NZG 2017, 401]

Horn, Stefan/Götz, Michael. Ausschluss vom Vergabeverfahren aufgrund von Kartellrechtsverstößen und die vergaberechtliche Selbstreinigung, EuZW 2018, 13. [zitiert: *Horn/Götz*, EuZW 2018, 13]

Hölters, Wolfgang [Hrsg.]. Aktiengesetz, 3. Aufl. München 2017. [zitiert: *Bearbeiter* in: Hölters, AktG, § Rn.]

Hötzel, Franz-Josef/Ritzenhoff, Lukas. Zu den Voraussetzungen des Verlustes, den Konsequenzen daraus und der Wiedererlangung der Zuverlässigkeit im Vergaberecht, NZBau 2012, 28. [zitiert: *Hötzel/Ritzenhoff*, NZBau 2012, 28]

Hötzel, Franz.Josef. Angebotsausschluss; Zuverlässigkeit; schwere Verfehlung; Nachweislichkeit; Prognose; Zeitpunkt; Beurteilungsspielraum; Selbstreinigung ; Schadensausgleich; Ausschlussermessen. [zitiert: *Hötzel*, VergabeR 2013, 498]

Hüffer, Uwe [Begr.]/Koch, Jens [Bearb.]. Aktiengesetz, 12. Aufl. München 2016. [zitiert: *Bearbeiter* in: Hüffer/Koch AktG,§ Rn.]

Huck, Winfried/Müller, Martin. Verwaltungsverfahrensgesetz, 2. Aufl., München 2016. [zitiert: *Bearbeiter* in: Huck/Müller, VwVfG, §, Rn.]

Inderst, Cornelia/Bannenberg, Britta/Poppe, Sina. Compliance – Aufbau-Management-Risikobereiche, 2. Aufl., Heidelberg 2013. [zitiert: *Bearbeiter* in: Inderst/Bannenberg/Poppe, Compliance Aufbau, Management, Risikobereiche, Kapitel, Rn.]

Immenga, Ulrich [Hrsg.], Mestmäcker, Ernst-Joachim [Hrsg.]. Wettbewerbsrecht, 5. Aufl. München 2014. [zitiert: *Bearbeiter* in: Immenga/Mestmäcker, Wettbewerbsrecht §, Rn.]

Kment, Martin/Vorwalter, Sebastian. Beurteilungsspielraum und Ermessen, JuS 2015, 193. [zitiert: *Kment/Vorwalter, JuS 2015, 193*]

Kocher, Dirk. Zur Reichweiter der Business Judgement Rule, CCZ 2009, 215. [zitiert: *Kocher*, CCZ 2009, 215]

Kulartz, Hans-Peter [Hrsg.]/Kus, Alexander [Hrsg.]/Portz, Norbert [Hrsg.]/ Prieß, Hans-Joachim [Hrsg.]. Kommentar zum GWB-Vergaberecht 4. Auf., Köln 2016. [zitiert: *Bearbeiter* in Kulartz/Kus/Portz/Prieß, Kommentar zum GWB-Vergaberecht, § Rn.]

Lösler, Thomas. Das moderne Verständnis von Compliance im Finanzmarktrecht, NZG 2005, 104. [zitiert: *Löser*, NZG 2005, 104]

Maibaum, Thomas. Das neue europäische Vergaberecht – neue Anforderung an Compliance-Management?, CB (Compliance Berater) 2015, 104. [zitiert: *Maibaum*, CB 2015, 104]

Makowicz, Bartosz/Stadelmaier, Martin. Compliance im Mittelstand auf Basis der ISO 19600, CB 2015, 89. [zitiert: *Makowicz/Stadelmaier*, CB 2015, 89]

Makowicz, Bartosz. ISO 19600: United in Compliance, CB 10/2014, Editorial. [zitiert: *Makowicz*, CB 10/2014, I (Editorial)

Mann, Thomas [Hrsg.]/Sennekamp, Christoph [Hrsg.]/Uechtritz, Michael [Hrsg.]. Verwaltungsverfahrensgesetz – Großkommentar, 1.Aufl., Baden-Baden 2014. [zitiert: *Bearbeiter* in Mann/Sennekamp/Uechtritz, VwVfG, § Rn.]

Moosmayer, Klaus. Compliance – Praxisleitfaden für Unternehmen 2010, München 2010. [zitiert: *Moosmayer*, Compliance 2010 S.]

Moosmayer, Klaus. Compliance – Praxisleitfaden für Unternehmen, 3. Aufl., München 2015. [zitiert: *Moosmayer*, Compliance 2015, Rn.]

Mutschler-Siebert, Annette/Dorschfeld, Dorian. Vergaberechtliche Selbstreinigung und kartellrechtliche Compliance – zwei Seiten einer Medaille, BB 2015, 642. [zitiert: *Mutschler-Siebert/Dorschfeld*, BB 2015, 642]

Müller-Wrede, Malte [Hrsg.]. GWB-Vergaberecht, Kommentar, Köln, 2016. [zitiert: *Bearbeiter* in: Müller-Wrede, GWB Vergaberecht, § Rn.]

Niebuhr, Frank. Der fakultative Ausschluss vom Vergabeverfahren zwischen Beurteilungsspielraum und Ermessensentscheidung am Beispiel des § 124 Abs. 1 Nr. 7 GWB wegen früherer mangelhafter Auftragsausführung, VergabeR 2017, 335. [zitiert: *Niebuhr*, VergabeR 2016, 335.]

Ohrtmann, Nicola. Korruption im Vergaberecht – Konsequenzen und Prävention, NZBau 2007, 201. [zitiert: *Orthman*, NZBau 2007, 201]

Ohrtmann, Nicola. Korruption im Vergaberecht, Konsequenzen und Prävention – Teil 2: Prävention und Selbstreinigung, NZBau 2007, 278. [zitiert als: *Ohrtmann*, NZBau 2007, 278]

Pünder, Hermann/Schellenberg, Martin [Hrsg.]. Vergaberecht, 2. Aufl. Baden-Baden 2015. [zitiert: *Bearbeiter* in: Pünder/Schellenberg, Vergaberecht §, Rn.]

Pünder, Hermann/Prieß, Hans-Joachim/Arrowsmith, Sue (Hrsg.). Self-Cleaning in Public Procurement Law, Köln 2009. [zitiert: *Bearbeiter* in: Pünder/Prieß/Arrowsmith, Self-Cleaning in Public Procurement Law, 2009, S.]

Prieß, Hans-Joachim. Selbstreinigung. Vergaberechtliche „Medizin“ als Compliance-Maßnahme, CCZ 2008, 67. [zitiert als: *Prieß*, CCZ 2008, 67]

Reidt, Olaf/Stickler, Thomas/Glahs, Heike [Hrsg.]. Vergaberecht, 4. Aufl. Köln 2018. [zitiert: *Bearbeiter* in: Reidt/Stickler/Glahs, §, Rn.]

Reimers, Thilo/Brack, Sebastian/Schmidt, Martin. Kartellschadensprävention als Bestandteil der kartellrechtlichen Compliance, CCZ 2016, 83. [zitiert: *Reimers/Brack/Schmidt*, CCZ 2016, 83]

Reimers, Thilo/Hainz, Josef. Die neue DICO-Leitlinie „Kartellrechtliche Compliance" – Zugleich ein Diskussionsbeitrag zur vergaberechtlichen Selbstreinigung und kartellrechtlichen Bußgeldbemessung, CCZ 2016, 188. [zitiert: *Reimers/Hainz* CCZ 2016, 188]

Rieder, Markus. Anforderungen an die Überprüfung von Compliance-Programmen – Zugleich kritische Anmerkungen zum Entwurf eines IDW Prüfungsstandards: Grundsätze ordnungsmäßiger Prüfung von Compliance-Management-Systemen (IDW EPS 980), CCZ 2010, 201. [zitiert: *Rieder*, CCZ 2010, 201]

Rieder, Markus S./Dammann de Chapto, Jana K. Das neue Wettbewerbsregister beim Bundeskartellamt – Ein Anlass für (noch) mehr Compliance im Unternehmen, NZKart 2018, 8. [zitiert: *Rieder/Dammann*, NZKart 2018, 8]

Rieder, Markus/Falge, Stefan. Sieben Thesen zur standardbasierten Prüfung von Compliance-Management-Systemen, BB 2013, 778. [zitiert: *Rieder/Falge*, BB 2013, 778]

Rieder, Markus/Jerg, Marcus. Anforderungen an die Überprüfung von Compliance-Programmen – Zugleich kritische Anmerkungen zum Entwurf eines IDW Prüfungsstandards: Grundsätze ordnungsmäßiger Prüfung von Compliance-Management-Systemen (IDW EPS 980), CCZ 2010, 201. [zitiert: *Rieder/Jerg*, CCZ 2019, 201]

Ruhnke, Klaus/Schmidt, Martin/Seidel, Thorsten. Anzuwendende Prüfungsnormen bei der Prüfung eines Konzernabschlusses nach § 292a AktG, BB 2002, 138. [zitiert: *Ruhnke/Seidel/Thorsten*, BB 2002, 138]

Sachs, Michael [Hrsg.]. Grundgesetz Kommentar, 8. Aufl., München 2018. [zitiert: *Bearbeiter* in: Sachs, GG, Art. Rn.]

Schmidt, Stefan/Wermelt, Andreas/Eibelshäuser, Beate. ISO 19600 aus der Sicht der Wirtschaftsprüfung, CCZ 2015, 18. [zitiert: *Schmidt/Wermelt/Eibelshäuser*, CCZ 2015, 18]

Schneider, Uwe. Compliance als Aufgabe der Unternehmensleitung, ZIP 2003, 645. [zitiert: *Schneider*, ZIP 2003, 645]

Schneider, Uwe. Compliance im Konzern, NZG 2009, 1321. [zitiert als: *Schneider*, NZG 2009, 1321]

Schoch, Friedrich/Schneider, Jens-Peter/Bier, Wolfgang [Hrsg.]. Verwaltungsgerichtsordnung Band I Kommentar, 32 Ergänzungslieferung, München 2016. [zitiert: *Bearbeiter* in Schoch/Schneider/Bier, VwGO, §, Rn.]

Sodan, Helge/Ziekow, Jan (Hrsg.). Verwaltungsgerichtsordnung – Großkommentar, 4. Aufl. Baden-Baden 2014. [zitiert: *Bearbeiter* in Sodan/Ziekow, VwGO, §, Rn.]

Spindler, Gerald/Stilz, Eberhard (Hrsg.). Kommentar zum Aktiengesetz Band 1 (§§ 1–149), 3. Auflage, München 2015. [zitiert: *Bearbeiter* in: Spindler/Stilz AktG § Rn.]

Stein, Roland/Friton, Pascal. Internationale Korruption, zwingender Ausschluss und Selbstreinigung, VergabeR 2010, 151. [zitiert: *Stober*, VergabeR 2010, 151]

Stelkens, Paul/Bonk, Heinz-Joachim [Begr.]/Sachs, Michael [Hrsg.]/Schmitz, Heribert [Hrsg.]. Verwaltungsverfahrensgesetz Kommentar, 9. Aufl. München 2018. [zitiert: *Bearbeiter* in: Stelkens/Bonk/Sachs, VwVfG, § Rn.]

Stober, Rolf/Orthmann, Nicola. Compliance-Handbuch für die öffentliche Verwaltung, 1. Aufl. Stuttgart 2015. [zitiert: *Stober/Orthmann*, Compliance, § Rn.]

Sünner, Eckart. Von der Sorge für gesetzeskonformes Verhalten – Zugleich eine Besprechung des ISO-Entwurfs ISO 19600, CCZ 2015, 2. [zitiert: *Sünner*, CCZ 2015, 2]

Teichmann, Christoph. Compliance – Rechtliche Grundlagen für Studium und Unternehmenspraxis, 1. Aufl, München 2014. [zitiert: *Teichmann*, Compliance, Kapitel Rn.]

Ulshöfer, Matthias. Kartell- und Submissionsabsprachen von Bietern-Selbstreinigung und Schadenswiedergutmachung, VergR 3/2016, 327. [zitiert: *Ulshöfer*, VergabeR 2016, 327]

von Falkenhausen, Joachim. Die Haftung außerhalb der Business Judgement Rule – Ist die Business Judgement Rule ein Haftungsprivileg für Vorstände? NZG 2012, 544. [zitiert: v. *Falkenhausen*, NZG 2012, 644]

Voßkuhle, Andreas. Grundwissen – Öffentliches Recht: Entscheidungsspielräume der Verwaltung (Ermessen, Beurteilungsspielraum, planerische Gestaltungsfreiheit), JuS 2008, 117. [zitiert: *Voßkuhle*, JuS 2008, 117.]

Voppel, Reinhard [Hrsg.]/Osenbrück, Wolf [Hrsg.]/Bubert, Christoph [Hrsg.]. VgV – Verordnung über die Vergabe öffentlicher Aufträge – Vergabe von Architekten- und Ingenieurleistungen, 4. Aufl. München 2018. [zitiert: *Bearbeiter* in: Voppel/Osenbrück/Bubert, VgV § Rn.]

Weyand, Rudolf. Praxiskommentar Vergaberecht, 9. Aktualisierung, Mannheim 2012 (Stand: 26.11.2012). [zitiert: *Bearbeiter* in: Weyand, Vergaberecht 17. Aktualisierung 2015, § Rn.]

Weyand, Rudolf. Praxiskommentar Vergaberecht, 9. Aktualisierung, Mannheim 2012 (Stand: 26.11.2012). [zitiert: *Bearbeiter* in. Weyand, Vergaberecht 9. Aktualisierung 2012, § Rn.]

Wilbert, Stefan. Compliance-Risikoanalyse im kommunalen Mischkonzern, CCZ 2015, 213. [zitiert: *Wilbert*, CCZ 2015, 213]

Wimmer, Jan Philipp. Zuverlässigkeit im Vergaberecht – Verfahrensausschluss, Registereintrag und Selbstreinigung, 1. Aufl. Baden-Baden 2012. [zitiert: *Wimmer*, Zuverlässigkeit im Vergaberecht, S.]

Wolters, Christopher. Gesetz zur Einführung eines Wettbewerbsregisters, KriPoZ 4/2017, 244. [zitiert als: *Wolters*, KriPoZ 2017, 244]

Ziekow, Jan [Hrsg.]/Völlink, Uwe-Carsten [Hrsg.]. Vergaberecht – GWB; VgV; SektVO; VSVgV; VOB/A; VOL/A; VOF; VO (EG) 1370, 2. Aufl. München 2013. [zitiert: *Bearbeiter* in Ziekow/Völlink, Vergaberecht 2. Aufl., §, Rn.]

Ziekow, Jan [Hrsg.]/Völlink, Uwe-Carsten [Hrsg.]. Vergaberecht – GWB; VgV; SektVO; VSVgV; KonzVgV; UVgO; VOB/A; VOL/A; VO (EG) 1370, 3. Aufl. München 2018. [zitiert: *Bearbeiter* in Ziekow/Völlink, Vergaberecht 3. Aufl., §, Rn.]

Ziekow, Jan/Siegel, Siegel, Thorsten. Das Vergabeverfahren als Verwaltungsverfahren, ZfBR 2004, 30. [zitiert: *Ziekow/Siegel*, ZfBR 2004, 30]

Zöllner, Wolfgang/Noack, Ulricht (Hrsg.), Mertens, Hans-Joachim/Cahn, Andreas (Bearb.). Kölner Kommentar zum Aktiengesetz Band 2/1 (§§ 76–94), 3. Auflage, Köln 2010. [zitiert: *Bearbeiter* in KölnKomm AktG, § Rn.]

Abkürzungsverzeichnis

a.A.	andere Ansicht
a.a.O.	am angegebenen Ort
a.M.	am Main
ABl.	Amtsblatt
Abs.	Absatz
a.E.	am Ende
a.F.	alte Fassung
AG	Aktiengesellschaft/Die Aktiengesellschaft
AktG	Aktiengesetz
Alt.	Alternative
Art.	Artikel
Aufl.	Auflage
BGB	Bürgerliches Gesetzbuch
BGBl.	Bundesgesetzblatt
BGH	Bundesgerichtshof
BGHZ	Entscheidungen des Bundesgerichtshofs in Zivilsachen
BT-Drs.	Bundestags-Drucksache
bzgl.	bezüglich
bzw.	beziehungsweise
CB	Compliance-Berater
CCZ	Corporate Compliance Zeitschrift
DAV	Deutscher Anwaltsverein
DCGK	Deutscher Corporate Governance Kodex
ders.	derselbe
d.h.	das heißt
dies.	dieselbe(n)
Diss.	Dissertation
DJT	Deutscher Juristentag
EU	Europäische Union
EuGH	Europäischer Gerichtshof
EuZW	Europäische Zeitschrift für Wirtschaftsrecht
e.V.	eingetragener Verein
f., ff.	folgende
Fn.	Fußnote
FS	Festschrift

gem.	gemäß
ggf.	gegebenenfalls
GG	Grundgesetz für die Bundesrepublik Deutschland
GmbH	Gesellschaft mit beschränkter Haftung
GmbHG	Gesetz betreffend die Gesellschaft mit beschränkter Haftung
GWB	Gesetz gegen Wettbewerbsbeschränkungen
HGB	Handelsgesetzbuch
h.M.	herrschende Meinung
Hrsg.	Herausgeber
Hs.	Halbsatz
IDW	Institut der Wirtschaftsprüfer
insb.	insbesondere
ISO	International Organization for Standardization
i.V.m.	in Verbindung mit
i.S.d.	im Sinne des/der
JuS	Juristische Schulung
KriPoZ	Kriminalpolitische Zeitschrift
LG	Landgericht
lit.	litera
m.w.N.	mit weiteren Nachweisen
n.F.	neue Fassung
NJW	Neue Juristische Wochenzeitschrift
Nr.	Nummer
NZBau	Neue Zeitschrift für Baurecht und Vergaberecht
NZG	Neue Zeitschrift für Gesellschaftsrecht
NZKart	Neue Zeitschrift für Kartellrecht
OLG	Oberlandesgericht
RegE	Regierungsentwurf
RIW	Recht der Internationalen Wirtschaft
RGZ	Entscheidungen des Reichsgerichts in Zivilsachen
RL	Richtlinie
Rn.	Randnummer
Rspr.	Rechtsprechung
S.	siehe/Seite
sog.	sogenannte(r)
StGB	Strafgesetzbuch
Tab.	Tabelle
Tz.	Textziffer
u.a.	unter anderem

UAbs.	Unterabsatz
v.	vom
v.a.	vor allem
VergabeR	Zeitschrift für das gesamte Vergaberecht
VG	Verwaltungsgericht
VGH	Verwaltungsgerichtshof
vgl.	vergleiche
VK	Vergabekammer
VOL/A	Vergabe- und Vertragsordnung für Leistungen
VOB/A	Vergabe- und Vertragsordnung für Bauleistungen
WpHG	Wertpapierhandelsgesetz
WRegG	Gesetz zur Einrichtung und zum Betrieb eines Registers zum Schutz des Wettbewerbs um öffentliche Aufträge und Konzessionen (Wettbewerbsregistergesetz)
z.B.	zum Beispiel
ZfBR	Zeitschrift für deutsches und internationales Bau- und Vergaberecht

Bezüglich der verwendeten Abkürzungen wird im Übrigen verwiesen auf:

Kirchner/von Pannier, Abkürzungsverzeichnis der Rechtssprache, 8. Auflage Berlin 2015.

www.ingramcontent.com/pod-product-compliance
Ingram Content Group UK Ltd.
Pitfield, Milton Keynes, MK11 3LW, UK
UKHW021935290926
8980IPUK00016B/1644

9 783631 823309